全国高等院校新形态一体化教材
“互联网+”创新教材

微课版 | 版

电子商务基础与实务

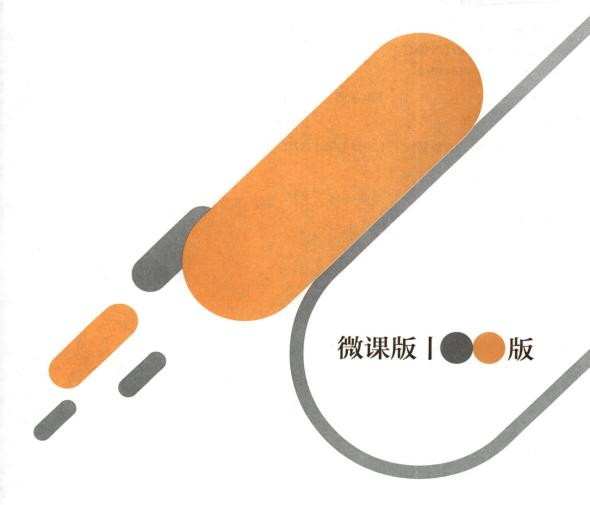

王宗舜◎主　编
朱　凡　杨银平　黎思治◎副主编

WUHAN UNIVERSITY PRESS
武汉大学出版社

图书在版编目（CIP）数据

电子商务基础与实务 / 王宗舜主编 .—武汉：武汉大学出版社，2015. 9（2021. 8 修订）

ISBN 978-7-307-16480-2

Ⅰ.①电… Ⅱ.①王… Ⅲ.①电子商务—高等教育—教材 Ⅳ.F713.36

中国版本图书馆 CIP 数据核字（2015）第 178718 号

责任编辑：孙 婧　　责任校对：李孟潇　　封面设计：旗语书装

出版发行：**武汉大学出版社**　（430072 武昌 珞珈山）
（电子邮件：cbs22@whu. edu. cn　网址：www. wdp. com. cn）

印刷：三河市佳星印装有限公司

开本：787 × 1092 1/16　印张：12.5　学数：325 千字

版次：2021 年 8 月第 5 次印刷

ISBN 978-7-307-16480-2　　定价：45. 00 元

前言

PREFACE

21 世纪是信息爆炸和依赖数字化生存的世纪。大量的信息通过国际互联网迅速传播，将世界原有的有形界限全然打破。电子商务正由于这种信息的快速流动和资源的海量集成而悄然崛起，并将成为 21 世纪人类信息社会的核心。目前，世界各国纷纷看好电子商务这块新大陆，普遍认为电子商务的发展将是未来世界经济发展的一个重要推动力，对经济的促进将远远超过 200 年前的工业革命。

从互联网引入我国并进入商业应用开始，经过十几年的发展，电子商务在我国已经形成了庞大的用户规模。特别是传统的中小企业纷纷进行网上贸易开拓市场，成为中国电子商务应用的主力军。随着电子商务产业的茁壮成长，不仅电子商务的交易规模屡创新高，市场对电子商务人才的需求也急剧增加。

根据高等院校技能应用型人才的培养目标，在教学实践与改革中迫切需要出版一本符合应用型人才培养目标的实用型专业教材。因此，本教材课程结构理论联系实践，突出实践环节，重在培养学生系统了解电子商务和提升实际操作能力。

本书根据电子商务的发展和高等院校相关专业学生学习电子商务知识的需求而编写，是一本体现“工学结合”、突出学生职业能力培养的教材。在编写过程中，本书力求反映该课程和教学内容体系的改革方向，按照项目导向、任务驱动型教学方式进行编写，突出职业技能的培养，强调学生学习的参与性与主动性。全书共分为七个项目，分别是电子商务认知、电子商务模式、电子商务支付与网络安全、网络营销、网店建设与运营、电子商务物流、客户管理及纠纷处理。

本书既可作为高等院校电子商务专业及相关专业的教材或参考书，也可作为国家助理电子商务师资格考试的参考书。

在编写过程中，我们参阅了国内外专家学者大量的研究成果，在此一并表示衷心的感谢。

由于编者水平有限，书中还有许多需要改进之处，也需要一个不断完善与提升的过程，敬请广大读者批评指正。

编　者

目录

CONTENTS

- 掌握电子商务的定义、特点、分类和功能。
- 掌握电子商务的框架结构，了解电子商务的相关技术和应用。
- 电子商务的一般交易过程和流转程式。
- 掌握电子商务对个人、企业和社会的影响。

- 能够区分电子商务与传统商务的运作过程。
- 能够充分认识实际生活中的电子商务活动，并对常用的电子商务网站进行分析。

项目概述

随着时代的进步，电子商务已经走进大家的生活，这是因为以互联网为依托的电子技术平台为传统商务活动提供了一个无比广阔的发展空间，其突出的优越性是传统媒介手段根本无法比拟的。电子商务可以使贸易环节中各个商家和厂家更紧密地联系，更快地满足需求，在全球范围内选择贸易伙伴，以最小的投入获得最大的利润。电子商务是Internet爆炸式发展的直接产物，是网络技术应用的全新发展方向。Internet本身所具有的开放性、全球性、低成本、高效率的特点，也成为电子商务的内在特征，并使得电子商务大大超越了作为一种新的贸易形式所具有的价值，它不仅会改变企业本身的生产、经营、管理活动，而且将影响到整个社会的经济运行与结构。本项目讲述了关于电子商务的基础知识，主要包括电子商务的特点、分类、功能、流转程式和框架结构及电子商务的影响。

任务一　电子商务概述

在互联网技术迅速发展的今天，网上订花、网上订餐、网上订票等词汇开始频繁地出现在人们的日常生活当中。电子商务完成了许多传统商务所不能完成的事情，它涉及网络技术、商务活动等多个方面，具体的表现形式有网上购物、网上服务、网上交易、网上支付等方面。本任务将从电子商务的一般概念入手，带领大家认识电子商务的内涵，熟悉生活中的电子商务，认清电子商务与传统商务的区别。

一、电子商务的定义

电子商务是指在互联网（Internet）、内联网（Intranet）和增值网（VAN，Value Added Network）上以电子交易方式进行交易活动和相关服务的活动，是传统商业活动各环节的电子化、网络化。

狭义上讲，电子商务（Electronic Commerce，简称EC）是指：通过使用互联网等电子工具（这些工具包括电报、电话、广播、电视、传真、计算机、计算机网络、移动通信等）在全球范围内进行的商务贸易活动。是以计算机网络为基础所进行的各种商务活动，包括商品和服务的提供者、广告商、消费者、中介商等有关各方行为的总和。一般人们理解的电子商务是指狭义上的电子商务。

广义上讲，电子商务一词源自于Electronic Business，就是通过电子手段进行的商业事务活动。通过使用互联网等电子工具，使公司内部、供应商、客户和合作伙伴之间，利用电子业务共享信息，实现企业间业务流程的电子化，配合企业内部的电子化生产管理系统，提高企业的生产、库存、流通和资金等各个环节的效率。

我们可以通过以下实例来理解电子商务的概念：

实例一　网上购物

小刘是某大学的学生会主席，学校即将举行运动会，老师安排其负责购买篮球、足球等一系列的体育运动用品。由于学习任务较重，小刘很难有充裕的时间到体育用品商店购买。小刘的朋友小孙是电子商务专业的学生，他建议小刘到网上商店看看。于是小刘来到迪卡侬运动用品网（http://www.decathlon.com.cn/zh/），如图 1–1 所示，购买了所需的商品，圆满地完成了老师交给的任务。

图 1–1　迪卡侬运动用品网

实例二　网上服务

高先生刚刚结婚，打算和太太到马来西亚度蜜月。他从网上找到了携程旅游网（http://www.ctrip.com），如图 1–2 所示，浏览了网站的相关栏目，仔细查询了相关的旅游路线、交通、饮食、购物、风土人情等方面的情况，最终决定参加吉隆坡自由行。

图 1–2　携程网首页

实例三　网上交易

某企业主要经营农副产品、粮油制品业务。由于目前国内这类产品市场不是很景气，企业经济效益不佳，公司王经理决定通过网络发布商品信息。王经理来到阿里巴巴（http://

www.1688.com），如图 1–3 所示，将企业供应信息通过该网站发布出去，没过多久，就收到了来自国内、韩国、泰国等地区的多笔订单，企业效益与日俱增。

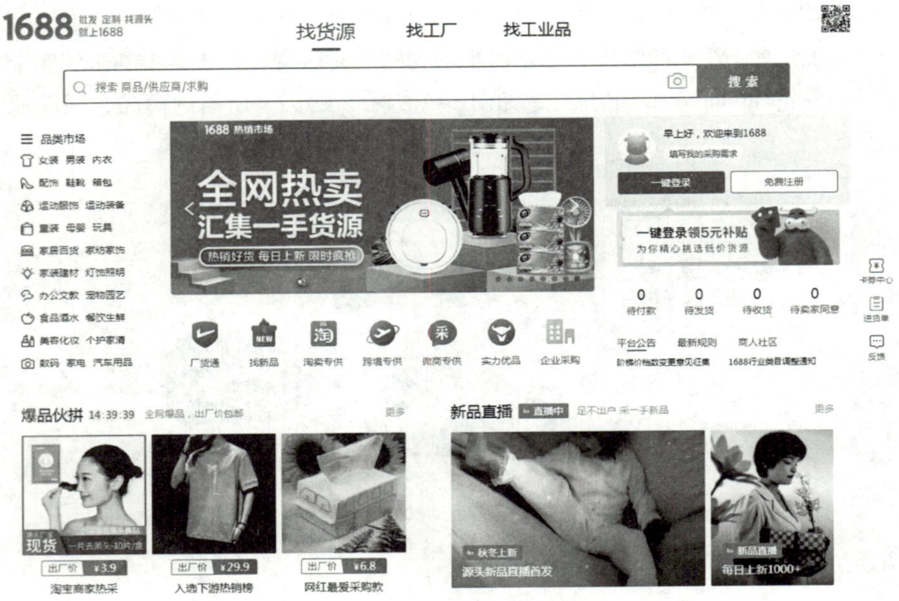

图 1–3　阿里巴巴首页

实例四　网上支付

李老先生从来没有接触过互联网，更不懂得什么是网上支付，然而五一长假期间，在女儿的帮助下，他通过支付宝网站（https://www.alipay.com）第一次在网上支付了家中的电话费。“没想到现在网上支付让生活变得这么方便。”谈及这个小小经历，李老先生又新奇又开心。

实例五　网上市场调研

月饼作为中秋佳节的节日象征，已经在中华大地流行了几千年，寄托了中华民族对生活的美好愿望。陈馅月饼令十几亿消费者倒尽胃口，给温馨的中秋蒙上阴影；月饼过度包装，年年造成大量资源浪费，给城市带来沉重的垃圾负担；天价月饼令普通百姓瞠目结舌，月饼中搭配红酒、手表等商品，甚至在月饼中暗藏公寓钥匙、轿车钥匙，月饼不仅成为许多百姓节日馈赠礼品的选择，也成为一些人行贿受贿的媒介。为了解广大网友如何看待这些问题，中消协和搜狐财经共同举办“月饼市场消费状况网上调查”活动。

以上这些实例，不管是网上支付还是网上服务或者调研都属于电子商务活动。所以电子商务活动是一个广泛的概念。下面我们就来了解电子商务具有哪些特点。

二、电子商务的特点

（一）时域性

营销的最终目的是占有市场份额，由于互联网能够超越时间约束和空间限制进行信息交换，使得营销脱离时空限制进行交易变成可能，企业有了更多时间和更大的空间进行营销，可每周 7 天、每天 24 小时随时随地提供全球性营销服务。

（二）富媒体

互联网被设计成可以传输多种媒体的信息，如文字、声音、图像等信息，使得为达成交易进行的信息交换能以多种形式存在和交换，可以充分发挥营销人员的创造性和能动性。

（三）交互式

互联网不仅通过展示商品图像，商品信息资料库提供有关的查询，来实现供需互动与双向沟通，还可以进行产品测试与消费者满意调查等活动。互联网为产品联合设计、商品信息发布以及各项技术服务提供最佳工具。

（四）个性化

互联网上的促销是一对一的、理性的、消费者主导的、非强迫性的、循序渐进式的，而且是一种低成本与人性化的促销，避免推销员强势推销的干扰，并通过提供信息和交互式交谈，与消费者建立长期良好的关系。

（五）成长性

互联网使用者数量快速增长并遍及全球，使用者多属年轻中产阶级，受教育水平程度高，由于这部分群体购买力强而且具有很强的市场影响力，因此是一项极具开发潜力的市场渠道。

（六）整合性

互联网上的营销可由商品信息至收款、售后服务一气呵成，因此也是一种全程的营销渠道。另一方面，企业可以借助互联网将不同的营销活动进行统一设计规划和协调实施，以统一的传播资讯向消费者传达信息，避免不同传播中不一致产生的消极影响。

（七）超前性

互联网是一种功能强大的营销工具，它同时兼具渠道、促销、电子交易、顾客互动服务以及市场信息分析与提供的多种功能。它所具备的一对一营销能力，正符合定制营销与直复营销的未来趋势。

（八）高效性

计算机可储存大量的信息，代消费者查询，可传送的信息数量与精确度，远超过其他媒体，并能因应市场需求，及时更新产品或调整价格，因此能及时有效了解并满足顾客的需求。

（九）经济性

通过互联网进行信息交换，代替以前的实物交换，一方面可以减少印刷与邮递成本，可以无店面销售，免交租金，节约水电与人工成本，另一方面可以减少由于迂回多次交换带来的损耗。

（十）技术性

网络营销大部分是通过网上工作者（威客等）的一系列宣传、推广进行，这其中的技术含量相对较低，对于客户来说是小成本大产出的经营活动。

三、电子商务的分类

（一）按照交易对象分类

（1）企业对消费者的电子商务（Business to Consumer，B2C）。B2C是指企业与消费者之间的电子商务，是企业通过网络向个人提供商品或其他服务的模式。常见的B2C模式就是人们较熟悉的网上购物，我国较典型的B2C网站有当当网、卓越亚马逊、携程网等。

（2）企业对企业的电子商务（Business to Business，B2B）。B2B是指企业之间的电子商务，侧重于企业间的合作与交易。B2B模式发展较早，也较为成熟，我国较典型的B2B网站有阿里巴巴、慧聪网、中国制造网等。

（3）消费者对消费者的电子商务（Consumer to Consumer，C2C）。C2C主要为不同消费者个体提供一个交易平台，买卖双方均非企业性质。C2C模式应用较多的是网上拍卖，我国较为典型的C2C网站有淘宝网、易趣网、拍拍网等。

（4）政府对企业的电子政务（Government to Business，G2B）。G2B是指政府和企业之间通过中央网站交换数据或者完成交易的电子商务模式。目前，我国有些地方政府已经推行了网上采购、网上征税等。

（5）政府对消费者的电子政务（Government to Consumer，G2C）。G2C是指政府与消费者个人的电子商务模式。通过G2C模式，个人与政府之间的联系将更加密切、沟通将更加便利。例如，社会福利基金的发放、个人缴纳税款等都可以通过G2C模式实现。

（6）企业内部电子商务。企业内部电子商务是指企业通过企业内部网处理与交换商务信息，如企业内部的人、财、物的流动。企业内部网是一种有效的商务工具，通过防火墙，企业将自己的内部网与Internet隔离，它可以用来自动处理商务操作及工作流，增强对重要系统和关键数据的存取，共享经验，共同解决客户问题，并保持组织间的联系。通过企业内部电子商务，企业能够增强处理商务活动的敏捷性，对市场状况作出更快的反应，进而更好地为客户提供服务。

（二）按照电子商务的地理范围分类

1. 本地电子商务

本地电子商务通常是指利用本城市内或本地区内的信息网络实现的电子商务活动，电子交易的地域范围较小。本地电子商务系统是利用互联网、内联网或专用网将下列系统连接在一起的网络系统。

（1）参加交易各方的电子商务信息系统，包括买方、卖方及其他各方的电子商务信息系统。

（2）银行金融机构电子信息系统。

（3）保险公司信息系统。

（4）商品检验信息系统。

（5）税务管理信息系统。

（6）货物运输信息系统。

（7）本地区EDI（Electronic Data Internet，电子数据交换）中心系统（实际上，本地区EDI中心系统连接着各个信息系统中心）。本地电子商务系统是开展远程国内电子商务和全球电子商务的基础系统。

2. 远程国内电子商务

远程国内电子商务是指在本国范围内进行的网上电子交易活动，其交易的地域范围较大，对软、硬件和技术要求较高，要求在全国范围内实现商业电子化、自动化，实现金融电子化，交易各方应具备一定的电子商务知识、经济能力和技术能力，并有较高的管理水平等。

3. 全球电子商务

全球电子商务是指在全世界范围内进行的电子交易活动，参加电子交易各方通过网络进行贸易，涉及有关交易各方的相关系统，如买方国家进出口公司系统、海关系统、银行金融系统、税务系统、运输系统、保险系统等。全球电子商务业务内容繁杂，数据来往频繁，要求电子商务系统严格、准确、安全、可靠。只有制定出世界统一的电子商务标准和电子商务（贸易）协议，才能使全球电子商务得以顺利发展。

（三）按照商务活动内容分类

按照商务活动的内容分类，电子商务主要包括两类商业活动：一是间接电子商务——有形货物的电子订货，它仍然需要利用物流系统，将货物运送到消费者手中。一般来说，电子商务的物流配送会通过第三方物流企业来完成，如邮政服务和商业快递送货等。二是直接电子商务——无形货物和服务，如计算机软件、数码产品、娱乐内容的网上订购、付款和交付。一般来说间接电子商务受到物流配送系统的约束，直接电子商务则无需顾虑地理界线，直接进行交易。

（四）按照使用网络类型分类

根据使用网络类型的不同，电子商务目前主要有三种形式：第一种形式是 EDI 商务；第二种形式是互联网（Internet）商务；第三种形式是 Intranet（内联网）商务和 Extranet（外联网）商务。

1.EDI 商务

EDI 主要应用于企业与企业、企业与批发商、批发商与零售商之间的商务。相对于传统的订货和付款方式，EDI 大大节约了时间和费用。由于 EDI 必须租用 EDI 网络上的专线，即通过购买增值网（VAN）服务才能实现，所以费用较高。也由于需要有专业的 EDI 操作人员，并且需要贸易伙伴使用 EDI，因此中小企业很少能够使用 EDI。这种状况使 EDI 虽然已经存在了 20 多年，但至今仍未广泛普及。近年来，随着 Internet 网络的迅速普及，基于互联网的、使用可扩展标识语言 XMl 的 EDI，即 Web-EDI，或称 Open-EDI 正在逐步取代传统的 EDI。

2.Internet 商务

互联网商务是国际现代商业的最新形式。它以信息技术为基础，通过互联网网络，在网上实现营销、购物服务。它突破了传统商业生产、批发、零售及进、销、存、调的流转程序与营销模式，真正实现了少投入、低成本、零库存，从而实现了社会资源的高效运转。消费者可以不受时间、空间、厂商的限制，广泛浏览，充分比较，模拟使用，力求以最低的价格获得最为满意的商品和服务。特别是 Internet 全球联网的属性使得在全球范围内实行电子商务成为可能。

3.Intranet 商务和 Extranet 商务

Intranet 是在 Internet 基础上发展起来的企业内部网，或称内联网。Intranet 与 Internet 采用相同的技术，在与 Internet 连接时，设有互联网企业防火墙，这样有效地防止未经授权的外来人员进入企业内部网。Intranet 将大、中型企业总部和分布在各地的分支机构及企业内部有关部门的各种信息通过网络予以联通，使企业各级管理人员能够通过网络读取自己所需的信息，利用在线业务的申请和注册代替纸张贸易和内部流通的形式。从而有效地降低了交易成本，提高了经营效益。在 Intranet 商务的基础上，两个或多个 Intranet 用户可以根据需要，通过 Extranet 联结，使业务的上下游结合通畅，提高交易效率。

四、电子商务的功能

电子商务可提供网上交易和管理等全过程服务，因此它具有业务组织、广告宣传、咨询洽谈、网上订购、网上金融、网上支付等多种服务功能。

1. 业务组织

电子商务是一种基于信息的商业过程。在这一过程中，企业内外的大量业务被重组而得以有效运作。企业对外通过 Internet 加强了和合作伙伴之间的联系，提高了业务管理的集成化和自动化水平。而客户直接同企业联系，从根本上改变了企业传统的封闭式生产经营模式，使产品的开发和生产可根据客户需求而动态变化。

2. 广告宣传

企业可凭借 Web 服务器和客户的浏览器，在 Internet 上发布各类商业信息，利用企业网站、博客、电子邮件和即时通信软件在全球范围内进行广告宣传，提高了信息发布的实时性和便捷性及信息传播的广泛性，是传统媒体无法比拟的。而与以往的各类广告相比，网上广告成本最为低廉，宣传范围可达全球，给顾客的信息量最为丰富。

3. 咨询洽谈

在电子商务中，客户可借助非实时的电子邮件、新闻组和实时的讨论组来了解市场和商品信息，洽谈交易事务，如有进一步的需求和意见，还可利用网上的白板会议来共同交流信息。网上的咨询和洽谈能超越人们面对面洽谈的限制，提供方便的异地交谈。在形式上，不仅仅局限在一对一的个人对话上，用户还可通过摄像机镜头进行视频交流。

4. 网上订购

电子商务可借助 Web 中的邮件交互传送来实现网上订购。客户只要根据商家提供的网上商品信息及订购信息提示，在订购对话框中填好订购单后，系统会回复确认信息单，以保证订购信息的收悉。订购信息也可采用加密的方式使客户和商家的商业信息不会泄露。

5. 网上金融

电子商务的发展为金融业提供了新的服务领域和方式，而金融服务的内容也将迎合电子商务的要求并提供相应的业务支持。网上金融服务包括了各种人们需要的内容，如网上贸易、网上银行、投资理财、会计账务管理、财产管理、委托投资、网上证券交易、网上报价、代理服务、理赔管理、金融信息服务、信息发布与统计、评估与论证、金融安全服务等。这些金融服务的特点是通过数字货币进行及时的电子支付与结算。

6. 网上支付

电子商务要成为一个完整的过程。网上支付是重要的环节，客户和商家之间可采用信用卡帐号实施支付。在网上直接采用电子支付手段可省略交易中很多人员的开销。网上支付需要更为可靠的信息传输安全性控制以防止欺骗、窃听、冒用等非法行为。

7. 服务传递

客户付款以后，应将商品尽快送到他们手中。商家可通过配送中心进行物流调配，利用本地或异地销售系统送货上门。客户则可通过网络系统的查询来及时了解所订购商品的运送情况和到达时间。

8. 意见征询

电子商务能十分方便地采用网页上的“选择”“填空”等格式文件来收集用户对销售服务的反馈意见，这样使企业的市场运营能形成一个封闭的回路。客户的反馈意见不仅能提高售后服务的水平，更使企业获得改进产品、发现市场的商业机会。

9. 交易管理

交易管理是涉及电子商务活动全过程的管理。整个交易的管理涉及人、财、物多个方面，涉及企业和企业、企业和客户及企业内部等各个方面的协调和管理，涉及有关市场法规、税务征管及交易纠纷仲裁等内容。交易管理需要良好的网络环境及多种多样的应用服务系统。

五、电子商务的流转程式

不同类型电子商务交易的流转过程是不同的，目前市场上应用最广泛的是网络商品直销和网络商品中介交易两种。

（一）网络商品直销的流转程式

网络商品直销是指消费者和生产者（或者是需求方和供应方），直接利用网络形式开展的交易活动。这种交易的最大特点是买卖双方直接见面、环节少、速度快、费用低。网络直销的流转程式，如图 1–4 所示。网络商品直销过程分为以下步骤：

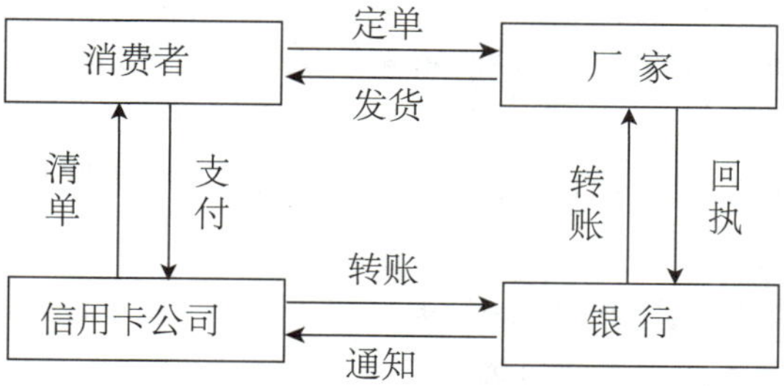

图 1–4　网络商品直销的流转程式

（1）消费者进入互联网，查看企业和商家的网页。

（2）消费者通过购物对话框填写购货信息：姓名、地址、选购商品名称、数量、规格、价格。

（3）消费者选择支付方式，如信用卡、电子货币、电子支票、借记卡等。

（4）企业或商家的客户服务器检查支付方服务器，看汇款额是否被认可。

（5）客户服务器确认消费者付款后，通知销售部门送货上门。

（6）消费者的开户银行将支付款项传递到他的信用卡公司，信用卡公司开给他收费单。

这样不仅减少了交易环节，大幅度降低了交易成本，降低商品的最终价格，而且可以减少售后服务的技术支持费用，并让消费者享受到更快更方便的服务。当然这也有不足，主要表现在两个方面，一是购买者只能从网络广告上得知商品的型号、性能、样式和质量，对实物没有直接的接触，容易后悔，同时，也有一些厂商利用虚假广告欺骗顾客；二是购买者用信用卡或电子货币付款，难免要将自己的密码输入计算机，这就容易使一些犯罪分子有机可乘，窃取密码盗取钱财。

（二）网络商品中介交易的流转程式

网络商品中介交易是通过网络商品交易中心，即虚拟网络市场进行的商品交易。在这种交易过程中，交易中心以互联网为基础，利用先进的通信和计算机软件技术，将商品供应商、采购商和银行紧密地联系起来，为客户提供市场信息、商品交易、仓储配送、货款结算等全方位的服务。网络商品中介交易的流转过程，如图 1–5 所示。

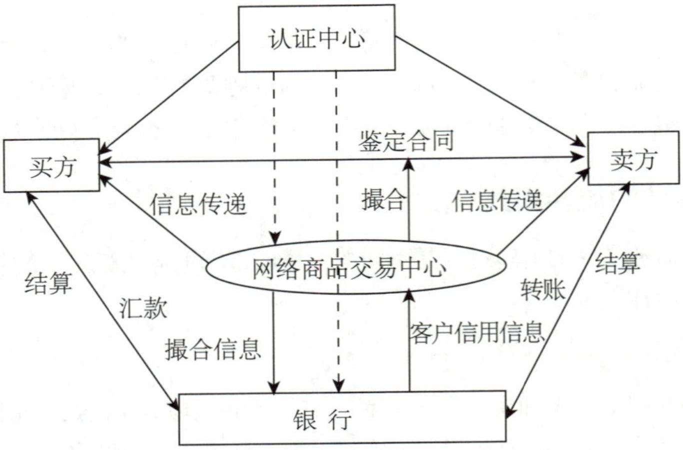

图 1–5　网络商品中介交易的流转过程

网络商品中介交易过程可以分为以下步骤：

（1）买卖双方将供需信息从网上告诉网络商品交易中心，交易中心向参与者发布大量的、详细的交易数据和市场信息。

（2）买卖双方根据这些信息选择自己的贸易伙伴。交易中心从中撮合，促成买卖双方签定合同。

（3）买方在交易中心指定的银行办理转帐付款手续。

（4）交易中心设在各地的配送部门将卖方的货物送交买方。

采用这种交易方式会增加一定的成本，但却可以降低买方和卖方的风险：

（1）这种市场是由一个商品中介组织的，商品的生产商和供应商遍及全国甚至全球各地，交易市场很大，交易机会很多，但是双方都不用付出太多。

（2）交易中心可以解决“拿钱不给货”或者“拿货不给钱”的问题。在双方签订合同之前，交易中心可以协助买方检验商品，只有符合条件的产品才可以入网，这相对解决了商品的“假、冒、伪、劣”。而且，交易中心会协助交易双方正常地交易，确保双方的利益。

（3）交易中心的统一结算模式可以加快交易速度。

六、电子商务与传统商务的比较

电子商务与传统商务其核心都是商务，只是手段、工具不同。早在1839年，当电报刚出现时，人们就开始了对运用电子手段进行商务活动的讨论。随着电话、传真、电视、电脑、网络等工具的延生，商务活动中可应用的工具也得到了补充，如图 1-6 所示。

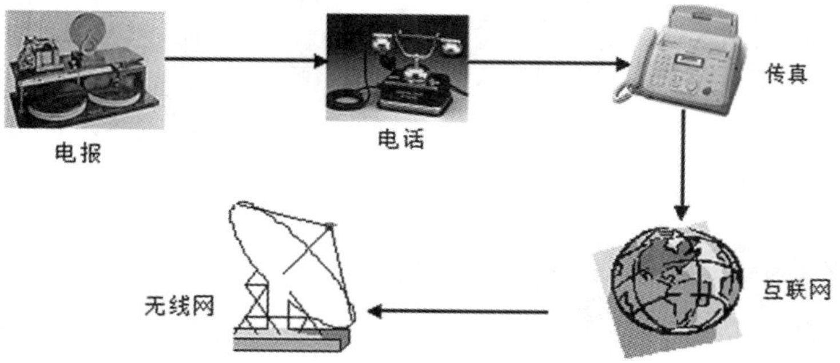

图 1-6 商务工具的变迁

电子商务将传统商业活动中物流、资金流、信息流的传递方式利用网络科技整合，企业将重要的信息以全球信息网、企业内部网或外联网直接与分布在各地的客户、员工、经销商及供应商连接，创造更具竞争力的经营优势。我们可从信息提供、流通渠道、交易对象、交易时间、消费者的便利性几方面，对电子商务与传统商务进行比较，如表 1-1 所示。

表 1-1 传统商务与电子商务的比较

项目	传统商务	电子商务
信息提供	根据销售商的不同而不同	透明、准确
流通渠道	企业→中间商→消费者	企业→消费者
交易对象	部分地区	全球
产易时间	营业时间内	24 小时全天候
销售方法	企业推动式	消费者拉动式
顾客便利性	受时间、地点的限制，便利性弱	不受任何限制，自由度大、便利性强
客户管理	需要很长时间掌握顾客需求，不便客户管理	能够迅速掌握顾客需求，便于客户管理
销售场地	需要销售空间，有门店	虚拟空间

通过直接登录各大知名的电子商务网站，充分了解正在运营当中的 B2B、B2C、C2C 电子商务网站的基本情况。

表 1-2 B2B 电子商务网站分析

网站名称	基本架构	用户类型	栏目设置	主要功能	其 他

表 1-3 B2C 电子商务网站分析

网站名称	基本架构	用户类型	栏目设置	主要功能	其 他

表 1-4 C2C 电子商务网站分析

网站 评价项目				
主要功能				
盈利方式				
开店认证				
支付工具				
沟通工具				
物流方式				
信用体系				

任务二 电子商务的框架结构

电子商务框架

电子商务的出现不仅影响着传统的交易过程，而且在一定程度上改变了市场的组成结构。传统上，市场交易链是在商品、服务和货币的交换过程中形成的，现在，电子商务在其中强化了一个因素，这个因素就是信息。于是就产生了信息商品、信息服务、电子货币等。人们做贸易的实质并没有改变，但是贸易过程中的一些环节因所依附的载体发生了变化，因而也相应地改变了形式。这样，从单个企业来看，它做贸易的方式发生了一些变化，从整体贸易环境来看，有的商业失去了机会，同时又有新的商业获得了机会，有的产业衰退，同时又有新的产业兴起，从而使得整个贸易呈现出一些崭新的面貌。

为了更好地理解电子商务环境下的市场结构，如图 1-7 所示的电子商务一般框架，简要地描绘出了这个环境中的主要因素。

从图中可知，电子商务一般框架由四个层次和两个支柱构成。四个层次分别是：网络基础设施、多媒体内容和网络出版的基础设施、报文和信息传播的基础设施、商业服务的基础设施；两个支柱是：公共政策、法律及隐私问题和各种技术标准、安全网络协议。

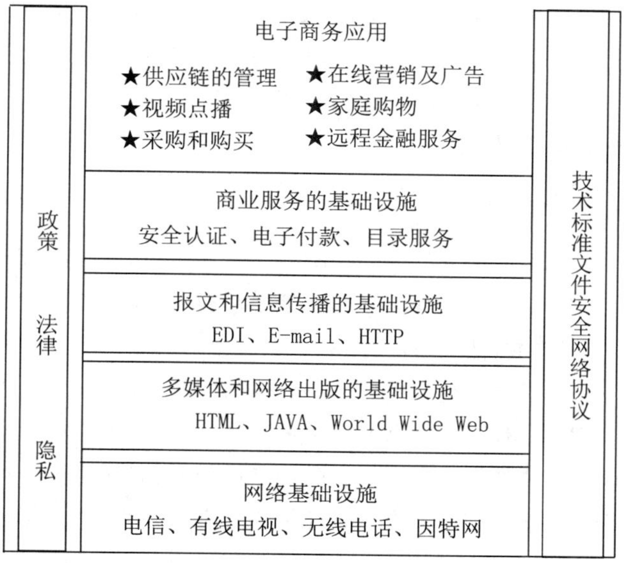

图 1-7 电子商务一般框架

一、网络基础设施

这个层次主要是电子商务的硬件基础设施，也是实现电子商务的最低层的基本设施。网络基础设施主要是信息传输系统，它包括远程通信网、有线电视网、无线电通信网和 Internet 等。

以上这些不同的网络都提供了电子商务信息传输的线路，但是，目前大部分的电子商务应用都建筑在 Internet 上，其主要硬件有：电话设备、调制解调器（Modem）、集线器（Hub）、路由器（Router）、程控交换机、有线电视等。

二、多媒体内容和网络出版的基础设施

网络基础设施的日益完善，使得通过网络来传递信息成为可能，在网络上可以传播文本、图片、声音、视频等形式多样的信息。目前，在网上最流行的发布信息的方式是以 HTML（超文本链接语言）的形式将信息发布在万维网（WWW）上，通过 HTML 可以将多媒体内容组织得易于检索和富于表现力。这样，企业可以利用网上主页、电子邮件等在 Internet 上发布各类商业信息，客户可借助网上的检索工具迅速地找到所需商品信息。

三、报文和信息传播的基础设施

这个层次主要提供传播信息的工具和方式，是电子商务信息传播的主要工具。它提供了以下两种交流方式：

（1）非格式化的数据交流，例如，使用 FAX（传真）和 E-mail（电子邮件）传递消息，它的对象一般是人，需要人来干预。

（2）格式化数据交流，例如，EDI 传递消息，它的对象是机器，不需要人来干预，可以

全部自动化。

Internet 网上使用 HTTP（超文本传输协议）作为传递消息的一种工具，它以一种统一的界面在多种不同环境下显示非格式化的多媒体信息。每一个按该协议建立的文档都包含着可供用户进一步检索的超级链接，这种超级链接可以连接到文本文档，还可能连接到图形、图片、声音和影视画面等文档。目前，大部分的网民可以在各种终端和操作系统下通过 HTTP 统一资源定位器（URL）找到所需要的信息。

四、商业服务的基础设施

这个层次主要是实现标准的网上商务活动服务，以方便网上交易。这个层次是所有企业、个人做贸易时都会使用到的服务。它主要包括：商品目录 / 价目表建立、电子支付、商业信息的安全传送、认证买卖双方的合法性方法等。

对电子商务来说，目前的消息的传播要适合电子商务的业务要求，必须提供安全和认证机制来保证信息传递的可靠性、不可篡改性和不可抵赖性，且在有争议的时候能够提供适当证据。商务服务的关键问题就是安全的电子支付。目前，很多的技术如密码技术、数字证书、SET(Secure Electronic Transaction，安全电子交易）协议等都是为这个服务的，后面我们会专门讨论电子商务中的安全与支付问题。

在上述基础上，我们可以一步一步地建设实际的电子商务应用，如视频点播、网上银行、电子广告、家庭购物等。但这些应用都必须有社会人文性的政策法规和自然科技性的技术标准两大支柱支撑。

五、公共政策、法律、隐私

（一）公共政策

公共政策包括围绕电子商务的税收制度、信息的定价、信息访问的收费、信息传输成本、隐私问题等，需要政府制定。

（二）法律

法律维持着电子商务活动的正常运作，违规活动必须受到法律制裁。从法律角度考虑，电子商务安全认证是指进行商务活动的双方资料与产品的真实性和安全性。电子商务和传统商务一样，是一种严肃的社会行为，为了从法律上保证买卖双方的权益，电子商务双方必须以真实的身份进入市场、提供真实的信息。这就是电子商务的真实性。正因为是真实的资料 / 产品，电子商务双方在对方没有授权可公开资料的情况下就有义务为对方的资料 / 产品保密，这就是电子商务的安全性。电子商务安全认证系统的建设首先是电子商务法的制定。没有法律的保护，其他有关电子商务安全认证系统只能是空头支票。美国政府在其所颁布的“全球电子商务的政策框架”中，在法律方面也做了专门的论述；俄罗斯、德国、英国等国家也先后颁布了多项有关法规；1996 年联合国贸易组织通过了“电子商务示范法”；我国政府正在加紧《电子商务法》的立法，政府的这一行为无疑将促进我国电子商务的健康发展。

只有法律还远不能保证电子商务的安全，电子商务安全认证需要政府职能部门的参与，利用 Internet 技术来管理电子商务活动。

（三）隐私问题

电子商务交易过程中，企业的隐私一般为商品价格的隐私、货物进出渠道的隐私、商品促销手段的隐私等，对于个人的隐私一般为个人的姓名隐私、肖像隐私、性别隐私、身份隐私等。

随着电子商务的发展，商家不仅要抢夺已有的网上客户，还要挖掘潜在的客户，于是人们在网上的各种商务活动和个人信息都在不知不觉中被商家记录。商家可以有的放矢，大量的宣传广告会充斥用户的电子信箱。个人秘密信息的安全得不到保障，这必然使用户对电子商务望而却步，阻碍电子商务的发展。因此，为保障网上的个人隐私权，促进电子商务的发展，应该对此进行立法或对相应的法规进行必要的修改。

六、技术标准

技术标准是信息发布和传递的基础，是网络上信息一致性的保证。技术标准定义了用户接口、传输协议、信息发布标准、安全协议等技术细节。就整个网络环境来说，标准对于保证兼容性和通用性是十分重要的。这就像不同的国家使用不同的电压传输电流，用不同的制式传输视频信号，限制了许多产品在世界范围的使用。目前在电子商务活动中也遇到了类似的问题，例如 EDI 标准，电子商务数据交换标准 ebXML，一些像 VISA、Mastercard 这样的国际信用卡组织已经同各界合作制定出用于电子商务安全支付的 SET 协议等。

学生分组实地参观，考察当地政府、企业和个人的电子商务应用，从而对当地电子商务的应用现状有充分的了解。同时上网浏览各类电子商务网站，检索相关信息，了解全球电子商务的发展现状。

通过任务的实施，要求对以下问题做出总结性报告：

1. 我国电子商务的应用现状是怎样的。
2. 发达国家电子商务的应用现状是怎样的，发展中国家有哪些可借鉴的。
3. 全球有哪些知名的电子商务网站。
4. 目前电子商务出现了哪些新兴的应用模式。
5. 电子商务的未来发展方向是怎样的。

项目拓展

通过图书馆查阅相关文献、网络搜索等方式，了解城市和农村地区的电子商务发展状况，分农村地区电子商务发展与城市的差距及成因，对农村电子商务发展之路提出个人建议，并形成可行性分析报告。

- 了解电子商务模式的概念，以及电子商务网站的分类与构成要素。
- 掌握B2C电子商务的交易流程和订单管理流程。
- 掌握B2B电子商务的特点与收益模式。
- 掌握C2C电子商务的经营模式及存在的问题。

- 能够在B2C电子商务网站上进行购物活动。
- 能够在B2B电子商务平台进行基本的业务操作。
- 能够熟练使用国内知名C2C电子商务平台提供的业务。

项目概述

电子商务模式，就是指在网络环境中基于一定技术基础的商务运作方式和盈利模式。研究和分析电子商务模式的分类体系，有助于挖掘新的电子商务模式，为电子商务模式创新提供途径，也有助于企业制定特定的电子商务策略和实施步骤。

当今电子商务飞速发展，其主要模式有三种，即企业与消费者之间的电子商务（Business to Consumer，B2C）、企业与企业之间的电子商务（Business to Business，B2B）、消费者与消费者之间的电子商务（Consumer to Consumer，C2C）。本章通过对三种主流电子商务模式的介绍和探究，使学生熟悉电子商务模式的主要进行流程与交易方式，并明确各类电子商务模式的特点，掌握电子商务模式的发展方向。

任务一 B2C 电子商务模式

B2C 电子商务模式是企业通过互联网直接向个人消费者销售产品和提供服务的经营方式，是消费者广泛接触的一类电子商务，也是互联网上最早创立的电子商务模式。拥有该电子商务模式的企业通过互联网为消费者提供一个新型的购物环境——网上商店，消费者在网上购物，在网上完成支付活动。由于这种模式节省了客户和企业的时间和空间，大大提高了交易效率。本任务介绍了 B2C 电子商务模式的分类，以及 B2C 电子商务的购物流程和订单管理流程，同时阐释了 B2C 电子商务模式的收益模式。

一、B2C 电子商务的分类

（一）综合型 B2C

发挥自身的品牌影响力，积极寻找新的利润点，培养核心业务。如卓越亚马逊，可在现有品牌信用的基础上，借助母公司亚马逊国际化的背景，探索国际品牌代购业务或者采购国际品牌产品销售等新业务。网站建设要在商品陈列展示、信息系统智能化等方面进一步细化。对于新老客户的关系管理，需要精细客户体验的内容，提供更加人性化、直观的服务。选择较好的物流合作伙伴，增强物流实际控制权，提高物流配送服务质量。

（二）垂直型 B2C

核心领域内继续挖掘新亮点。积极与知名品牌生产商沟通与合作，化解与线下渠道商的利益冲突，扩大产品线与产品系列，完善售前、售后服务，提供多样化的支付手段。鉴于个别垂直型 B2C 运营商开始涉足不同行业，笔者认为需要规避多元化的风险，避免资金分散。与其投入其他行业，不如将资金放在物流配送建设上。可以尝试探索“物流联盟”或“协作物流”模式，若资金允许也可逐步实现自营物流，保证物流配送质量，增强用户的黏性，将网站的“三流”完善后再寻找其他行业的商业机会。

（三）传统生产企业网络直销型 B2C

首先要从战略管理层面明确这种模式未来的定位、发展与目标。协调企业原有的线下渠道与网络平台的利益，实行差异化的销售，如网上销售所有产品系列，而传统渠道销售的产品则体现地区特色；实行差异化的价格，线下与线上的商品定价根据时间段不同设置。线上产品也可通过线下渠道完善售后服务。在产品设计方面，要着重考虑消费者的需求感觉。大力吸收和挖掘网络营销精英，培养电子商务运作团队，建立和完善电子商务平台。

（四）第三方交易平台型 B2C 网站

B2C 受到的制约因素较多，但中小企业在人力、物力、财力有限的情况下，这不失为一种拓宽网上销售渠道的好方法。关键是中小企业要选择具有较高知名度、点击率和流量的第三方平台；其次要聘请懂得网络营销、熟悉网络应用、了解实体店运作的网店管理人员；再次是要以长远发展的眼光看待网络渠道，增加产品的类别，充分利用实体店的资源、既有的仓储系统、供应链体系以及物流配送体系发展网店。

（五）传统零售商网络销售型 B2C

传统零售商自建网站销售，将丰富的零售经验与电子商务有机地结合起来，有效地整合传统零售业务的供应链及物流体系，通过业务外包解决经营电子商务网站所需的技术问题，典型代表就是国美在线。

（六）纯网商

纯网商指只通过网上销售产品的商家。纯网商的销售模式主要有自产自销和购销两种。纯网商是没有线下实体店的。

二、B2C 电子商务的购物流程

总结起来，B2C 电子商务网站购物流程如图 2-1 所示。

三、B2C 电子商务网站订单管理流程

B2C 电子商务网站的订单管理流程，如图 2-2 所示。

四、B2C 电子商务的收益模式

我国的 B2C 电子商务运营通常由网站平台收集企业商品，再进行统一售卖获取收益，其主要收益模式有以下几个方面：

（一）产品销售营业收入模式

产品销售营业收入模式是以产品交易作为收入主要来源，是多数 B2C 网站采用的模式。这种 B2C 的网站又可以细分为销售平台式和自主销售式两种网站模式。

1. 销售平台式网站

网站并不直接销售产品，而是为商家提供 B2C 的平台服务，通过收取虚拟店铺出租费、交易手续费、加盟费等来实现盈利。淘宝 B2C 购物平台——淘宝商城就是其典型代表。淘宝提供淘宝商城这一 B2C 平台，收取加入淘宝商城商家一定费用，并根据提供服务级别的不同

收取不同的服务费和保证金。

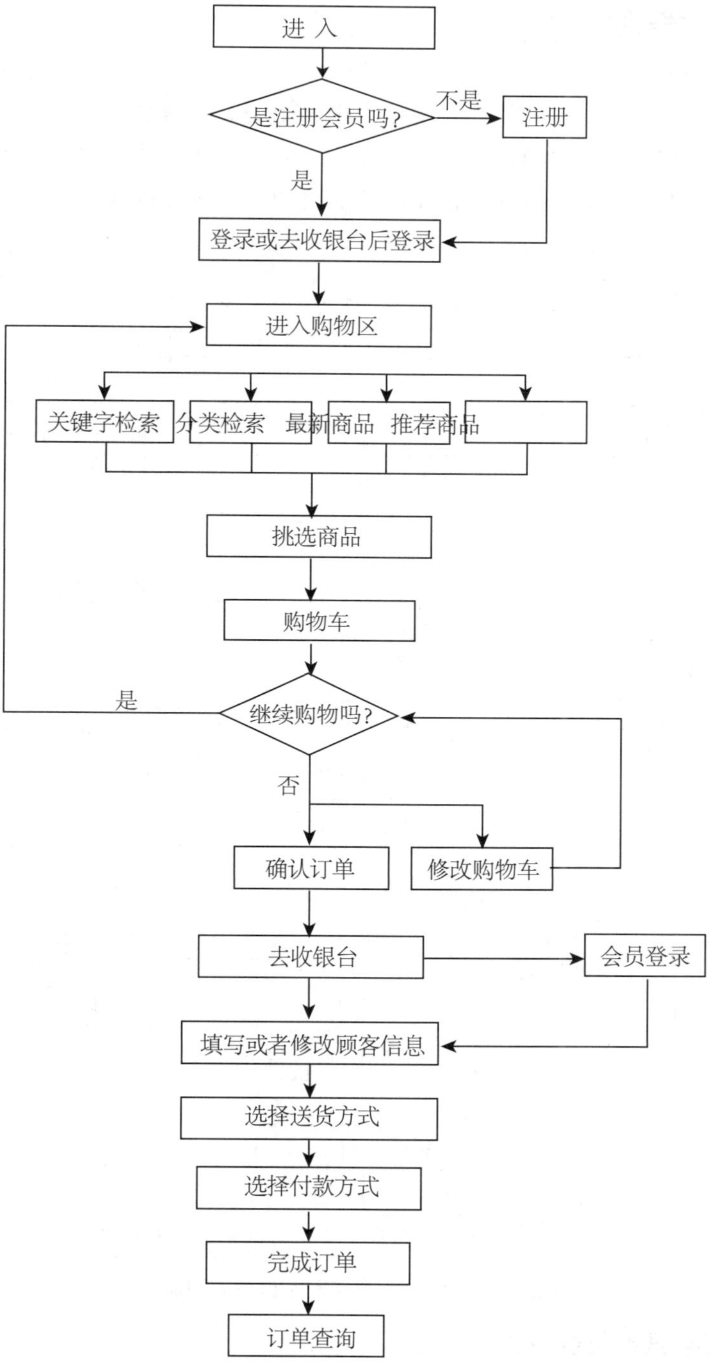

图 2-1 B2C 电子商务网站购物流程图

2. 自主销售式网站

与销售平台式不同，自主销售式需要网站直接销售产品。与销售平台相比运营成本较高，需要自行开拓产品供应渠道，并构建一个完整的仓储和物流配送体系或者发展第三方物流加盟商，将物流服务外包。

（二）网络广告收益模式

网络广告收益模式是互联网经济中比较普遍的模式，B2C 网站通过免费向顾客提供产品或服务吸引足够的“注意力”从而吸引广告主投入广告，通过广告盈利。相对于传统媒体来说，广告主在网络上投放广告具有独特的优势：一方面，网络广告投放的效率较高，一般按照广告点击的次数收费。另一方面，B2C 网站可以充分利用网站自身提供的产品或服务的不同来分类消费群体，对广告主的吸引力也很大。

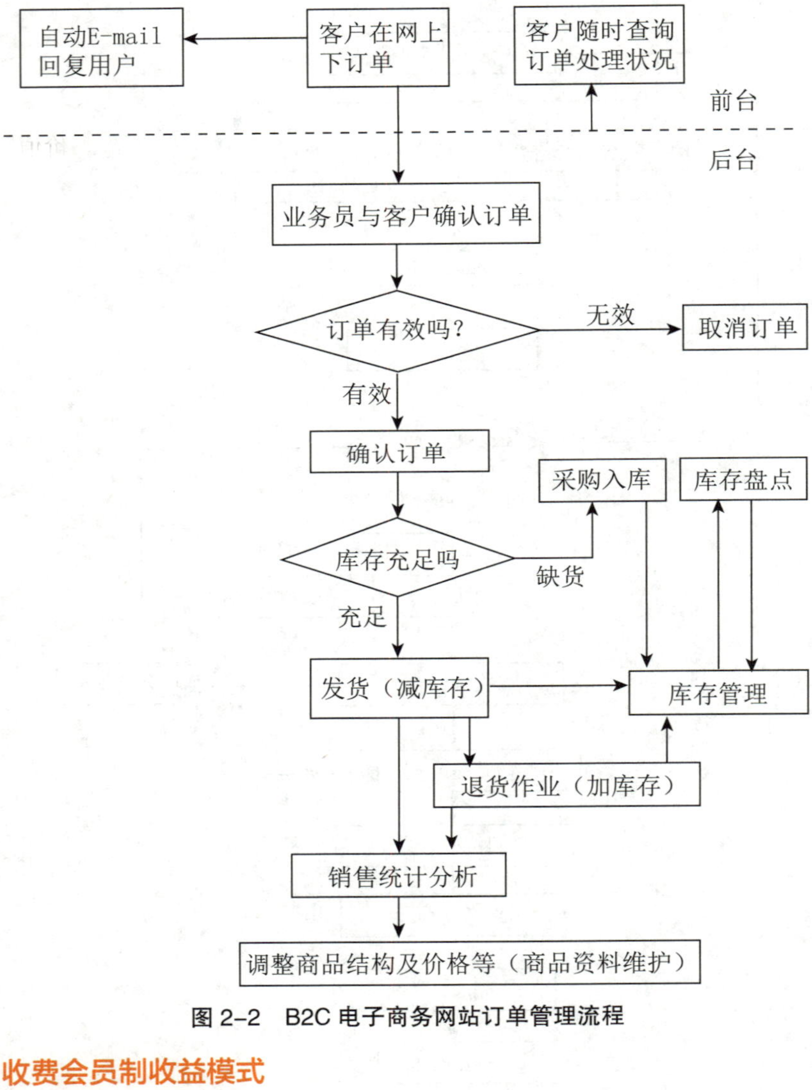

图 2-2　B2C 电子商务网站订单管理流程

（三）收费会员制收益模式

B2C 网站对会员提供便捷的在线加盟注册程序、实时的用户购买行为跟踪记录、准确的在线销售统计资料查询及完善的信息保障等。收费会员主题是网站的主题会员，会员数量在一定程度上决定了网站通过会员最终获得的收益。网站收益量大小主要取决于自身推广努力。比如网络可以适时举办一些优惠活动并给予收费会员更优惠的会员价，与免费会员形成差异，以吸引更多的长期顾客。

（四）网站的间接收益模式

除了能够将自身创造的价值变为现实的利润，企业还可以通过价值链的其他环节实现盈利。

1. 网上支付收益模式

当 B2C 网上支付拥有足够的用户，就可以开始考虑通过其他途径来获取收入。以淘宝为例，有近 90% 的淘宝用户通过支付，带给淘宝巨大的利润空间。淘宝不仅可以通过支付宝收取一定的交易服务费用，而且可以充分利用用户存款和支付时间差产生的巨额资金进行其他投资盈利。

2. 网站物流收益模式

近几年，我国 B2C 电子商务的交易规模已经超数百亿元，由此产生的物流市场也很大。将物流纳为自身的服务，网站不仅能够占有物流的利润，还使得用户创造的价值得到增值。不过，物流行业与互联网信息服务有很大的差异，B2C 网站将物流纳为自身服务的成本非常高，需要建立实体配送系统，而这需要有强大的资金做后盾，而大多数网站根本很难做到。

B2C 电子商务模式包括大型企业自建 B2B 电子商务网站与第三方电子商务平台两种，企业可以通过自己建立电子商务网站来降低成本，提高产品销售量，诸多大型企业如联想、Apple 都在官方网站推出了官方在线商城的服务，采取网上零售和网上分销的方式进行电子商务业务的推进。而第三方电子商务平台多由大型商城作为主导，对企业产品进行收集和集中，再经由商城平台的统一管理进行销售，典型网站如苏宁易购。这类商城大多采用自有物流系统与仓储管理，从企业厂家直接进货集中销售。我国现有的中小企业有 4000 多万家，由于中小企业自身条件的限制，拥有独立网站的只有 200 多万家，随着中小企业对 B2B 网站认知的不断提升，很多中小企业都希望可以通过第三方电子商务平台开展电子商务，借助第三方电子商务平台在电子商务中的影响力进行自身产品的销售，最终形成第三方电子商务平台与消费者之间的 B2C 消费模式。

如通过第三方电子商务平台发布和查询供求信息，与潜在客户进行在线交流和商务洽谈等。第三方电子商务平台又分为两种类型：综合性平台，指可服务于多个行业与领域的电子商务网站，如阿里巴巴、慧聪网、环球资源网、中国供应商等；行业垂直性平台，指面向特定行业领域的电子商务平台，如安卓手机网、教育网、高清时代网等。

典型的 B2C 电子商务网站如京东商城，其交易流程大致可以分为用户注册、选购商品、支付结算和物流配送四个过程。在使用 B2C 网站进行网络购物时，首先需要一个用户名，即新用户的注册，然后引导用户登录到电子商务网站，进行商品选购及支付方式，最后由商家选择物流方式进行送货，消费者收货后验收，继而完成交易。

1. 用户注册

消费者在开始网络购物前，必须先进行新用户注册。新用户注册时一般要输入这些信息：①登录名；②登录密码；③验证密码；④用户姓名；⑤送货地址；⑥送货电话；⑦电子邮箱。

每个电子商务网站的用户注册界面都大同小异，对于不同的网站，有些信息是用户注册时必须要填的，有些信息是可选的。一般来说，以上七项信息是用户注册时必须要输入的信息。另外，用户注册时还可以输入其它一些信息，比如说，证件号、性别、文化、出生日期、收入、邮政编码等，这些信息一般允许用户有选择地输入。

图 2–3　京东商城注册页面

2. 选购商品

用户注册完成以后就可以开始选购商品，对于购买目标明确的用户，可以利用网站提供的查询功能来选购商品。比如说，如果想通过网络购买某一具体商品，可以直接在网上商店的搜索框直接输入该商品的名称进行搜索。

图 2–4　京东商城搜索框

那么，该网上商店销售的所有此类商品的信息都会被显示出来，这些信息包括商品的产品型号、价格、规格等。

对这些搜索到的商品，根据个人的喜好，消费者可以选中某样具体的商品直接放入到购物车。如果有的消费者觉得网上显示的这些信息还不够直观，那么，他还可以点击商品名称先查看该商品的图片，满意的话再点击购买图标，将该商品放入到购物车，然后输入需要购买该种商品的数量，从而完成该种商品的选购。

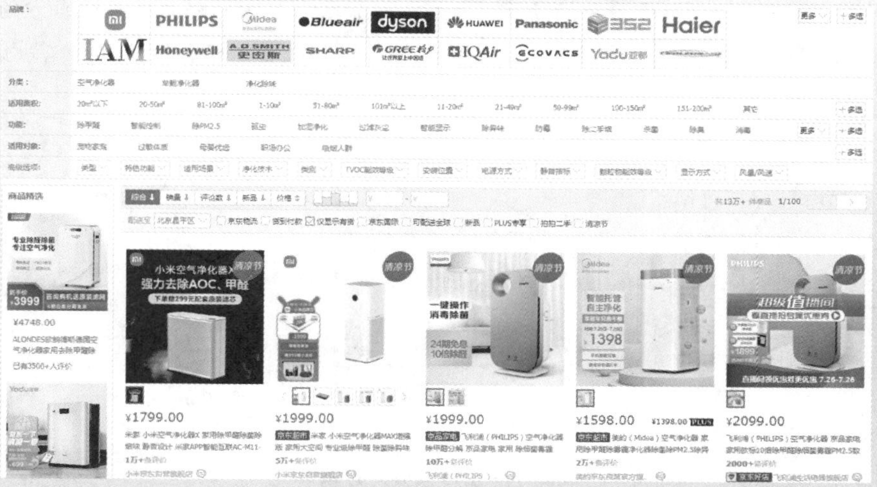

图 2–5　京东商城搜索结果

图 2–6　京东商城商品详细页面

而对于那些购买目标不明确的用户，他们可以在网站上像平时逛商店一样边浏览边选购，选购完成后可以显示所有选购商品的清单，并且可以随时修改每种选购商品的数量，最后确认准确无误后，就完成了整个商品选购的过程。

3. 支付结算

当消费者在网上完成商品选购以后，电子商务网站就会显示消费者选购的所有商品的明细，包括商品的编号、名称、规格、单价、数量等，同时网页还会显示本次选购的商品的总价格，这时候消费者按支付结算就可以进入到网上支付流程。在B2C电子商务模式中，消费者可选择的支付方式主要有如下几种：①货到付款；②汇款方式；③网上银行支付；④第三方支付。

一般来说，网上电子支付都是通过网上银行来完成的。通过网上银行来支付有这样一个缺点，由于银行只负责资金的结算，也就是把货款从买方的账户转移到卖方的账户，而且通过网上银行支付，对买方来说，必须先付款，后收货，那么如果不能收到货物，

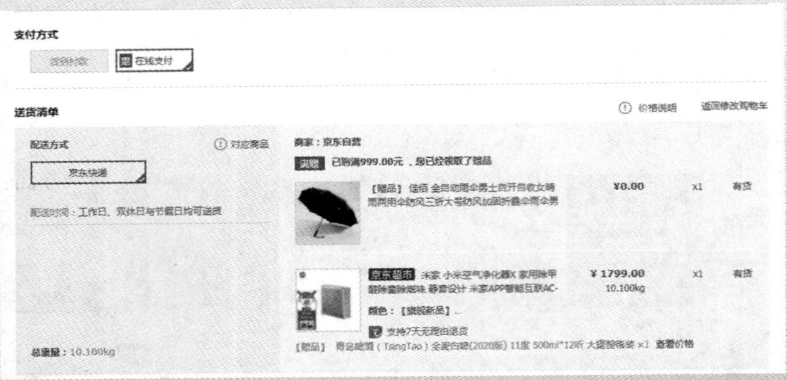

图 2–7　京东商城支付结算

或者收到的货物有质量问题，买方要退款非常困难。因此，为了既能够保证卖家及时收到货款，又能保证买方在确认收到货物后再付出货款，出现了除了网上银行之外的第三方的支付工具。第三方的支付工具是这样来操作的，买方在网上购物需要支付时，首先将货款支付给第三方的支付平台，然后在确认收货后，再由第三方的支付平台将货款支付给卖方。比如，阿里巴巴的支付宝、中国银联的Chinapay和腾讯公司的财付通都是第三方的网上支付工具。

4. 物流配送

在B2C电子商务模式下，网上商品选购完成后，还必须通过物流配送环节将网上选购的商品送到消费者手上。由于物流配送环节是阻碍网上商店发展的一个主要的瓶颈，电子商务网站在成立之初就应把逐步完善网络物流配送放到重要的位置。

图 2–8　京东商城物流跟踪

任务二 B2B 电子商务模式

有专家指出，80% 以上的电子商务交易发生在企业间，即 B2B 电子商务交易。B2B 电子商务模式的交易量比 B2C 电子商务模式的交易量多得多。因此，B2B 电子商务在整个电子商务行业中有着重要的地位和作用。本任务要求在研究和分析 B2B 电子商务企业发展现状的基础上，掌握 B2B 电子商务的基本模式和发展优势。

一、B2B 电子商务的基本模式

根据互联网行业研究总结，B2B 电子商务的基本模式主要包括以下七个方面：

（1）面向制造业或面向商业的垂直 B2B。垂直 B2B 可以分为两个方向，即上游和下游。生产商或商业零售商可以与上游的供应商之间形成供货关系，比如 Dell 电脑公司与上游的芯片和主板制造商就是通过这种方式进行合作。生产商与下游的经销商可以形成销货关系，比如 Cisco 与其分销商之间进行的交易。

（2）面向中间交易市场的 B2B。这种交易模式是水平 B2B，它是将各个行业中相近的交易过程集中到一个场所，为企业的采购方和供应方提供了一个交易的机会，像 Alibaba、环球资源网等。B2B 只是企业实现电子商务的一个开始，它的应用将会得到不断发展和完善，并适应所有行业的企业的需要。

（3）业务国际化。一批 B2B 电子商务企业在上市融资后，无论是产品还是业务领域都将拓展到海外市场，而国际的一些 B2B 厂商也在谋求中国业务的开拓和发展。

（4）服务外延化。在资讯服务的基础上，提供诸如软件服务、支付、物流、信用担保等更多的服务项目和内容。

（5）行业纵深化。再次出现类似阿里巴巴综合性的 B2B 平台的可能性不大，行业纵深化发展将是未来 B2B 电子商务发展的方向之一。

（6）市场集中化。先进入者累积了一定规模用户和较高知名度具备先发优势，市场份额可能逐步扩大，而一些获得资本支持的 B2B 网站也将迈开收购合并步伐，除非在政策性很强行业有新参与者加入，否则市场集中度将逐步提高。

（7）资本紧密化。随着几大 B2B 平台相继成功上市，未来将会有更多的发展较好的企业实现上市或融资，而已成功的上市企业的投资并购活动将逐步展开和加快。

二、B2B 电子商务的优势

根据中国电子商务研究中心对 B2B 电子商务的研究分析指出，随着 B2B 电子商务的快速发展，直接导致了一些传统中小企业濒临破产，电子商务成为企业业务展开的重要渠道之一，相对传统的商务策略，电子商务将传统的商务流程电子化、数字化，大量减少了人力、物力，降低了采购和库存成本。同时打破了时空的限制，使交易活动更加方便快捷，大大提高了效率，同时也节省了资金周转的时间，并扩大了市场机会。B2B 电子商务平台的竞争优势可总结为以下五点：

（1）B2B 电子商务平台使买卖双方信息交流低廉、快捷。信息交流是买卖双方实现交易的基础。传统商务活动的信息交流是通过电话、电报或传真等工具，这与 Internet 信息是以 web 超文本（包含图像、声音、文本信息）传输不可同日而语。现在的电子商务平台买卖双方通过互联网交流信息，为双方都提供了便利。

（2）B2B 电子商务平台降低了企业间的交易成本。首先对于卖方而言，电子商务可以降低企业的促销成本。即通过 Internet 发布企业相关信息（如企业产品价目表，新产品介绍，经营信息等）和宣传企业形象，与传统的电视、报纸广告相比，可以更省钱，更有效。因为在网上提供企业的照片、产品档案等多媒体信息有时胜过传统媒体的“千言万语”。据 IDC（互联网数据中心）调查，在 Internet 上做广告促销，可以提高销售数量 10 倍，而费用只是传统广告的 1/10。其次对于买方而言，电子商务可以降低采购成本。传统的原材料采购是一个程序烦锁的过程。而利用 Internet，企业可以加强与主要供应商之间的协作，将原材料采购和产品制造过程两者有机地结合起来，形成一体化的信息传递和处理系统。另外，借助 Internet，企业还可以在全球市场上寻求最优价格的供应商，而不是只局限于原有的几个商家。

（3）B2B 电子商务平台减少了企业的库存量。企业为应付变化莫测的市场需求，通常需要保持一定的库存量。但企业的高库存政策将增加资金占用成本，而且不一定能保证产品或材料是适销货品；而企业低库存政策，可能使企业的生产计划受阻，交货延期。因此寻求最优库存控制是企业管理的一个重要目标之一。以信息技术为基础的电子商务则可以改变企业决策中信息不确切和不及时的问题。通过 Internet 可以将市场需求信息传递给企业决策生产，同时也把需求信息及时传递给供应商而适时得到补充供给，从而实现“零库存管理”，大大降低了企业间的库存成本。

（4）B2B 电子商务平台缩短了企业的生产周期。一个产品的生产是许多企业相互协作而成的结果，因此产品的设计开发和生产销售最可能涉及许多关联企业，通过电子商务可以改变过去由于信息封闭而无谓等待的现象，缩短企业的生产周期。

（5）B2B 电子商务平台 7*24 小时无间断运作，为企业增加了商机。传统的交易受到时间和空间的限制，而基于 Internet 的电子商务则是一周 7 天、一天 24 小时无间断运作，网上的业务可以开展到传统营销人员和广告促销所达不到的市场范围，从而扩大企业的市场机会。

三、B2B 电子商务的交易过程

B2B 电子商务的交易过程大致可以分为交易前准备、洽谈和签订合同、办理合同履行前手续、交易合同履行、交易后处理 5 个阶段。每个阶段要完成的工作跟传统商务是相似的，但采用的技术手段、运用的管理模式有很大的差异，最终的效果显然不同。在整个电子商务交易过程中有信息流、资金流和物流在循环流动。

（一）“交易前准备”阶段

卖方根据自己所销售的商品，召开商品新闻发布会，制作广告进行宣传，全面进行市场调查和市场分析，制订各种销售策略和销售方式，了解各个买方国家的贸易政策，利用互联网和各种电子商务网络发布商品广告，激发客户的需求，寻找贸易伙伴和交易机会，扩大贸易范围和商品所占市场的份额。

买方通过互联网和其他电子商务网络（如增值网），寻找所需的商品和满意的商家，发出询价和查询信息，收集相关信息，进行市场调查和分析，了解各个卖方国家的贸易政策，比较选择，制订、修改和审批购货计划，按计划确定购买商品的种类、数量、规格、价格、购货地点和交易方式等，准备购货款等。

其他参加交易的各方（称中介方），如电子商城、银行、信用卡公司（或发卡银行）、海关、商检、保险、税务以及物流配送公司等机构都要做好参与交易的相应的准备工作，要能随时进行在线的服务。

（二）"洽谈和签订合同"阶段

交易双方采用现代通信方式（如阿里巴巴的贸易洽谈软件阿里旺旺、腾讯公司的QQ、微信、中国移动的和飞信等）和互联网的电子邮件（E-mail）、电子公告牌系统（BBS）、网络新闻组（UseNet）、聊天室等手段，对所有交易细节进行洽谈、磋商和谈判，进一步比较选择，作出购买决策，进而商定电子贸易合同的条款（对于小数量低价位的商品，不一定具备合同形式），合同条款包含双方在交易中的权利、所承担的义务、对所购买的种类、数量、价格、交货地点、交货期、交易方式和运输方式、违约和索赔等作出详细的约定，交易双方可以通过电子邮件或电子数据交换（EDI）进行签约，采用数字签名等方式签名，采用安全保密传送方式交换电子合同文件。

（三）"办理合同履行前手续"阶段

电子商务交易在签订合同后到合同履行之前必须完成一系列必要的手段。交易双方和中介方，包括电子商城、银行、信用卡公司（或发卡银行）、海关、商检、保险、税务以及物流配送公司等机构，彼此之间需要实时完成相应的手续，交换有关的电子票据和电子单证，如：信用卡申请、账号及密码校验、支付能力查证、支付信誉查证、付款通知、转账通知等，均需随着信息流和资金流，按步骤逐项完成。

（四）"交易合同履行"阶段

买卖双方办完必要手续之后，随着信息流、资金流和物流，卖方要按约备货、组货，同时启动相应服务机构进行报关、保险、取证等，卖方将所购商品交付给运输公司包装、起运、发货，银行和金融机构完成结算、转账，出具相应的电子单据等，直到买方按时收到所订货物，卖方代理完成所规定的安装、启动及验收工作，取得收货证明，该阶段工作才告结束。

（五）"交易后处理"阶段

卖方应按规定负责做好售后服务，包括有关的使用培训和维修服务。如果出现违约情况，则买卖双方还需进行违约处理，受损方有权向违约方索赔。倘若双方不能正常处理，则需根据相关的法律法规，转入司法程序处理。买卖双方还需合作完成销售反馈意见的填写和收集工作，这些都可以通过互联网上的企业网站等途径简捷地完成。

由上可知，电子商务的交易几乎都是在网络上进行，只是实体商品的配送和部分的售后服务例外，因而能够达到高效率、低成本的目标。电子商务交易充分体现了对信息流、资金流和物流的科学管理，使领导者、工作人员甚至客户都能直观地了解交易的进展和管理的全貌；体现出对客户的尊重与支持，反映出4C营销理论的“客户需求导向”这一重要观点。

四、B2B电子商务的收益模式

一般而言，B2B电子商务网站的收益模式主要有以下几种：

（一）会员费

企业通过第三方电子商务平台参与电子商务交易，必须注册为B2B网站的会员，每年要交纳一定的会员费，才能享受网站提供的各种服务，目前会员费已成为我国B2B网站最主要的收入来源。比如阿里巴巴网站收取中国供应商、诚信通两种会员费，中国供应商会员费分为每年4万和6万两种，诚信通的会员费每年3688元；中国化工网每个会员第一年的费用为12000元，以后每年综合服务费用为6000元；五金商中国的金视通会员费1580元/年，百万网的百万通600元/年。

（二）广告费

网络广告是门户网站的主要盈利来源，同时也是B2B电子商务网站的主要收入来源。阿里巴巴网站的广告根据其在首页位置及广告类型来收费。中国化工网有弹出广告、漂浮广告、Banner广告、文字广告等多种表现形式可供用户选择。

（三）竞价排名

企业为了促进产品的销售，都希望在B2B网站的信息搜索中将自己的排名靠前，而网站在确保信息准确的基础上，根据会员交费的不同对排名顺序作相应的调整。

（四）增值服务

B2B网站通常除了为企业提供贸易供求信息以外，还会提供一些独特的增值服务，包括企业认证，独立域名，提供行业数据分析报告，搜索引擎优化等。像现货认证就是针对电子商务这个行业提供的一个特殊的增值服务，因为通常电子采购商比较重视库存这一块。另外针对电子型号做的谷歌排名推广服务，就是搜索引擎优化的一种，像seekIC这个平台就有这种增值服务，企业对这个都比较感兴趣。所以可以根据行业的特殊性去深挖客户的需求，然后提供具有针对性的增值服务。

（五）线下服务

主要包括展会、期刊、研讨会等。通过展会，供应商和采购商面对面地交流，一般的中小企业还是比较青睐这个方式。期刊主要是关于行业资讯等信息，期刊里也可以植入广告。Global Sources的展会现已成为重要的盈利模式，占其收入的1/3左右。而ECVV组织的线下的展会和采购会也已取得不错的效果。

（六）商务合作

包括广告联盟、政府、行业协会合作、传统媒体的合作等。广告联盟通常是网络广告联盟，亚马逊通过这个方式已经取得了不错的成效，但在我国，联盟营销还处于萌芽阶段，大部分网站对于联盟营销还比较陌生。国内做得比较成熟的几家广告联盟有：百度联盟、搜狗联盟等。

（七）按询盘付费模式

区别于传统的会员包年付费模式，按询盘付费模式是指从事国际贸易的企业不是按照时间来付费，而是按照海外推广带来的实际效果，也就是海外买家实际的有效询盘来付费。其中询盘是否有效，主动权在消费者手中，由消费者自行判断，来决定是否消费。尽管 B2B 市场发展势头良好，但 B2B 市场还是存在发育不成熟的一面。这种不成熟表现在 B2B 交易的许多先天性交易优势，比如在线价格协商和在线协作等还没有充分发挥出来。因此阿里巴巴、中国制造等传统的按年会员等级收费模式，越来越受到以 ECVV 为代表的按询盘付费平台的冲击。“按询盘付费”有 4 大特点：零首付、零风险；主动权、消费权；免费推、针对广；及时付、便利大。广大企业不用冒着“投入几万元、十几万，一年都收不回成本”的风险，零投入就可享受免费全球推广，成功获得有效询盘后，辨认询盘的真实性和有效性后，只需在线支付单条询盘价格，就可以获得与海外买家直接谈判成单的机会，主动权完全掌握在供应商手里。

（八）佣金

企业通过第三方电子商务平台参与电子商务交易，免费注册为 B2B 网站的会员，每年不需交纳会员费，就可以享受网站提供的服务，只在买卖双方交易成功后收取佣金。比如敦煌网，它采取佣金制，免注册费，佣金比例为 2% 至 7%。

下面以国内知名的 B2B 电子商务交易平台——慧聪网为例，介绍 B2B 电子商务的基本交易流程。

慧聪网的在线交易流程图如下：

卖家在“产品交易→我销售的产品→发布产品信息”页面发布商机，如图 2–9 所示；在“是否支持网上交易”项勾选“支持”，如图 2–10 所示；点击确认“发布产品信息”后等待系统审核。通过审核后，即可在卖家店铺前台上架展示，供买家选购。

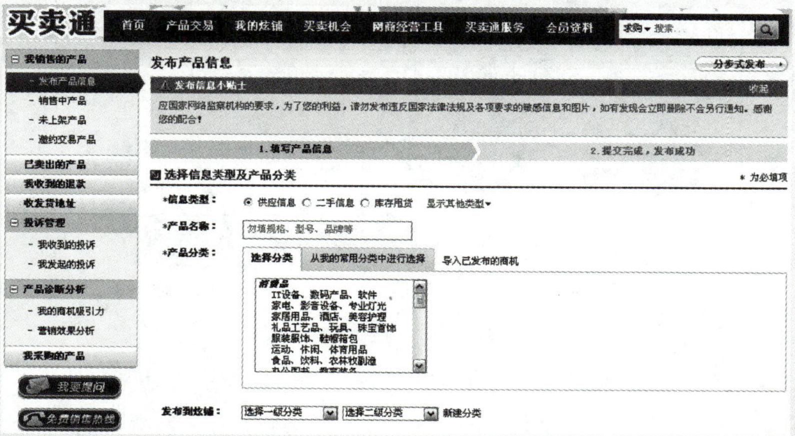

图 2–9 发布商机

买家通过查找产品或商家进入产品终级页，选好购买数量后点击“立即订购”，或者先将其“加入采购单”，等选购完所有产品后一并下单，如图 2–11 所示。

进入买家下单页，选择并确认收货地址，确认订单信息，还可以给卖家留言。确认信息无误后，点击“确认电子协议，立即订购”，如图 2–12 所示，系统自动跳转到下单成功页面。

此时买家可以在“采购交易→已买入的产品”页面查看所下的订单。订单状态为“等待卖家确认订单”，如图 2–13 所示。

卖家同时可以在“产品交易→已卖出的产品”页面查看买家所下的订单。点击订单上面的“确认订单”按钮，如图 2–14 所示。

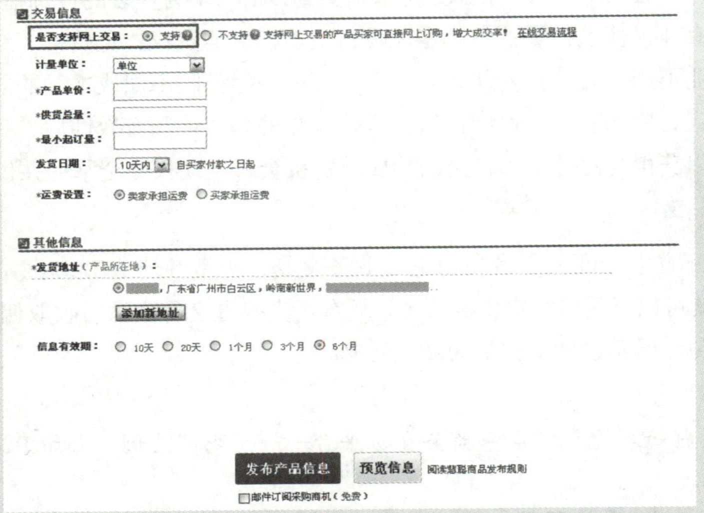

图 2–10　支持网上交易

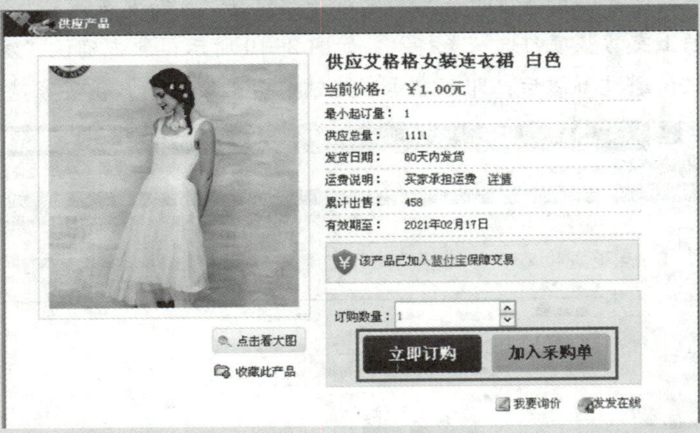

图 2–11　选购商品

B2B 电子商务的基本模式

进入“卖家确认电子协议”页面，卖家可以在此处修改订购数量、货品金额和运费，亦可以查看买家留言，确认无误后输入支付密码，点击“确认修改电子协议”按钮，如图 2–15 所示。

系统自动跳转到电子协议修改成功提示页，如图 2–16 所示。此时订单状态变成“等待买家付款”，卖家在此状态时可以多次修改电子协议，直至买家付款。

买家在“已买入的产品”中找到待付款订单，点击上面的“付款”链接，如图 2–17 所示。

进入到“确认订单价格”页面，确认无误后，点击“确认无误，马上付款”按钮，如图 2–18 所示。

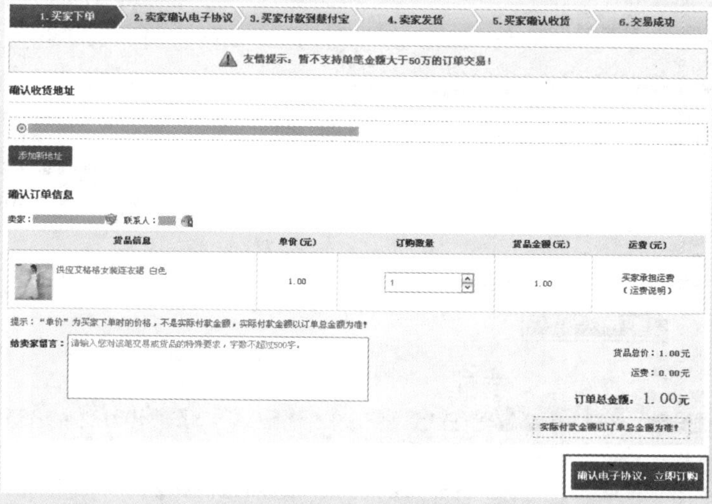

图 2–12　确认订单信息

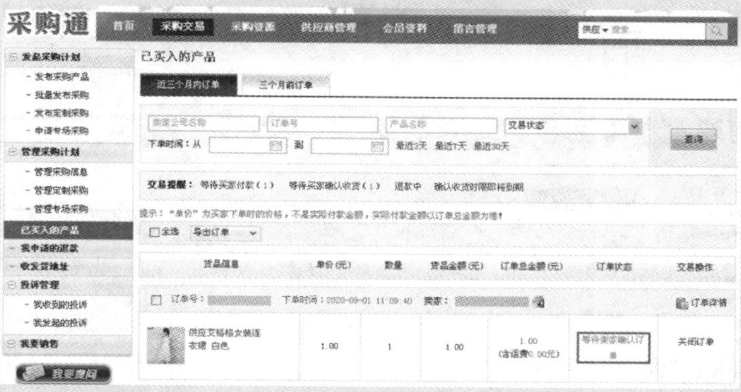

图 2–13　查看订单状态

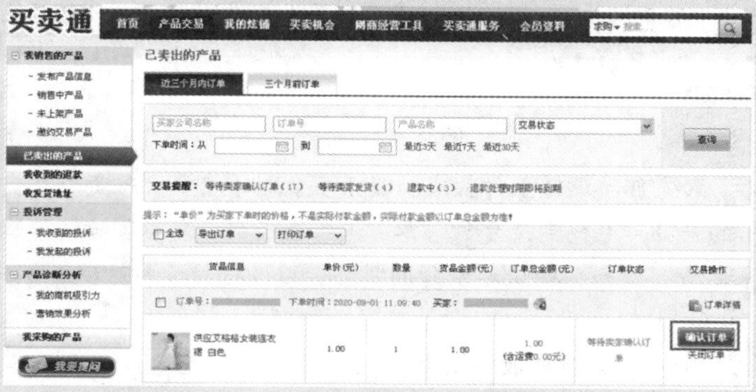

图 2–14　确认订单

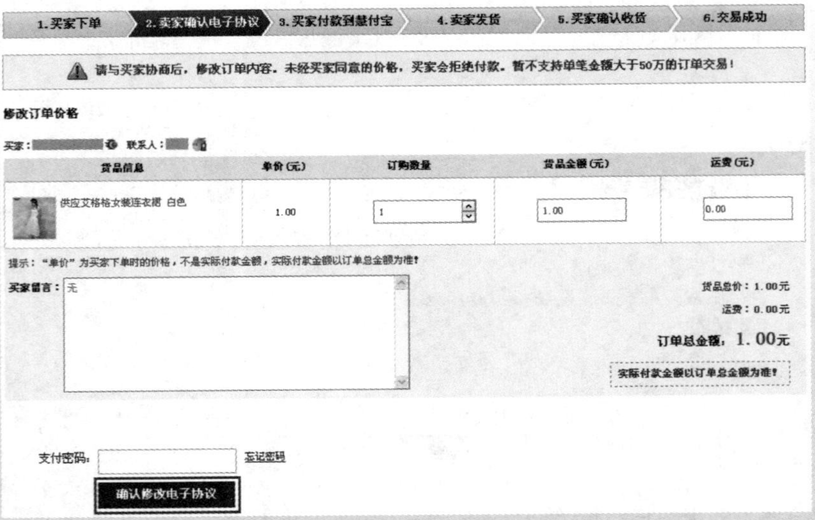

图 2-15　确认修改电子协议

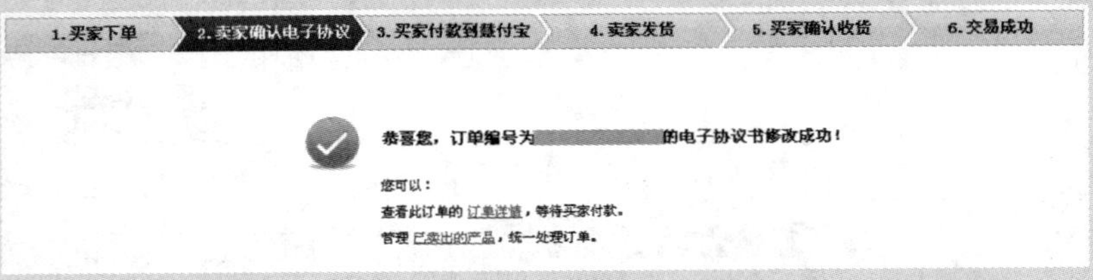

图 2-16　卖家修改电子协议

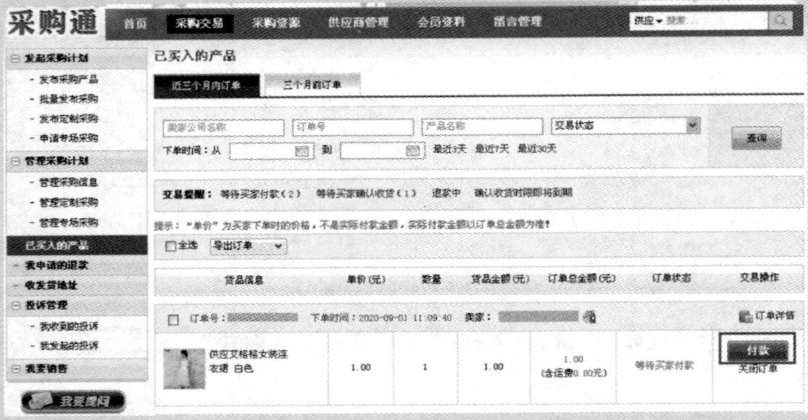

图 2-17　付款

付款成功后，系统自动跳转至付款成功提示页。此时订单状态变成“等待卖家发货”。卖家在“已卖出的产品”中找到待发货订单，点击上面的“发货”链接，如图 2-19 所示。

进入“卖家发货”页面，确认要发货的货品，以及选择发货方式，然后点击“确定”按钮，如图 2-20 所示。

在买家收到货物后，如对所收悉的货物数量和质量均无异议。需要尽快到“已买入的产品”中找到待确认收货的订单，点击“确认收货”按钮，如图 2-21 所示。

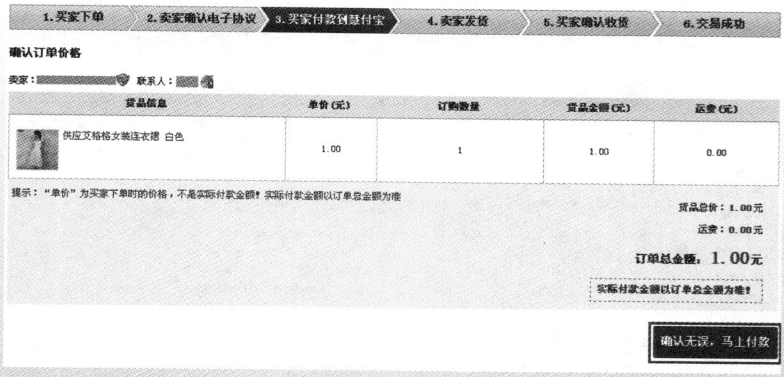

图 2-18　确认付款

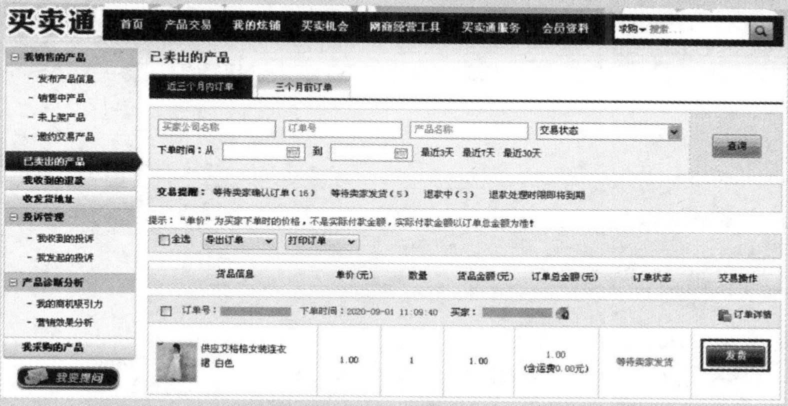

图 2-19　等待发货

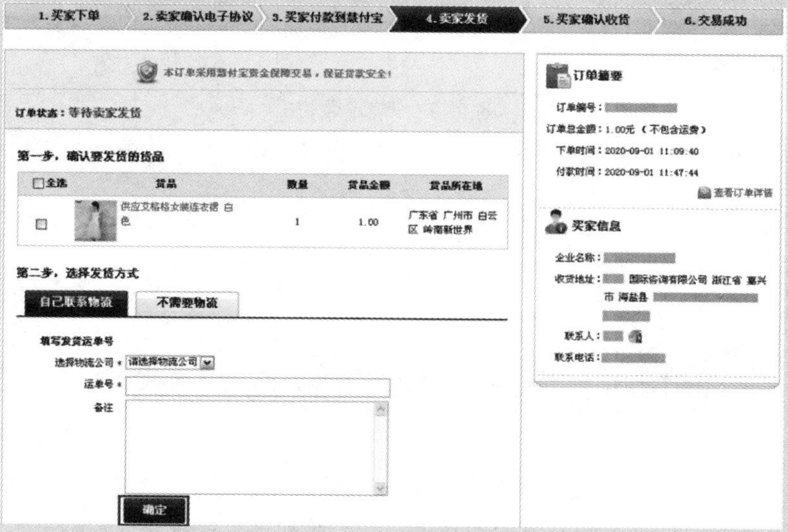

图 2-20　确定发货

进入“买家确认收货”页面，选择要收货的货品，输入慧付宝密码，点击“确定”按钮确认收货，如图 2-22 所示。

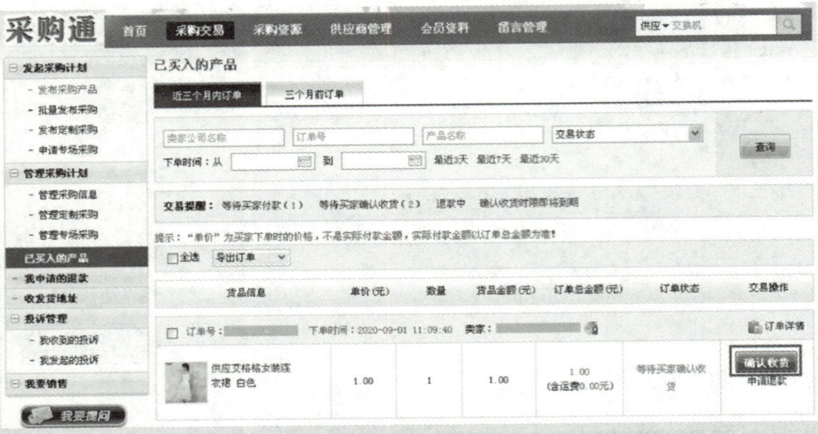

图 2-21 确认收货

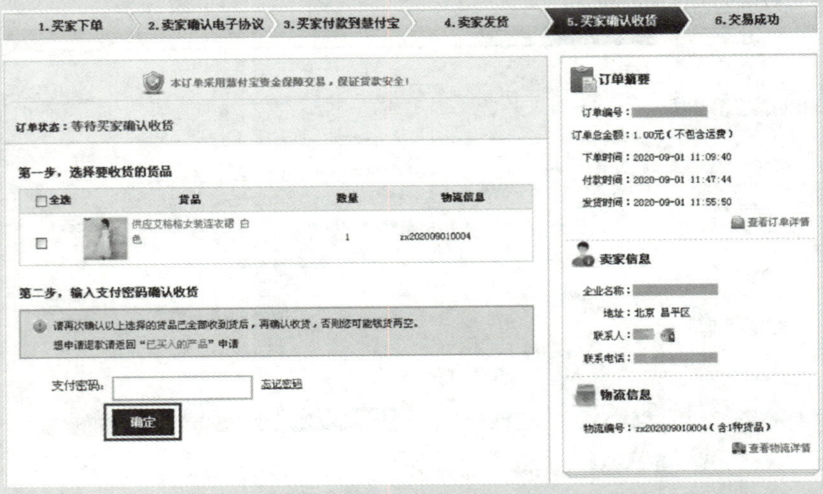

图 2-22 确定收贷

系统跳转到确认收货成功提示页。此时订单状态变成“交易成功”，系统将买家支付的货款打到卖家的慧付宝账户中，交易完成。

任务三 C2C 电子商务模式

目前国内最大的 C2C 电子商务平台为阿里巴巴旗下的淘宝网，淘宝网是阿里巴巴（中国）网络技术有限公司依托阿里巴巴在 B2B 市场的成功经验和服务打造的 C2C 电子商务交易平台。本任务将以淘宝网 C2C 电子商务模式为例进行讲述。

淘宝网创立初期，凭借对 C2C 交易免费的策略，成功打败 eBay 易趣，成为 C2C 市场的领头羊。在淘宝网发展上升阶段，淘宝网致力打造立体商业圈，在保证 C2C 市场正常运作的前提下，全面提升对商品质量与店铺的把控，建立了中国最大的在线商品零售市场。而后，淘宝推出网络营销业务，通过直通车、网络广告等增值服务方式进行盈利，为了适应智能手机移动端电子商务的发展，继而推出淘宝手机客户端。这一举措进一步引发中国电子商务市场关注，淘宝网跃升为国内首屈一指的综合性电子商务平台。

相对国外的 C2C 电子商务的发展，国内 C2C 电子商务网站目前仍然没有在发展和盈利中找到好的平衡方式，随着 C2C 电子商务交易规模和用户群体的扩大，C2C 购物网站除了承载交易功能外，还需要直接面对消费终端，掌握海量用户购买路径和习惯数据、覆盖群体广泛等特征，这其中蕴含的非常大的媒体价值也会被逐步释放和认可，淘宝网所尝试的网络营销等盈利模式也在探索中获得了成功。

一、C2C 电子商务的经营模式

目前，C2C 电子商务网站为交易双方提供的各项基础服务仍以免费为主，但是基础服务仅仅能满足进入平台的需求，想在平台竞争中取得良好的营销效果仍需借助平台的增值服务。针对卖家用户进行合理的收费有利于 C2C 电子商务很好地保证买卖双方的信用。另一方面，电子商务交易平台为买卖双方创造一个安全可靠的交易环境，避免交易纠纷等。

中国 C2C 电子商务市场竞争激烈，再加上目前整个 C2C 市场的不稳定性，从事电子商务行业压力普遍增大，竞争意识日益强烈，形成了进入电子商务市场容易，站稳脚跟难的局面。

淘宝网 C2C 电子商务的经营模式主要从以下几个方面进行：

（一）初期营销

（1）“农村包围城市”。由于国家加强了对短信的规范力度，一大批中小型网站和个人网站失去了利润的来源而难以为继。淘宝网将广告放到这些小网站上面，通过广告宣传，让广大消费者知道了有这么一个 C2C 电子商务网站。

（2）淘宝网与 MSN 等门户网站联盟。由于人们对淘宝网的看法已经发生了很大的转变，因此，淘宝网开始组建战略联盟。

（3）利用传媒做市场宣传。淘宝网从 2004 年的北京国际广播电视周开始，就利用热卖的贺岁片提高了知名度，而且还把道具拿到网上拍卖。

（二）网站质量

（1）网站界面设计。淘宝网不断地改进和创新，使得网站的画面更加简洁。

（2）客服中心。一旦用户有什么不明白的问题，就可以到客服中心的页面下寻求解决，客服中心包括帮助中心、淘友互助吧、淘宝大学和买 / 卖安全四大版块。

（3）虚拟社区。淘宝的虚拟社区建立的成功，促进了消费者的信任。虚拟社区下设建议厅、询问处、支付宝学堂、淘宝里的故事、经验畅谈居等版块。

（三）免费优势

淘宝网从 2003 年 7 月成功推出之时，就以 3 年“免费”牌迅速打开中国 C2C 市场，并在短短 3 年时间内，替代 eBay 易趣登上中国 C2C 老大的交椅。2005 年 10 月 19 日，阿里巴巴宣布“淘宝网将再继续免费 3 年”。2008 年 10 月 8 日，淘宝在新闻发布会上宣布继续免费。

（四）信用体系

（1）淘宝网的实名认证。一旦淘宝发现用户注册资料中主要内容是虚假的，淘宝网可以随时终止与该用户的服务协议。

（2）利用网络信息共享优势，建立公开透明的信用评价系统。淘宝网的信用评价系统的基本原则是：成功交易一笔买卖，双方对对方做一次信用评价。

（五）交易平台

为了解决 C2C 网站支付的难题，淘宝打造了“支付宝服务”技术平台。它是由浙江支付宝网络科技有限公司与公安部门联合推出的一项身份识别服务。支付宝的推出，解决了买家对于先付钱而得不到所购买的产品或得到的是与卖家在网上的声明不一致的劣质产品的担忧；同时也解决了卖家对于先发货而得不到钱的担忧。

（六）安全制度

淘宝网也注重诚信安全方面的建设，引入了实名认证制，并区分了个人用户与商家用户认证，两种认证需要提交的资料不一样，个人用户认证只需提供身份证明，商家认证还需提供营业执照，一个人不能同时申请两种认证。

（七）网店过户

“网店过户”线上入口 2013 年 7 月 24 日正式开放，这意味着网店经营者只要满足一些必要条件，即可向平台提出“过户”申请；过户后网店信誉保持不变，所有经营性的行为都会统一被保留。同时，淘宝对店铺过户双方也有一定约束，如原店铺参加签署的各类服务协议，过户后一并承接。

二、C2C 电子商务的产品特点

C2C 电子商务是个人与个人之间的电子商务，即消费者与消费者之间。个人商家在正常情况下很少具备一定生产力，所以 C2C 交易的商品以轻工业小商品为主，并且大多以成品商品、食品作为主要销售对象。与 B2C 和 B2B 电子商务精英的产品特点不同，当商家以企业身份进行电子商务活动时，企业产品就会成为电子商务的主要商品，企业具备一定的生产条件和生产规模，在企业生产条件的促成下，B2C 与 B2B 模式的电子商务活动可以将工业原料、大型工业产品、大型电器产品作为基本商品进行交易活动，C2C 电子商务活动受到生产、仓储等局限性较强，所以 C2C 电子商务交易多以成品和轻工业商品为主。

另一方面，受到物流企业的条件限制和消费者的网络购物消费观念影响，C2C 电子商务交易以零售为主，鲜有批发业务。

C2C 电子商务网站的一大特点就是交易数量多，但是交易额比较小。时至今日，我国的 C2C 电子商务的交易规模已经达到数百亿元，由此产生的物流业务市场规模也随之扩大，然而由于我国第三方物流企业各自为政，互相竞争，使得物流效率在全国范围内很难真正提高。我国 C2C 电子商务发展过程中，最大的问题莫过于 C2C 电子商务网站的盈利现状，以淘宝网为例，淘宝网市场份额、用户数量、交易规模虽然都处于市场的领先地位，但其微薄的广告收入根本不足以支撑网站的庞大开支，拍拍网依靠强大的腾讯公司，进入 C2C 电子商务市场后便开始完全免费的竞争策略，完全没有考虑盈利问题，因此 C2C 电子商务行业最明显的盈利问题也是亟待解决的。

三、C2C 电子商务的发展优势

根据北京大学经济研究中心的研究显示，C2C 电子商务发展优势主要体现在以下几个方面：

（一）电子商务企业之间的良性竞争

C2C 网络购物平台之所以在近些年飞速发展，是因为继易趣之后，淘宝网和腾讯拍拍网、百度有啊相继进军 C2C 电子商务购物网站，四大平台之间的良性竞争，使得这些平台功能和服务方面持续不断创新，提供更好的使用体验吸引留住买家。随后更多的零售商进入 C2C 电子商务市场开展业务，带来的竞争是商品品类的丰富和价格的合理性，促进了该市场交易额快速增长。

（二）C2C 电子商务的免费服务

淘宝网在 2020 年注册用户已经突破了 8.46 亿，并且还在持续增长中。淘宝网上线的时候宣布 3 年内不收取任何费用，用免费的手段直接将收费平台的用户大量吸引到淘宝上，同时淘宝依靠阿里巴巴输血维持正常的发展，免费也使得许多个人用户纷纷开设账号，以娱乐的心态销售或者购买商品，使得淘宝用户快速增长，迅速占领了 C2C 市场。同时，淘宝也赢得了良好的口碑，互联网企业只有大面积占领了市场后才能实现更好的盈利与发展。

（三）C2C 独有的信用评价体系

淘宝网创立的信用评价体系和第三方支付平台合作模式逐步完善并得到市场的认可，易趣、拍拍等平台也纷纷效仿，事实上已经成为国内 C2C 平台信用体系的标准。淘宝网采用网络消费者直接参与信用评价，并提供相对应的信用度转化制度，基本解决了中国大部分个人商家信用缺失问题，使信用缺失的商家面临被市场淘汰，淘宝网的信用体系有很高的可信度，降低了用户网络购物的风险，但是也存在一些问题，比如说：有些店铺通过信用炒作提高自己的信用值等。

（四）配套产业的发展

淘宝的第三方支付平台支付宝推出后，各大银行的在线支付纷纷提供服务，基本上解决了用户资金安全问题。另外，我国快递业发展迅速，民营和国有快递公司的不断竞争发展，服务质量也迅速提升，较之以前有很大的改观，已经能满足 C2C 市场的基本需求。淘宝网解决了物流和资金流的问题，从而专注发展平台的信息流，这两点给淘宝的快速发展提供了坚实的基础。

中国 C2C 市场的最大优势在于，推行免费策略，吸引大批客户，独有的信用体系和第三方支付模式的融合，降低了网络购物的风险。C2C 电子商务模式依靠免费和安全购物赢得市场，仅在短短几年时间就占据了电子商务市场的最大份额。

四、C2C 电子商务存在的主要问题和应对措施

（一）目前我国 C2C 发展中存在的问题

1. 注册认证问题

认证简单是 C2C 模式存在的一个根本性问题，C2C 几乎所有的问题都来源于此。注册认证一家网络店铺，只需要任意一张身份证和与此身份证对应的银行账号、E-mail 等几个要素，

用户到一家C2C网站上注册一个ID，然后按部就班操作，三天之内即可完成认证。店主出售何种货物、货物的质量如何及货物来源于何处，网站并没有严格的审核机制，只能寄希望于店主的自律。至于买家，连身份认证也不需要，注册网站的ID就可购物，“买而不款”的现象十分严重。

如此认证，作为网站发展的优势是“简捷”，若涉及安全问题、诚信问题却显得“简易”，加之网络的虚拟性和隐蔽性，C2C服务平台更容易成为“销赃场所”“诈骗场所”“违约场所”，出了问题往往连肇事者都找不到，而肇事者则会很容易就另找一身份证，轻松注册一家新店铺继续经营。

2. 税务交纳问题

（1）流转税的流失问题。根据网上购物调查显示，网络店铺经营者身份有如下几种：不以赚钱或经营为目的的个人；将网上开店作为第二职业的个人；全职或专职的自雇自谋职业者；已为网上店铺专门注册了公司的网商；向网上拓展营销渠道的企事业单位等。其中，以盈利为目的的个人用户和网商占到网络店铺经营者的大部分，淘宝网为80%左右，易趣为60%左右，拍拍网为70%左右。

我国《税务登记管理办法》明确规定：企业，企业在外地设立的分支机构和从事生产、经营的场所，个体工商户和从事生产、经营的事业单位，均应当办理税务登记，并按规定开立银行账户，领购发票，依法纳税。网店与实体店铺相比，除了经营场所不同，二者没有任何实质性的区别，所以用户都应该是纳税人，履行纳税人义务。而淘宝网已经通过工商注册的用户仅为3.4%，易趣为6.6%，拍拍为2.6%，也就是说绝大多数的应税经营者都不缴税。

（2）个人所得税流失问题。由于经营网络店铺成本低，不需要店租、管理费、水电煤气费等费用，很多C2C网店卖家又有独特资源或渠道，收益都不错，甚至有些网店年利润已经超过百万元，然而绝大多数卖家都未缴纳个人所得税，这无疑造成了国家税收的大量流失。

3. 金融风险问题

（1）“休眠账户”里沉淀资金的安全问题。各C2C服务网站都要求所售商品采用自己提供的第三方支付工具进行交易，从前文C2C交易流程不难看出，从第一步到第四步，货款一直留在服务提供商的账户里，事实上形成“休眠账户”及沉淀资金。根据估算，“现在几个网上支付机构平常每日的沉淀资金有3亿至5亿元，甚至更多”。如淘宝网从2006年10月开始，对所有在其网上发布的商品实行默认支持支付宝交易，发布的商品中明确支持支付宝的商品已经达到99.05%。而2020年淘宝网的日交易平均额已经达到几十亿元，加上以支付宝作为支付系统的几十万家外部网店，淘宝网的支付宝帐户总是留有大量沉淀资金。

然而，休眠帐户里资金产生的利息并不为资金的所有者占有，这显然不合理。同时，种种迹象表明，各C2C网站正利用这部分资金进行投资，客观上使得这部分资金处于风险之中，一旦网站资金链出现断裂后果将很严重。

（2）利用第三方支付工具套现的问题。如果买家和卖家串通好进行虚假交易（实际上买家卖家往往为同一人），即双方没有任何的实质性交易，只是利用第三方支付工具从信用卡透支完成交易，卖家将收到的货款还给买家，买家再利用这笔货款投资，很明显这突破了各个银行对信用卡的限制。据悉已经有人凭此大量套现并将套现的资金投入了股市，这显然会给金融系统带来冲击，给银行带来风险。

（3）利用第三方支付工具洗钱的问题。洗钱（Money Laundering），指隐瞒或掩饰犯罪收益的真实来源和性质，使其在形式上看似合法的行为。通俗地讲，就是把“不干净”的非法收入变成“干净”的钱。有了游离于金融系统监管之外的C2C交易模式和第三方支付工具，不法分子可以利用漏洞从容地完成虚假认证，然后进行虚假交易，摆脱有关部门对资金流向的控制，从而达到洗钱的目的。这和传统意义上利用合法公司进行洗钱相比，有着监管松、成本低、隐蔽性好的优势，所以问题也更加严重。

4. 相关法律法规问题

（1）C2C模式架空了现有的相关法律法规。注册、经营一家实体店铺需要经过严格的工商注册、税务登记等程序，如我国《个体工商户工商登记程序》规定，个体工商户的设立除要提交申请人本人身份证明外，还要提交经营场所证明，并对个体工商户的设立、变更、注销登记都做出了明确说明。但是在C2C模式中，店铺的注册、登记、注销与工商、税务以及卫生、防疫部门全然无关，完全由各网站来决定，网站依靠自身的资金优势、营销优势从相关部门手中夺取了经营准许的权利。

（2）C2C模式游离于法律监管之外。由于网络交易的特殊性，C2C交易缺乏相关法律的规范，我国至今没有一部法律可以对应地解决C2C或是电子商务交易中出现的问题，法院需要参照合同法、税法、民法、刑法等多种法律来综合裁决。因此在某种意义上讲，C2C等电子商务游离在法律监管的边缘。

（二）应对C2C问题的措施

1.C2C运营商应加强与有关部门的合作

（1）C2C运营商应加强与注册登记部门的合作。网站对用户尤其是卖家用户的认证应与工商部门、公安部门相联系，与公安部门的合作主要是指身份证的真伪识别，与工商部门的合作是争取使每一位以盈利为目的的经营者能主动到工商部门办理注册手续，登记备案，其目的在于再次确认经营者的身份和经营范围等要素，为以后出现问题时能顺利解决打好基础。另外，这也是对网站简易注册的有益补充，对于发展潜在的C2C客户有益无害，同时也是收复店铺经营批准权利的途径，可以拓展我国有关职能部门的工作空间，将网络交易纳入自身的监管体系、服务体系，更好地促进我国电子商务的发展。

（2）加强C2C诚信数据库与相关部门对应的数据库的整合。C2C交易模式有着网络虚拟性的特点，其发展离不开良好的诚信经营氛围的支持，所以各C2C网站对于每一笔交易都要求买卖双方相互评价，并且将此评价纳入自身的诚信数据库。各C2C网站若能进行诚信数据库的整合将更加有利于买卖双方综合判断对方的信誉，从而遏止不法分子在各网站之间流动作案。我国银行、公安部门、税务部门等也在逐步建立个人的诚信档案，C2C诚信数据库与这些数据库的融合能取得更好的效果。

2. 积极探索电子商务领域的立法

针对电子商务的特点，结合国际电子商务的立法状况，我国电子商务立法应将全国性立法与地区性立法相结合，除了要立足于现有问题，还应有一定的前瞻性。

我国目前电子商务类的专门性法律有2005年4月1日起施行的《电子签名法》，它旨在规范电子签名行为，确立电子签名的法律效力，然而对于电子商务许多方面的问题却无能为力。

因此，有关职能部门应考虑参照各相关法律为电子商务“量身”立法，使电子商务中出现和可能出现的各种问题的解决都有法可依。

各城市可根据自身的经济发展状况、经济结构、居民的生活习惯制定符合自身情况的法规，做到既能对本区域范围内的电子商务进行有效规范又不对其发展产生阻碍作用。2007 年 9 月 14 日，北京市人大常委会审议通过了《北京市信息化促进条例》，要求从事经营活动的单位和个人应当依法取得营业执照并公开其相关信息，北京市成为继武汉市之后第二个通过法规规范电子商务的城市，为电子商务的地区性法律规范提供了借鉴。

2015 年 12 月 28 日，中国人民银行发布《非银行支付机构网络支付业务管理办法》，自 2016 年 7 月 1 日起实施。根据新规，网络支付管理基本参照银行账户管理方式，即分为三类账户，分别规定限额。

3. 将第三方支付工具纳入金融监管领域

C2C 网站提供的第三方支付工具的结算方式类似于商业银行中间业务中的结算业务，其实际在进行“准金融业务”；买卖双方的交易货款在完成交易之前冻结存放在第三方帐户，由 C2C 服务提供商支配，这又类似于商业银行的存款业务。从法律上讲，无论是中间业务还是存款业务，只有通过银监会的批准才能进行，而现在各 C2C 网站已经突破了此限制，形成了既定事实，由他们从事此业务未尝不可，关键是安全问题。因此央行职能部门应按照商业银行等金融类公司的申请设立条件提高第三方支付领域的准入门槛，然后按照商业银行法的有关内容将现有第三放支付服务纳入监管，比如参照存款保险制度要求各 C2C 服务提供商在央行留存一定比例的保险金，定期向央行汇报金融类业务的利润表以及其他财务会计、统计报表和资料等，力争最大程度地保证用户的资金安全，减小支付风险，同时也有利于配合央行打击金融犯罪。

典型的 C2C 电子商务网站——唯品会购物流程演示如下：

1. 挑选商品

（1）搜索商品。在搜索框里输入您想要购买商品的关键字，进行搜索，如图 2–23 所示。

图 2–23　搜索商品

（2）选择商品。选中您喜爱的商品，点击进入查看商品详情，如图 2–24 所示。

图 2–24 选择商品

2. 浏览商品并完成注册

（1）浏览商品详情，点击“券后价 抢”按钮进行购买，如图 2–25 所示。

图 2–25 购买商品

（2）首次购买需要进行登录验证，在弹出框中选择适宜的登录方式，如图 2–26 所示。

目前我国 C2C 发展中存在的问题

图 2–26　验证登录

（3）验证登录后需弹出会员注册页面，在里面仔细填写各项资料，完成注册，如图 2–27 所示。

图 2–27　完成注册

3. 购买商品

（1）在注册信息完成后回到结算页面，在规定时间内点击立即结算按钮，完成结算任务，如图 2–28 所示。

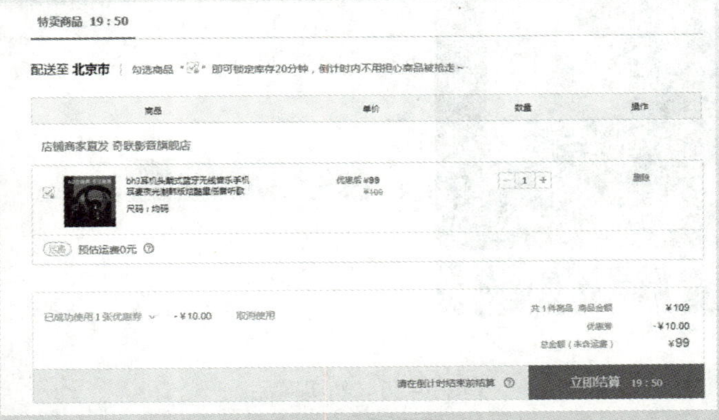

图 2–27　立即结算

（2）首次结算时需要填写收货信息，仔细在里面填写各项信息，并最后点击保存按钮，完成收货信息的录入，如图 2–28 所示。

图 2–28 录入收货信息

（3）录入收货信息后，仔细核实个人信息，并确认订单信息，如果发现错误信息可及时修改，如图 2–29 所示。

图 2–29 确认订单信息

（4）确认订单信息后，选择支付方式，最后点击提交订单按钮，如图 2–30 所示。

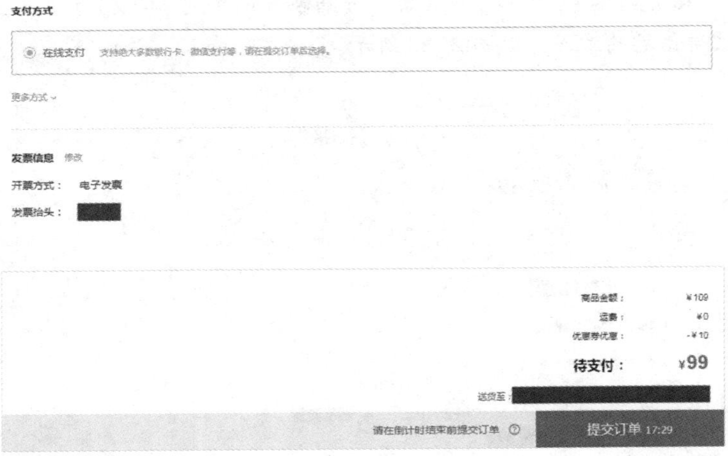

图 2–30　选择支付方式

（5）在线支付分为银行卡支付和微信等平台支付两大类。这里以银行卡为例对支付方式进行简要介绍，点击立即支付按钮如图 2–31 所示。

图 2–31　银行卡支付

（6）此时会弹出填写银行卡信息对话框，仔细在里面填写各项信息，并最后点击同意协议并支付按钮，完成银行卡的绑定及其信息的录入，如图 2–32 所示。

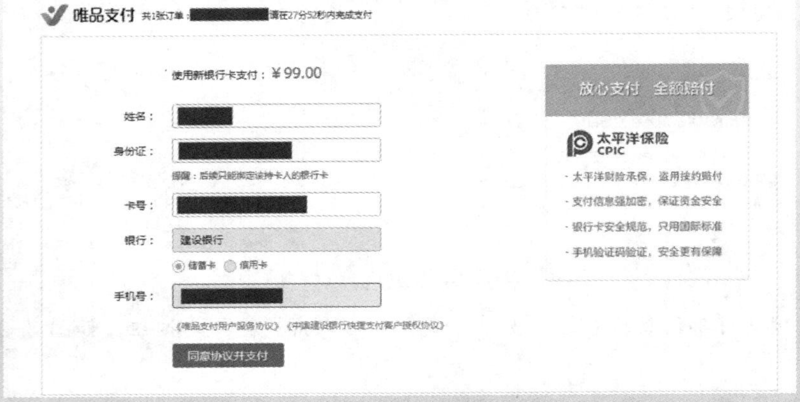

图 2–32　银行卡绑定及信息录入

（7）此时会弹出发送验证码对话框，系统会下发验证码到所绑定的手机中，填写正确验证码并点击确定按钮即可完成所有结算程序，如图 2–33 所示。

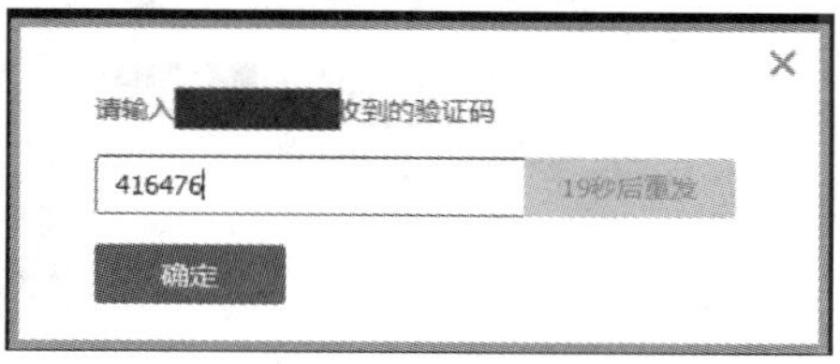

图 2–33　输入验证码

3. 查看订单信息

（1）在购买成功页面点击查看订单按钮，即可返回到购买商品信息页面，如图 2–34 所示。

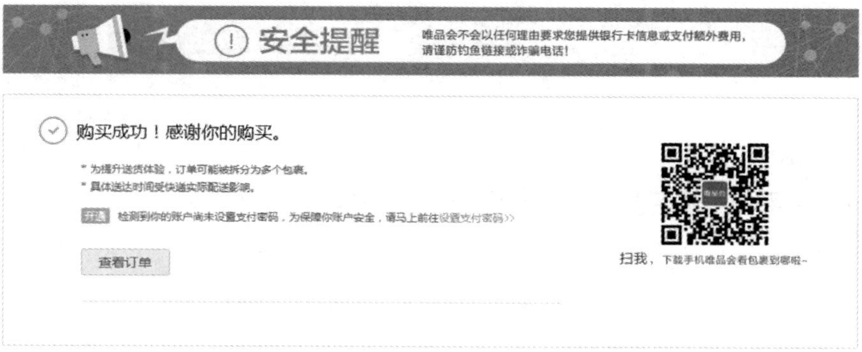

图 2–34　查看订单

（2）在查看订单页面中可看到商品的所有信息，包括订单号、订单跟踪、订单详情、修改订单、取消订单等按钮，如图 2–35 所示。

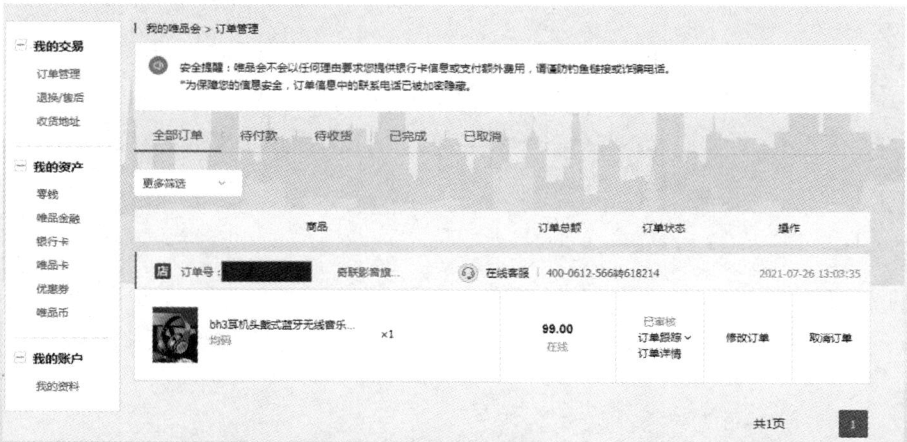

图 2–35　订单详情

（3）如果想要查看商品运输情况，可点击订单跟踪按钮，在这里可以查看商品运输的状态，如图 2–36 所示。

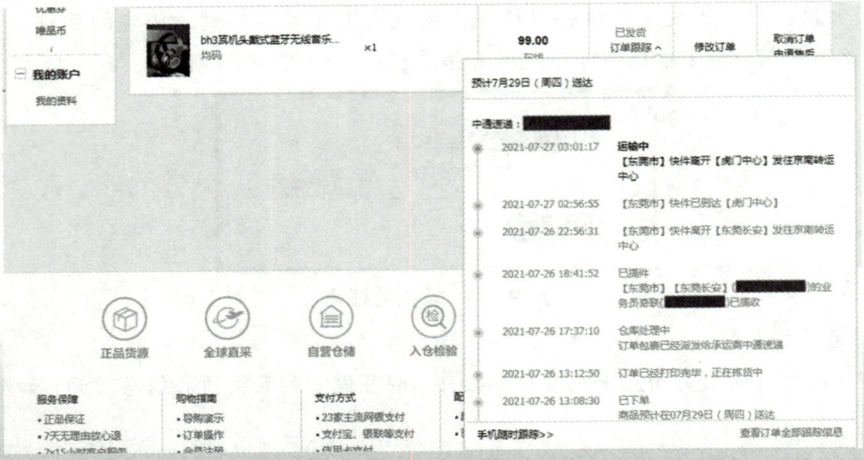

图 2–36　订单跟踪

项目拓展

调查收集天猫、京东商城等电子商务平台在 2021 年“双十一”期间的销售数据，分析电子商务的发展态势。

知识目标

- 掌握电子支付的概念与特点。
- 掌握网上银行的概念与特点及支付过程。
- 熟悉第三方支付平台的特点、产品类型及支付过程。

技能目标

- 能够完成网上银行的注册，进行转账等业务的操作。
- 能够使用第三方支付平台完成支付活动。

项目概述

在对电子商务模式有所了解之后，我们需要对电子商务网站中的技术应用有所认知，那么在整个电子商务活动中，我们接触最重要的环节便是支付。电子支付是电子商务系统的重要组成部分，电子商务支付系统是开展电子商务活动交易的重要一环。

美国著名未来学家阿尔温·托夫勒说过：“计算机网络的建立和普及将彻底改变人类生存及生活的模式，控制与掌握网络的人就是未来命运的主宰。谁掌握了信息，控制了网络，谁就拥有整个世界。”那么，如何拥有一个完善健全的电子商务网络安全交易环境，为网购消费者和网购商家提供一个便捷、安全的交易过程，已经成为电子商务商家和消费者共同关注的话题。

任务一　电子支付

电子支付在我们日常生活很常见，从网络购物到网上转账、还贷、缴费、订票，电子支付已经渗透到生活中方方面面，当我们在电子商务网站中购买商品下单点击支付结算，网站便会跳转至支付页面，图 3–1 所示为携程网订单支付页面。

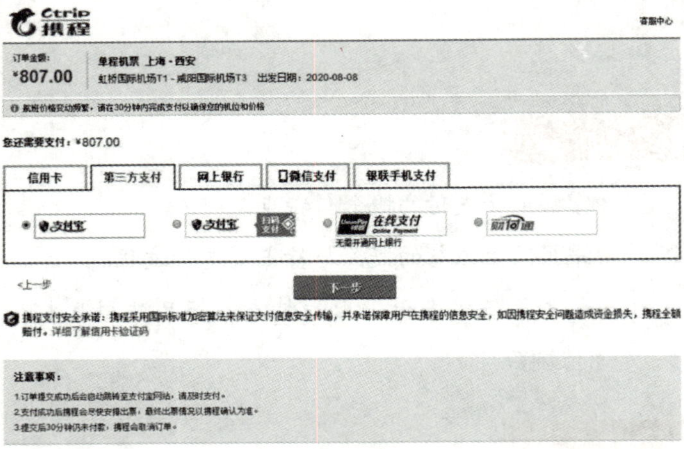

图 3–1　携程网支付页面

从携程提供的支付方式来看，线上支付包含信用卡、第三方支付（财付通、支付宝）、网上银行、微信支付以及银联手机支付。相对传统交易方式的复杂、费时，在线支付使得支付方式发生了巨大的改变。网上交易逐渐被人们所接受和推崇。目前电子支付方式主要为网络银行在线支付、第三方转账支付、电话银行、手机银行等。各个网站采用的支付方式也有所不同。但随着互联网技术与网络支付技术的成熟，主流的网上在线支付手段已经在各大平台通用了。

然而电子支付并不等同于网上支付，如携程网所提供的网上支付指的是客户通过互联网进行资金支付，而电子商务不仅仅包含了网上支付，还包括通过银行的专用网进行的其他电子形式的支付活动，如我们最常见的银联 POS 机。但无论是哪种支付方式，我们可以看到，电子支付环节中，各种方式都采用了电子化的方式进行款项支付。

一、电子支付的概念和特征

（一）电子支付的概念

中国人民银行公布《电子支付指引（第一号）》，规定：“电子支付是指单位、个人直接或授权他人通过电子终端发出支付指令，实现货币支付与资金转移的行为。电子支付的类型按照电子支付指令发起方式分为网上支付、电话支付、移动支付、销售点终端交易、自动柜员机交易和其他电子支付。”简单来说，电子支付是指电子交易的当事人，包括消费者、厂商和金融机构，使用安全电子支付手段，通过网络进行的货币支付或资金流转。电子支付是电子商务系统的重要组成部分。

（二）电子支付的特征

与传统的支付方式相比，电子支付具有以下特征：

（1）电子支付是采用先进的技术通过数字流转来完成信息传输的，其各种支付方式都是通过数字化的方式进行款项支付的；而传统的支付方式则是通过现金的流转、票据的转让及银行的汇兑等物理实体来完成款项支付的。

（2）电子支付的工作环境基于一个开放的系统平台（即互联网）；而传统支付则是在较为封闭的系统中运作。

（3）电子支付使用的是最先进的通信手段，如 Internet、Extranet，而传统支付使用的则是传统的通信媒介；电子支付对软、硬件设施的要求很高，一般要求有联网的微机、相关的软件及其他一些配套设施，而传统支付则没有这么高的要求。

（4）电子支付具有方便、快捷、高效、经济的优势。用户只要拥有一台上网的 PC 机，足不出户，便可在很短的时间内完成整个支付过程。支付费用仅相当于传统支付的几十分之一，甚至几百分之一。

在电子商务中，支付过程是整个商贸活动中非常重要的一个环节，同时也是电子商务中准确性、安全性要求最高的业务过程。电子支付的资金流是一种业务过程，而非一种技术。但是在进行电子支付活动的过程中，会涉及很多技术问题。

二、电子支付工具

从携程网支付方式来看，我们可以将电子支付划分为三大类：

电子货币类，如电子现金、电子钱包等；电子信用卡类，包括智能卡、借记卡、电话卡等；电子支票类，如电子支票、电子汇款、电子划款等。这些方式各有自己的特点和运作模式，适用于不同的交易过程。以下介绍下电子现金、电子钱包、电子支票和智能卡。

（一）电子现金

电子现金（E-Cash）是一种以数据形式流通的货币。它把现金数值转换成为一系列的加密序列数，通过这些序列数来表示现实中各种金额的市值，用户在开展电子现金业务的银行开设账户并在账户内存钱后，就可以在接受电子现金的商店购物了。

（二）电子钱包

电子钱包是电子商务活动中网上购物顾客常用的一种支付工具，是在小额购物或购买小商品时常用的新式钱包。

电子钱包一直是全世界各国开展电子商务活动中的热门话题，也是实现全球电子化交易和因特网交易的一种重要工具，全球已有很多国家正在建立电子钱包系统以便取代现金交易的模式，目前，我国也正在开发和研制电子钱包服务系统。使用电子钱包购物，通常需要在电子钱包服务系统中进行。电子商务活动中的电子钱包的软件通常都是免费提供的，可以直接使用与自己银行帐号相连接的电子商务系统服务器上的电子钱包软件，也可以从因特网上直接调出来使用，采用各种保密方式利用因特网上的电子钱包软件。目前世界上有 VISA cash 和 Mondex 两大电子钱包服务系统，其他电子钱包服务系统还有 HP 公司的电子支付应用软件（Wallet）、微软公司的电子钱包 MS Wallet、IBM 公司的 Commerce Point Wallet 软件、Master Card cash、Euro Pay 的 Clip 和比利时的 Proton 等。

（三）电子支票

电子支票（Electronic Check，E-check 或 E-cheque）是一种借鉴纸张支票转移支付的优点，利用数字传递将钱款从一个账户转移到另一个账户的电子付款形式。这种电子支票的支付是在与商户及银行相连的网络上以密码方式传递的，多数使用公用关键字加密签名或个人识别密码（PIN）代替手写签名。

用电子支票支付，事务处理费用较低，而且银行也能为参与电子商务的商户提供标准化的资金信息，故而可能是最有效率的支付手段。

（四）智能卡

智能卡是在法国问世的。20 世纪 70 年代中期，法国 Roland Moreno 公司采取在一张信用卡大小的塑料卡片上安装嵌入式存储器芯片的方法，率先开发成功 IC 存储卡。经过 20 多年的发展，真正意义上的智能卡，即在塑料卡上安装嵌入式微型控制器芯片的 IC 卡，已由摩托罗拉和 Bull HN 公司于 1997 年研制成功。

三、电子支付系统

支付系统是指由提供支付服务的中介机构、管理货币转移的法律法规以及实现支付的技术手段共同组成，用来偿还经济活动参加者在获取实物资产或金融资产时所承担债务的一种特定的方式与安排，所以说，支付系统是重要的社会基础设施之一。

不同的支付系统一般是与不同的经济相联系的，经济社会发展过程中使用过各种形态的货币进行商品交换中的价值转移，从最初的实物与实物交换发展到货币交换，这种变化标志着社会生产力的进步。

而法定货币的出现成为支付工具发展史的一次重大进步，银行存款成为支付手段的货币制度逐渐开始盛行，利用电子支付与网络支付取代纸质凭证的现金和非现金支付工具进行支付，则成为新一轮的发展趋势，前景也是可以预见的。网上支付成为了支付工具发展史的第二次革命。网上支付系统是实现网上支付功能的基础，网上支付系统的发展可以兼顾多种支付工具、第三方支付平台等，由于目前网上支付系统所兼容的各个支付工具各具特点并分别有自己的运作模式，它们之间存在较大差异，所以当前很多种网上支付系统通常只针对某一种交易模式，但正走向联合兼并的状态。

基于互联网的电子支付系统由客户、商家、CA 信用体系、支付网关、客户银行、商家银行和金融专用银行网络七个部分组成，如图 3–2 所示，通过互联网络进行数据交换。

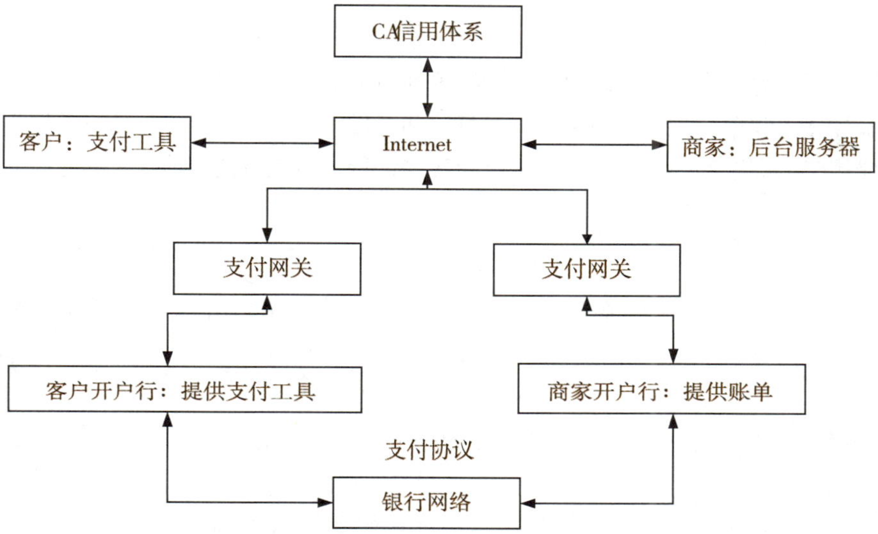

图 3–2 网上支付系统的基本构成

（一）CA 信用体系

即 CA 证书系统，是通过证书在计算机网络中确认操作者身份的过程。身份认证可分为用户与主机间的认证和主机与主机之间的认证，用户与主机之间的认证可以基于如下一个或几个因素：用户所知道的东西，例如口令、密码等；用户拥有的东西，例如印章、智能卡（如信用卡等）；用户所具有的生物特征，例如指纹、声音、视网膜、签字、笔迹等。它主要负责为参与电子交易活动的各方发放和维护数字证书，以确认各方的真实身份，保证电子交易整个过程的安全稳定进行。

（二）客户

客户一般是指利用电子交易手段与企业或商家进行电子交易活动的单位或个人。它们通过电子交易平台与商家交流信息，签订交易合同，用自己拥有的网络支付工具进行支付。

（三）商家

商家是指向客户提供商品或服务的单位或个人。在电子支付系统中，它必须能够根据客户发出的支付指令向金融机构请求结算，这一过程一般是由商家设置的一台专门的服务器来处理的。

（四）支付网关

支付网关是完成银行网络和因特网之间的通信、协议转换和进行数据加、解密，保护银行内部网络安全的一组服务器。它是互联网公用网络平台和银行内部的金融专用网络平台之间的安全接口，电子支付的信息必须通过支付网关进行处理后才能进入银行内部的支付结算系统。

（五）客户银行

客户银行是指为客户提供资金账户和网络支付工具的银行，在利用银行卡作为支付工具的网络支付体系中，客户银行又被称为发卡行。客户银行根据不同的政策和规定，保证支付工具的真实性，并保证对每一笔认证交易的付款。

（六）商家银行

商家银行是为商家提供资金账户的银行，因为商家银行是依据商家提供的合法账单来工作的，所以又被称为收单行。客户向商家发送订单和支付指令，商家将收到的订单留下，将客户的支付指令提交给商家银行，然后商家银行向客户银行发出支付授权请求，并进行它们之间的清算工作。

（七）金融专网

金融专用网络是银行内部及各银行之间交流信息的封闭的专用网络，通常具有较高的稳定性和安全性。

下面介绍大麦网电子钱包的注册与使用流程。

1. 注册

（1）您在注册成为大麦网用户后，方能使用电子钱包功能。

（2）在页面顶部点击“注册”后进入注册页面，根据提示完成注册。

（3）在页面顶部点击“登录”后进入登录页面，可直接使用微信、QQ、微博、支付宝账号快速登录。

2. 激活

（1）使用电子钱包前，需开通安全中心：登录大麦网，页面最上方选择“我的大麦”－“我的钱包”，点击进入，并点击开通安全中心，如图 3-3 所示。

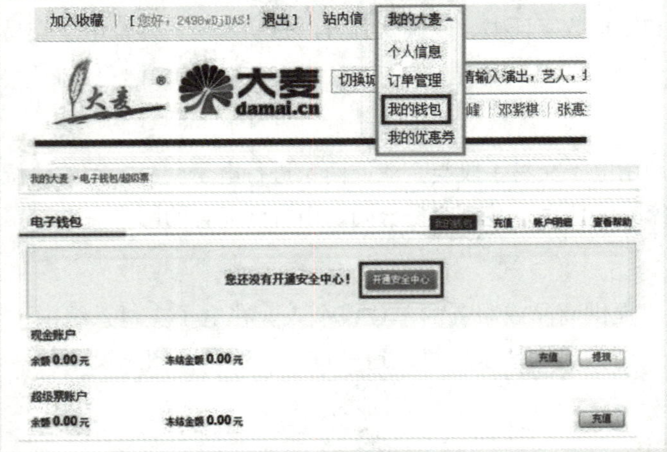

图 3-3　开通巡安全中心

（2）进入填写信息页面，填写常用手机、支付密码、真实姓名、性别、证件类型、证件号码、验证码等基本信息，填写完毕，点击“下一步”，如图 3–4 所示。

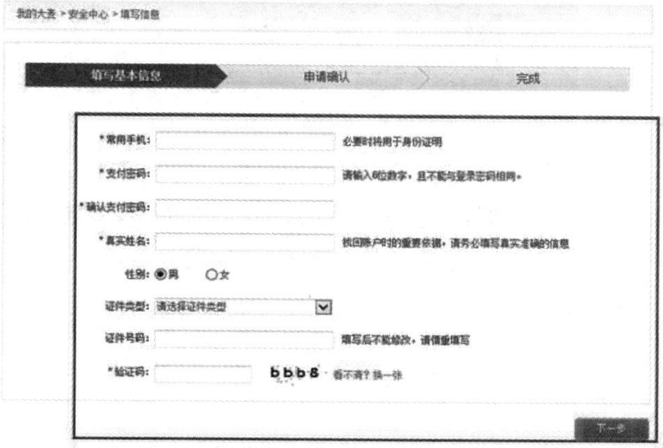

图 3–4　填写基本信息

（3）填写短信验证码，点击“下一步”，如图 3–5 所示。

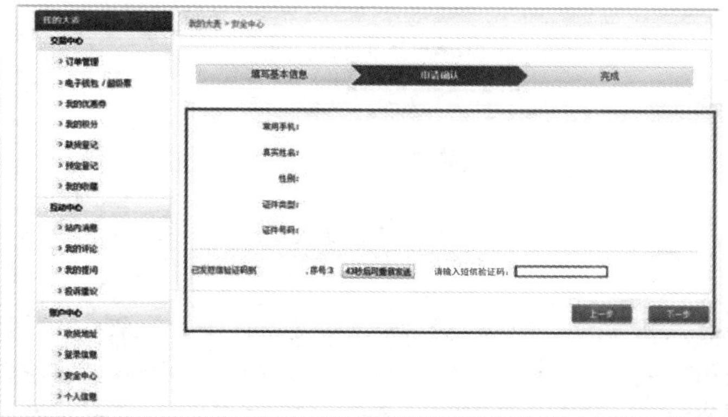

图 3–5　填写验证码

（4）安全中心启动成功，如图 3–6 所示。

图 3–6　安全中心启动成功

更多安全中心帮助，请在“客户服务”－“帮助中心”获取，如图 3–7 所示。

图 3–7　帮助中心

3. 充值

成功开通安全中心后，进入“我的大麦”－“电子钱包 / 超级票”即可进行充值，如图 3–8 所示。您可以选择现金充值，也可以选择超级票充值，如图 3–9 所示。

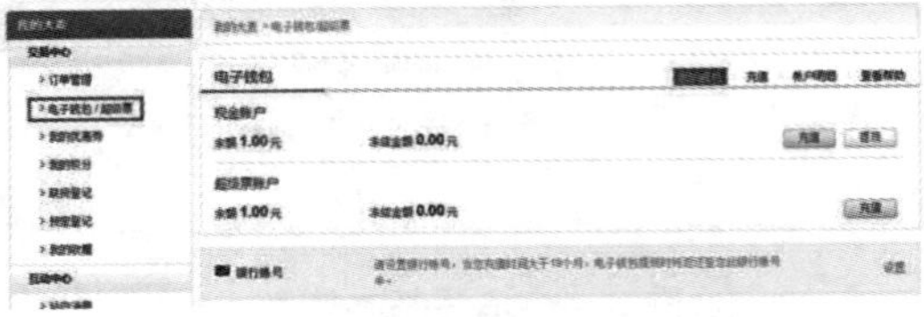

图 3–8　进行充值

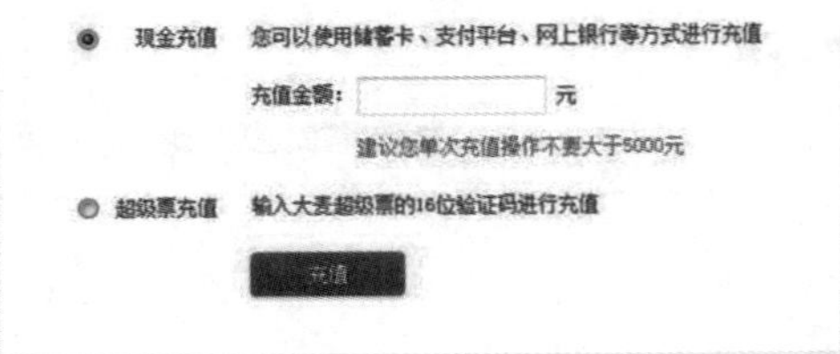

图 3–9　现金充值

4. 消费

在大麦网选择演出项目，确认购买票价及数量，选择支付方式。

如电子钱包余额充足，可直接支付；如不充足，不足部分可使用其它平台进行支付。

超级票账户余额充足时，优先扣减超级票账户余额。

使用支付密码支付：

（1）下单后，点击“确认订单 / 付款”，进入支付页面，选择“电子钱包快捷支付”，如图 3–10 所示。

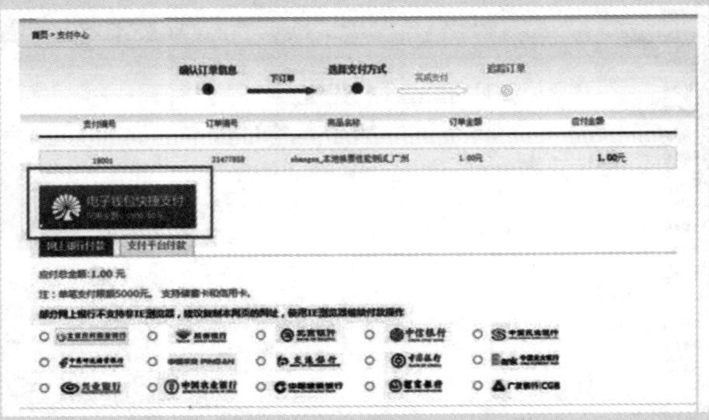

图 3–10　支付密码快捷支付

（2）进入电子钱包支付页面，若已提前设置支付密码，可由此方式进行验证支付，如图 3–11 所示。若支付密码连续三次输入错误，该验证方式将被锁定 3 分钟。

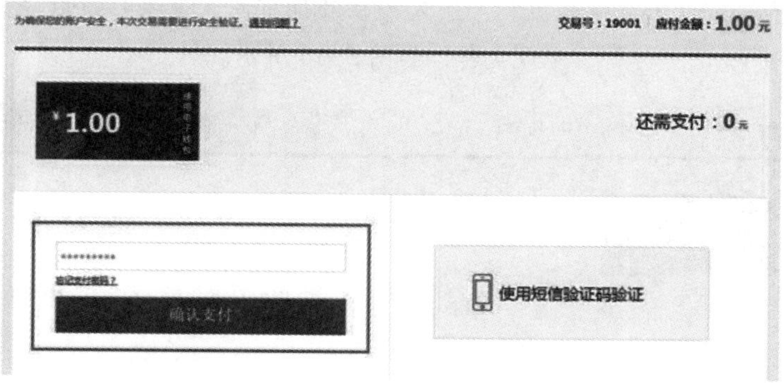

图 3–11　确认支付

（3）输入 6 位支付密码，点击“确认支付”，完成支付，如图 3–12 所示。

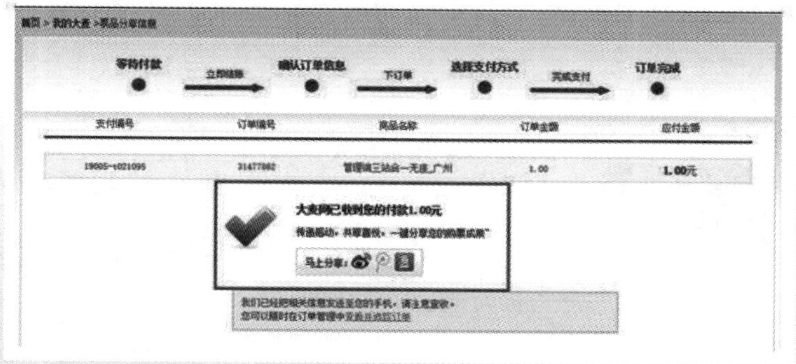

图 3–12　完成支付

使用短信验证码支付：

（1）下单后，点击“确认订单 / 付款”，进入支付页面，选择“电子钱包快捷支付”，如图 3–13 所示。

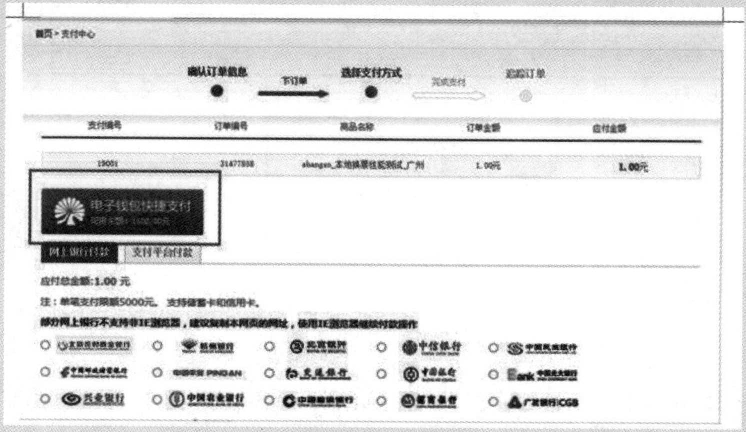

图 3–13　短信验证码快捷支付

（2）进入电子钱包支付页面，若未提前设置支付密码，或支付密码连续三次输入错误，可选择“短信验证码验证”，如图 3–14 所示。

（3）点击“短信验证码验证”，进入短信验证页面，点击“获取验证码”，填写验证码，点击“确认支付”，完成支付，如图 3–15 所示。

图 3–14　确认支付

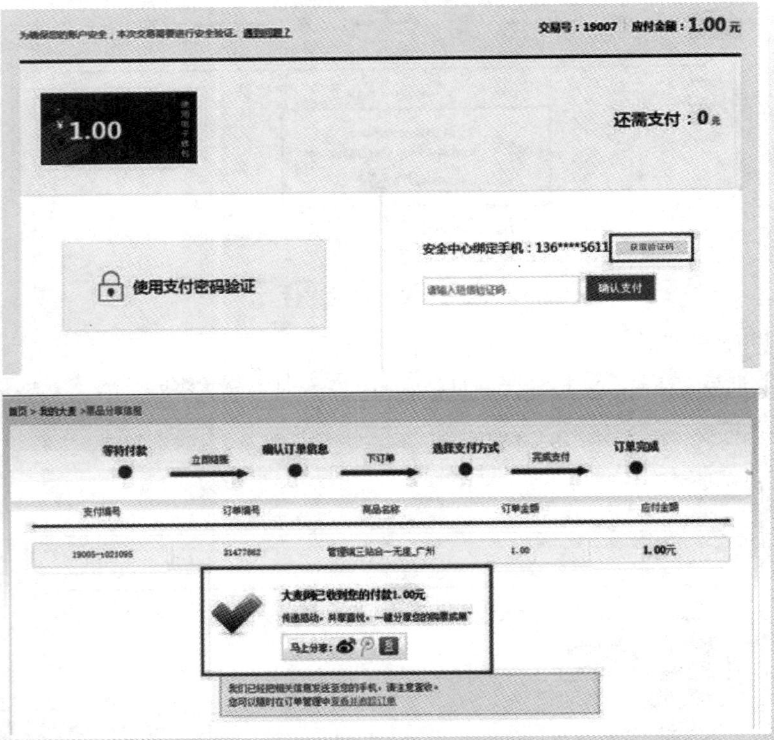

图 3–15　完成支付

5. 提现

点击电子钱包“提现”按钮申请提现，如图 3–16 所示。

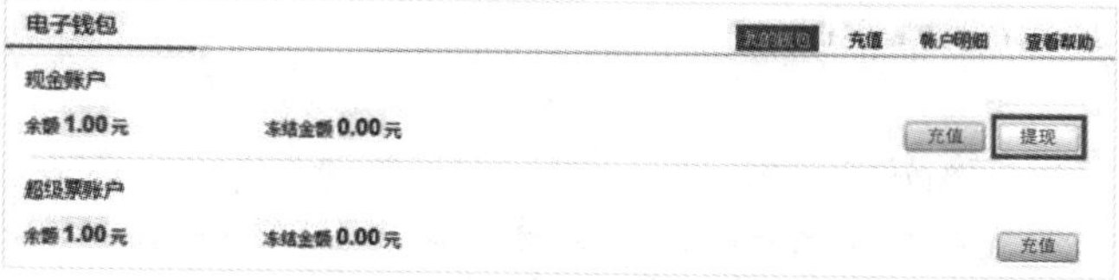

图 3–16 提现

提现需绑定您的银行账号信息，如图 3–17 所示：

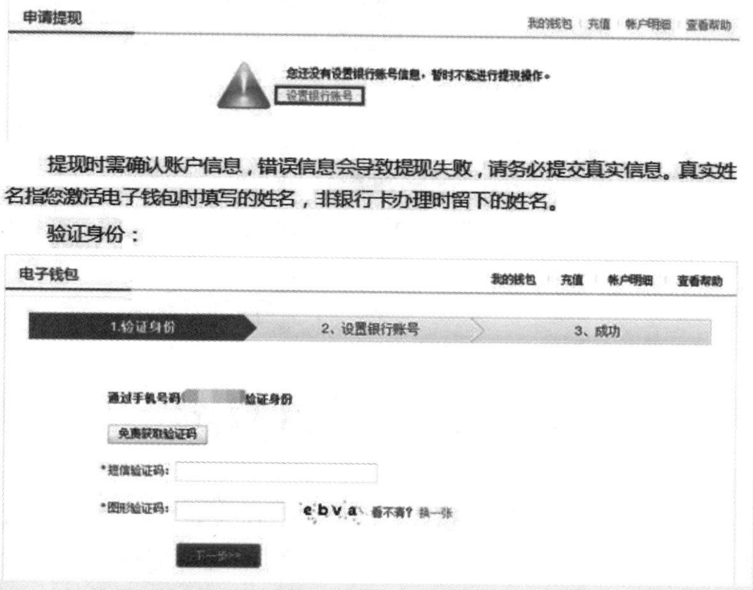

图 3–17 验证身份

设置银行账号，如图 3–18 所示。

设置成功后，即可申请提现，如图 3–19 所示。

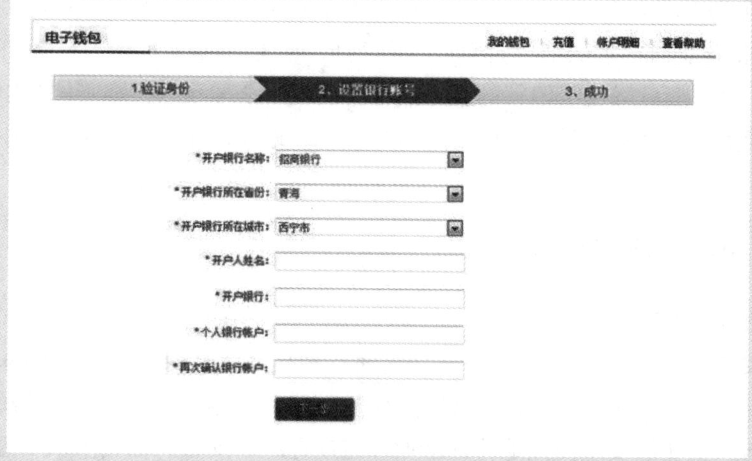

图 3–18 绑定银行帐号

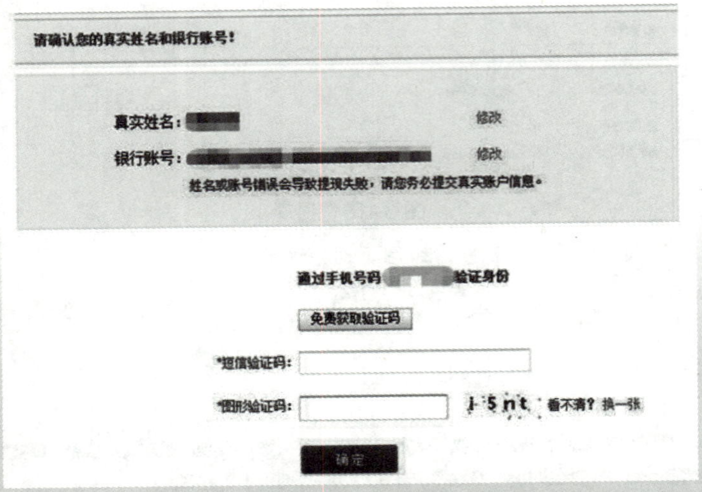

图 3–19　申请提现

任务二　网上银行

电子商务实现了网上信息流、资金流和物流的统一，作为电子商务中至关重要的货币流动，在线支付的行为主要体现在网络银行中。电子商务能融合银行、证券、保险等行业市场，减少各类金融企业对同一客户的劳动重复，拓宽银行产品创新的空间，向客户提供更多的有针对性的服务，银行通过网络这一先进工具将获得从事全能银行业务的能力，包括存贷款、国际结算、财务顾问、证券经纪、信托、保险代理等。

电子商务的形成加强了金融自动化，使得货币业务突破了时间和空间的限制，促成了五星金融市场，即虚拟化金融市场的形成。因此，为银行形成“3A 式服务”提供了有效的平台和空间。

另一方面，电子商务降低了银行的服务成本，实现了全球互联，随着网络银行和在线支付技术的成熟和相关法律法规的健全，网络银行越来越多地应用在电子商务交易中，成为电子商务交易安全的保障。

一、网上银行的概念与特点

（一）网上银行的概念

网上银行又称网络银行、在线银行，是指银行利用 Internet 技术，通过 Internet 向客户提供开户、查询、对账、行内转账、跨行转账、信贷、网上证券、投资理财等传统服务项目，使客户可以足不出户就能够安全便捷地管理活期和定期存款、支票、信用卡及个人投资等。可以说，网上银行是在 Internet 上的虚拟银行柜台。

网上银行又被称为“3A 银行”，因为它不受时间、空间限制，能够在任何时间（Anytime）、任何地点（Anywhere）、以任何方式（Anyway）为客户提供金融服务。

（二）网上银行的特点

计算机和通信技术实现资金划拨至今，电子银行业务已有几十年历史，传统的电子银行业务一般包括资金清算和用 POS 网络、ATM 网络提供服务的银行卡业务。网上银行是随着互联网的普及和电子商务的发展在近几年逐步成熟起来的新一代电子银行，它依托传统银行的业务系统，为其带来根本性变革，同时也拓展了传统电子银行业务的一些功能，与传统银行业务和传统电子银行业务相比，网上银行的运营机制和服务功能方面都凸显了不同的特点。

1. 全球化

传统银行会通过开设分行等分支机构来发展进入业务和开拓国际市场，所以银行客户通常只限定于固定的区域，而网上银行则是利用互联网来开展银行业务，所以说，网上银行可以将金融业务和市场延伸到全球每个有互联网覆盖的角落里。网上银行打破了传统业务地域范围的局限性，不仅可以吸纳本国家和本地区的客户，也可以直接吸纳国外客户，为其提供服务。

2. 开放性与虚拟化

在传统的电子银行中所提供的业务和服务都是在银行的封闭系统中运作的，与传统电子银行不同，网上银行会使用 web 服务器代替传统银行的建筑物，使用网址取代传统银行的地址，所以银行的分行就成为了终端机和互联网这个虚拟化的电子空间。因此，网上银行也会被叫做“虚拟银行”。但网上银行其实又是实实在在的银行，只是利用互联网技术把银行与客户连接起来，在相关安全设施的保护下，随时通过不同的计算机终端为客户办理所需的金融业务。

3. 智能化

传统意义上的银行主要是借助于物质资本，通过大多数员工实际工作和管理层的管控为客户提供服务。与此不同的是，网上银行借助的是智能资本，由少数脑力劳动者的劳动提供比传统银行更多、更快、更好、更加方便的业务。网上银行可以为客户提供多元化且交互性很强的信息，银行客户除了可以转账、查询账户余额外，还可以享受到网上支付、贷款申请、国内外进入信息查询、投资理财等相关服务，功能远超电话银行和传统的自助银行。

4. 创新化

网上银行具有创新化的特点，现代社会技术日新月异、个性化消费需求日益凸显，网上银行可以为用户提供的金融产品和技术的生命周期缩短，淘汰率日益增高，在这样的趋势下，只有不断采取新技术、推出新产品、实现持续创新才能在行业内继续生存下去。

5. 运营成本低

与其他银行服务手段相比，网上银行的运营成本最低。据悉，在美国开办一个传统的分行需要 150 ~ 200 万美元的投资，每年的运营成本约为 35 ~ 50 万美元。相比之下，建立一个网上银行所需的成本仅为 100 万美元。1998 年美国 USWeb 网络服务与咨询公司的一次调查发现，普通的全业务支行平均每笔交易成本约 1.07 美元，而网上银行仅为 0.01 ~ 0.04 美元。

6. 亲和性增强

增加与客户的沟通与交流是企业获取必要信息，改进企业形象，贴近客户，寻找潜在客户的主要途径。在这方面，网上银行具有传统银行无法比拟的优势。网上银行可通过统计客户对不同网上金融产品的浏览次数和点击率，以及各种在线调查了解客户的喜好与不同需求，设计出有针对性的金融产品以满足其需求，这不仅方便了客户，银行也因此增强了与客户的亲和性，提高了竞争力。

二、网上银行的支付过程

用户可以向自己所用的借记卡、信用卡的发卡银行，申请开通网上支付。其基本支付流程为用户通过购物网站提供的接口，将购买物品的费用直接转入到商家对应的银行账户，图 3–20 所示为中国建设银行支付界面。在支付环节中，网上银行支付可能通过手机验证或邮件验证方式，提醒用户，保证交易的安全性，如图 3–21 所示。

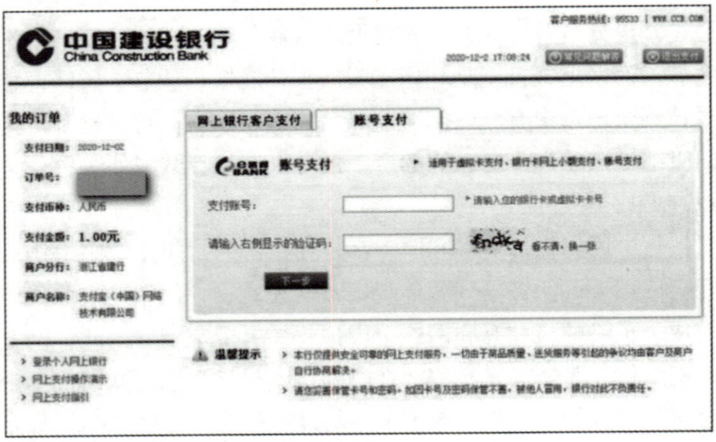

图 3–20　网上银行支付界面

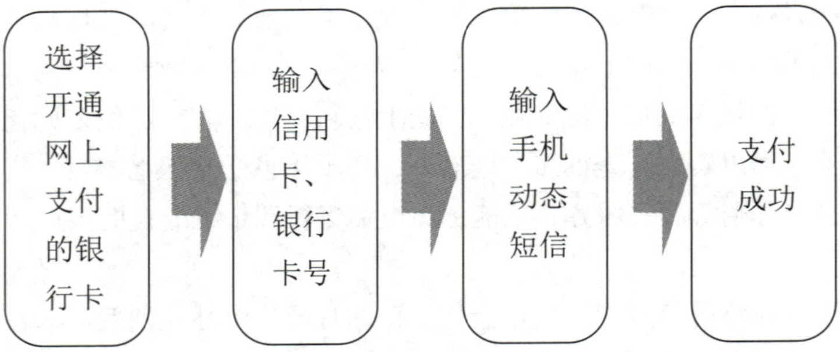

图 3–21　网上银行支付流程

三、网上银行的认证介质

（一）密码

密码是每一个网上银行必备的认证介质，但是密码非常容易被木马盗取或被他人偷窥。

安全系数：30%。

便捷系数：100%。

（二）文件数字证书

文件数字证书是存放在电脑中的数字证书，每次交易时都需用到，如果你的电脑没有安装数字证书是无法完成付款的；已安装文件数字证书的用户只需输密码即可。

未安装文件数字证书的用户安装证书需要验证大量的信息，相对比较安全。

但是文件数字证书不可移动，对经常换电脑使用的用户来说不方便（支付宝等虚拟的可通过手机验证，而网上银行一般要去银行办理）；而且文件数字证书有可能被盗取（虽然不易，但是能），所以不是绝对安全的。

安全系数：70%。

便捷系数：100%（家庭用户）；30%：（网吧用户）。

提供商：招商银行、中国农业银行。

（三）动态口令卡

动态口令卡是一种类似游戏的密保卡样子的卡。

卡面上有一个表格，表格内有几十个数字。当进行网上交易时，银行会随机询问你某行某列的数字，如果能正确地输入对应格内的数字便可以成功交易；反之不能。

动态口令卡可以随身携带，轻便，不需驱动，使用方便，但是如果木马长期在你的电脑中，可以渐渐地获取你的口令卡上的很多数字，当获知的数字达到一定数量时，你的资金便不再安全，而且如果在外使用，也容易被人拍照。

安全系数：50%。

便捷系数：80%。

提供商：中国工商银行、中国农业银行。

（四）动态手机口令

当你尝试进行网上交易时，银行会向你的手机发送短信，如果你能正确地输入收到的短信则可以成功付款，反之不能。

不需安装驱动，只需随身带手机即可，不怕偷窥，不怕木马。相对安全。

但是必须随身带手机，手机不能停机（手机停机，无法付款；无法汇款，就会一直停机。就像给证明就给开箱，不开箱没有证件就无法证明一样了），不能没电，不能丢失。而且有时通信运营商服务质量低导致短信迟迟没到，影响效率。

安全系数：80%~90%。

便捷系数：80%（手机随身，话费充足，信号良好）；

30%~80%（手机不随身，经常停机，信号差，有时还会弄丢手机）。

提供商：招商银行、中国工商银行、光大银行、邮政储蓄银行。

（五）移动口令牌

类似梦幻西游的将军令，一定时间换一次号码。付款时只需按移动口令牌上的键，这时就会出现当前的代码。一分钟内在网上银行付款时可以用凭这个编码付款。如果无法获得该编码，则无法成功付款。

不需要驱动，不需要安装，只要随身带就行，不怕偷窥，不怕木马。口令牌的编码一旦使用过就立即失效，不用担心付款时输的编码被别人看到。

安全系数：80%~90%。

便捷系数：80%。

提供商：中国银行。

（六）移动数字证书

移动数字证书，工行叫 U 盾，农行叫 K 宝，建行叫网银盾，光大银行叫阳光网盾，在支付宝中的叫支付盾。

它存放着你个人的数字证书，并不可读取。同样，银行也记录着你的数字证书。

当你尝试进行网上交易时，银行会向你发送由时间字串，地址字串，交易信息字串，防重放攻击字串组合在一起进行加密后得到的字串 A，你的 U 盾将根据你的个人证书对字串 A 进行不可逆运算得到字串 B，并将字串 B 发送给银行，银行端也同时进行该不可逆运算，如果银行运算结果和你的运算结果一致便认为你合法，交易便可以完成，如果不一致便认为你不合法，交易便会失败。

（理论上，不同的字串 A 不会得出相同的字串 B，即一个字串 A 对应一个唯一的字串 B；但是字串 B 和字串 A 无法得出你的数字证书，而且 U 盾具有不可读取性，所以任何人都无法获行你的数字证书。并且银行每次都会发不同的防重放字串（随机字串）和时间字串，所以当一次交易完成后，刚发出的 B 字串便不再有效。综上所述，理论上 U 盾是绝对安全的。）

安全系数：95%。

便捷系数：50%（持有需要驱动的移动数字证书的网吧用户）；

80%（持有免驱的移动数字证书的网吧用户或家庭用户）。

提供商：中国工商银行、中国农业银行 、中国建设银行、招商银行、光大银行和民生银行。

以招商银行个人银行大众版为例，介绍其具体的配置步骤。

（1）持有一张招商银行的“一卡通”借记卡（本人持有效证件到招商银行网点柜台办理）。

（2）登录招商银行官方网站，如图 3-22 所示。

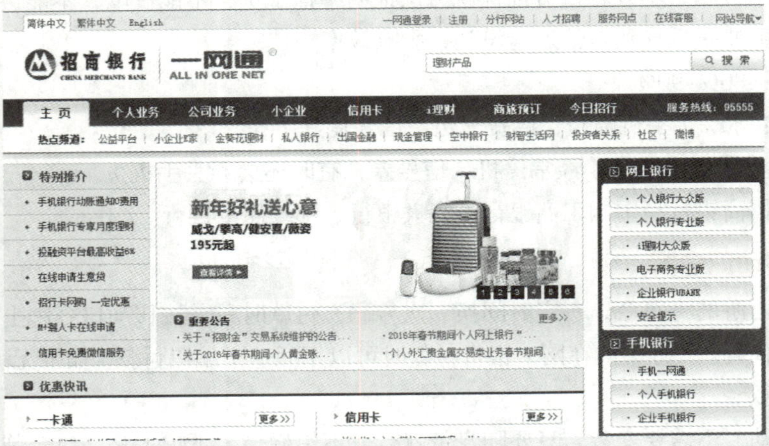

图 3-22　招商银行官方网站界面

（3）单击右侧网上银行一栏中的“个人银行大众版”按钮，进入登录界面，如图 3-23 所示。

图 3-23　个人银行大众版登录界面

（4）在图 3-23 页面左侧，单击“一卡通”选项卡，输入相关对应信息后，点击“登录”按钮后的页面，如图 3-24 所示。

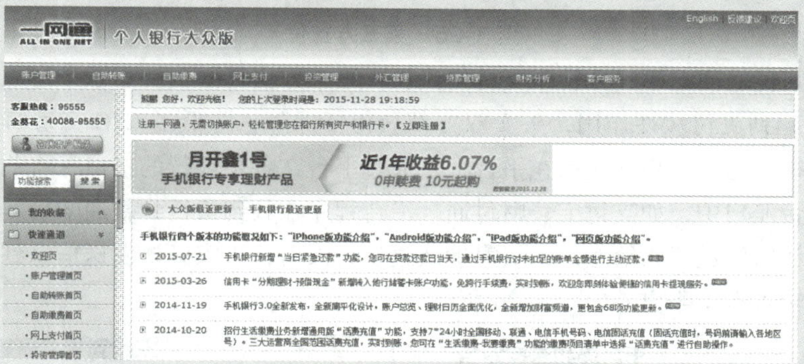

图 3-24　登录成功后界面

（5）登录成功后，用户可以根据需要进行操作，如查询账户、网上转账、网上缴费、网上支付、投资理财等。每个功能按照页面提示正确操作，即可获得对应的信息或操作结果。还可以使用信用卡、存折、一网通等登录方式，查看登录后的页面布局，并熟悉网上银行的操作功能。

任务三　第三方支付平台

对于网络商家而言，传统的支付方式如银行汇款、邮政汇款等，都需要购买者去银行或邮局办理烦琐的汇款业务；如果采用货到付款方式，又给商家带来了一定风险和昂贵的物流成本。因此，网上支付平台在这种需求下逐步诞生。在线支付作为电子商务的重要组成之一，成为网络商务发展的必然趋势。特别是第三方支付平台的应用，有效避免了交易过程中的退换货、诚信等方面的问题，为商家开展电子商务服务和其他增值服务提供了完整的支持。本任务阐释了第三方支付平台的基本概念，比较详细地介绍了常见的第三方支付产品。

一、第三方支付平台概述

（一）第三方支付平台的概念

第三方支付 / 转账，在携程第三方支付的选项卡中看到，第三方支付包含支付宝、银联在线支付以及财付通，如图 3-25 所示。

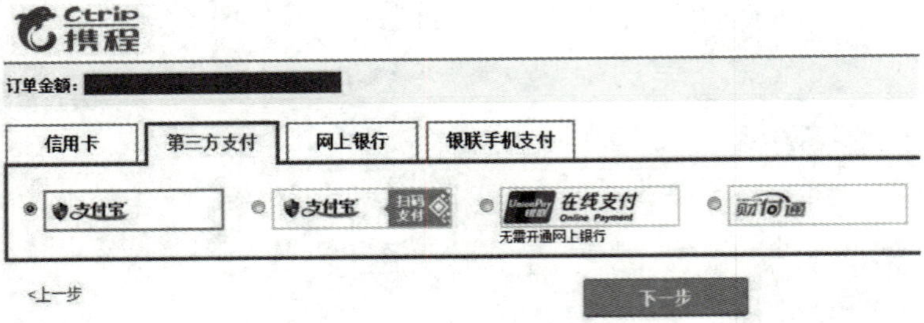

图 3-25　第三方支付

支付宝、财付通便是第三方转账支付的代表，第三方支付平台使买家买得放心，卖家获得了更多信任，起到支付缓冲作用，买卖双方都获得了保障，降低了 C2C 交易信用风险。第三方转账支付的模式为，用户和卖家在平台上，通过平台在各个银行的接口，将购买货物的货款转到第三方平台账户中，如支付宝、财付通。平台程序在收到银行到款通知后，将信息发送给卖家，卖家确认后发送货物给客户，买家确认收货无误后，买家确认发送信息到平台，平台将买家的货款再转入卖家账户。如图 3-26 所示。

网上银行的概念与特点

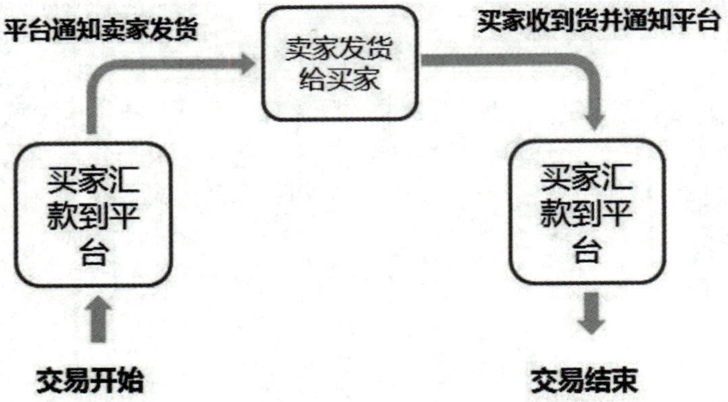

图 3-26　第三方支付平台交易流程 第三方支付平台解决了中国电子商务支付过程中的安全问题、信用问题以及成本问题，其在支付环节中所占的比例日益壮大。

银联手机支付是移动支付一种，移动支付是一种允许移动用户使用其移动终端对消费的商品或服务进行账务支付的支付方式，也称为手机支付，但是其只适用于小额买卖，受限于手机话费。智能手机的出现，使得移动端 APP 在手机上直接完成手机支付变得得心应手，如支付宝客户端等，银联手机支付在支付中所占比例下滑。

对支付方式有了了解之后，那么这些支付方式各自都具有什么样的特点呢？

表 3-1　各支付方式对比

名称	担保	可否取消交易	安全性	备注
网上银行	无	不可	中	商户在使用时需要缴纳一定服务费；用户无需缴纳
第三方支付平台	有	可以	高	部分第三方平台对商户收取一定服务费用，用户无需缴纳
移动支付	无	不可	中	只适合于小额支付，避免银行卡是否支持的结算麻烦
信用卡网上支付	无	可以	中	商户在使用时需要在所在银行申请开通，开通收取服务费用，用户在使用网上银行时不需要支付任何手续费

通过整理的表格看到，无论什么样的方式，商户都需要支付一定的费用，在多项因素考虑中，采用第三方平台支付和网络银行结合的支付方式对于商家来说较为合适。此类方式在用户使用和商户支付费用上均比其他支付方式具有优势，这也是旅游电子商务中应用最多的支付方式。

第三方支付平台解决了中国电子商务支付过程中的安全问题、信用问题以及成本问题，其在支付环节中所占的比例日益壮大。

（二）第三方支付平台优势

（1）第三方支付平台作为中介方，可以促成商家和银行的合作。对于商家第三方支付平台可以降低企业运营成本，同时对于银行，可以直接利用第三方的服务系统提供服务，帮助银行节省网关开发成本。

（2）第三方支付服务系统有助于打破银行卡壁垒。由于中国实现在线支付的银行卡“各自为阵”，每个银行都有自己的银行卡，这些自成体系的银行卡纷纷与网站联盟推出在线支付业务，客观上造成消费者要自由地完成网上购物，手里面必须有十几张卡的情况。同时商家网站也必须装有各个银行的认证软件，这样就会制约网上支付业务的发展。第三方支付服务系统可以很好地解决这个问题。

（3）第三方支付平台能够提供增值服务，帮助商家网站解决实时交易查询和交易系统分析，提供方便及时的退款和支付服务。

（4）第三方电子支付平台可以对交易双方的交易进行详细的记录，从而防止交易双方对交易行为可能的抵赖以及为在后续交易中可能出现的纠纷问题提供相应的证据，虽没有使用较先进的 SET 协议却起到了同样的效果。总之，第三方电子支付平台是当前所有可能的突破支付安全和交易信用双重问题中较理想的解决方案。

相对于其他的资金支付结算方式，第三方支付可以比较有效地保障货物质量、交易诚信、退换要求等环节，在整个交易过程中，都可以对交易双方进行约束和监督。在不需要面对面进行交易的电子商务形式中，第三方支付为保证交易成功提供了必要的支持，因此随着电子商务在中国的快速发展，第三方支付行业也发展迅猛。

二、常见第三方支付产品

第三方支付产品主要有微付通（微付天下）PayPal、支付宝、拉卡拉、财付通、盛付通、腾付通、通联支付、易宝支付、中汇宝、快钱、国付宝、百付宝、物流宝、网易宝、网银在线、环迅支付 IPS、汇付天下、汇聚支付、宝易互通、宝付、捷诚宝等。

其中，用户数量最大的是 PayPal 和支付宝，前者主要在欧美国家流行，后者是阿里巴巴旗下产品。

拉卡拉则是中国最大线下便民金融服务提供商。另外中国银联旗下银联电子支付也开始发力第三方支付，推出了银联商务提供相应的金融服务。

（一）PayPal

PayPal 是更安全便捷的在线收付款方式。PayPal 提供的服务使任何人能以任何方式付款，包括通过信用卡、银行账户、买家信用或账户余额付款，同时不会透露用户的财务信息。

PayPal 已经迅速成为全球领先的在线支付解决方案提供商，在全球范围内拥有超过 3.25 亿个账户。PayPal 可以在全球 203 个国家和地区以 26 种货币使用。通过 PayPal 提供的跨地区、跨币种和跨语言的支付服务，用户可以在全球范围内开展电子商务。

图 3–27　Paypal 支付

（二）支付宝

支付宝（中国）网络技术有限公司是国内领先的独立第三方支付平台，是由阿里巴巴集团创立的第三方支付平台，是阿里巴巴集团的关联公司。支付宝致力于为中国电子商务提供“简单、安全、快速”的在线支付解决方案。

图 3–28　支付宝

（三）拉卡拉支付

招行、广发等手机银行已经内置拉卡拉移动支付功能，解决了手机银行只能受理本行银行卡的问题。

图 3–29　拉卡拉

（四）微付通（微付天下）

（1）支持银联标志的银行卡的信 X 卡和借记卡。

（2）独立的管理后台让商户可以实时交易数据明细，随时随地轻松掌控。

（3）移动 POS 机拨号 POS 机，多重选择，其他收单机构很难申请到。

（4）7*24 小时客户服务，随时在线咨询。

（5）刷卡手续费更优惠。

（五）财付通

财付通是腾讯公司于 2005 年 9 月正式推出的专业在线支付平台，致力于为互联网用户和企业提供安全、便捷、专业的在线支付服务。

图 3–30　财付通

（六）Moneybookers

2003 年 2 月 5 日，MB 成为世界上第一家被政府官方所认可的电子银行。它还是英国电子货币协会 EMA 的 14 个成员之一。广泛地被赚钱公司列为仅次于 e–gold 的主要付款形式。更重要的是这家电子银行里的外汇是可以转到中国国内银行账户里的。

图 3–31　Moneybookers

（七）宝付

宝付推出的“我的支付导航”主要分个人支付导航与商户支付导航两大版块。从网上交水电煤等基本生活需要，到旅行买机票火车票定酒店，再到网上购物、通讯充值等各种类型“日常便民服务”，“我的支付导航”不仅为广大个人用户提供了便利生活支付服务，也给企业商户提供行业解决方案、一站式解决方案及增值服务等产品服务。

（八）国付宝

国付宝信息科技有限公司是商务部中国国际电子商务中心（简称“CIECC”）与海航商业控股有限公司（简称“海航商业”）合资成立，针对政府及企业的需求和电子商务的发展，精心打造的具有国有背景的，引入社会诚信体系的独立第三方电子支付平台，也是“金关工程”的重要组成部分。

（九）捷诚宝

捷诚宝是中国（香港）诚泰投资集团的子公司——北京捷成易付信息技术有限公司依托自有技术研发的线下电子商务智能终端产品线。它的惠民服务功能包括从传统的POS银行卡支付、信用卡还款、网购支付宝充值，到便民支付如水电燃气物业费缴纳、餐饮消费、车票机票订购、医疗教育支付、农村信用社服务等。并且依托丰富的服务运营平台，与中国银联、银联商务、支付宝等业内巨头建立合作关系，从支付公司、清算平台到电商平台，“捷诚宝”的服务已经可以全方位覆盖当前的主流行业，为企业单位、小区物业、农村合作社、房地产及汽车业等解决安全支付的时间、空间难题。

三、快捷支付

（一）快捷支付的概念

快捷支付是由支付宝率先在国内推出的一种全新支付理念，具有方便、快速的特点，是未来消费的发展趋势，其特点体现在“快”。

快捷支付指用户购买商品时，不需开通网银，只需提供银行卡卡号、户名、手机号码等信息，银行验证手机号码正确后，第三方支付发送手机动态口令到用户手机号上，用户输入正确的手机动态口令，即可完成支付。

如果用户选择保存卡信息，则用户下次支付时，只需输入第三方支付的支付密码或者是支付密码及手机动态口令即可完成支付。

（二）快捷支付的特点

（1）可跨终端、跨平台、跨浏览器支付，能够支持 PC、手机、电话、平板电脑、电视等终端，支持 IE、chrome、firefox、opera、safari 等浏览器。

（2）操作方便，只需要银行卡信息、身份信息以及手机就能支付，无需使用 U 盾等。

（3）没有大量的页面跳转，减少了被钓鱼的可能性。

（4）没有使用门槛，只要有银行卡，无需开通网银、无需安装网银控件、无需携带 U 盾 / 口令卡等。

（5）支付成功率达到 93% 以上。

（三）快捷支付的安全手段

（1）双重密码保护，支付时需要支付宝密码以及手机动态口令。

（2）支付过程由支付宝 CTU 系统实时监控，所有异常交易都被重点关注。

（3）开通快捷支付的商户经过严格筛选，保证商户资质。

（4）大额交易回呼，如果用户使用快捷支付进行了大额交易，会由支付宝客服通过电话与持卡人确认是否本人操作。

（5）如果用户由于支付宝账户或银行卡被盗，盗用者通过快捷支付造成了持卡人的资金损失，支付宝将为持卡人承担所有损失。

（6）支付宝已通过 PCI（Payment Card Industry，简称 PCI）认证，该认证是由 VISA、美国运通公司、JCB 和 MasterCard 等国际组织联合推出，是目前全球最严格、级别最高的金融机构安全认证标准。

四、微信支付与支付宝声波支付

（一）微信支付

微信支付是由腾讯公司知名移动社交通讯软件微信及第三方支付平台财付通联合推出的移动支付创新产品，旨在为广大微信用户及商户提供更优质的支付服务，微信的支付和安全系统由腾讯财付通提供支持。财付通是持有互联网支付牌照并具备完备的安全体系的第三方支付平台。

步骤一：

首次使用，需用微信“扫一扫”扫描商品二维码或直接点击微信官方认证公众号的购买链接。

图 3–32 微信公众账号

步骤二：

点击点餐外送，可按需求选择附近商家进行点餐服务。

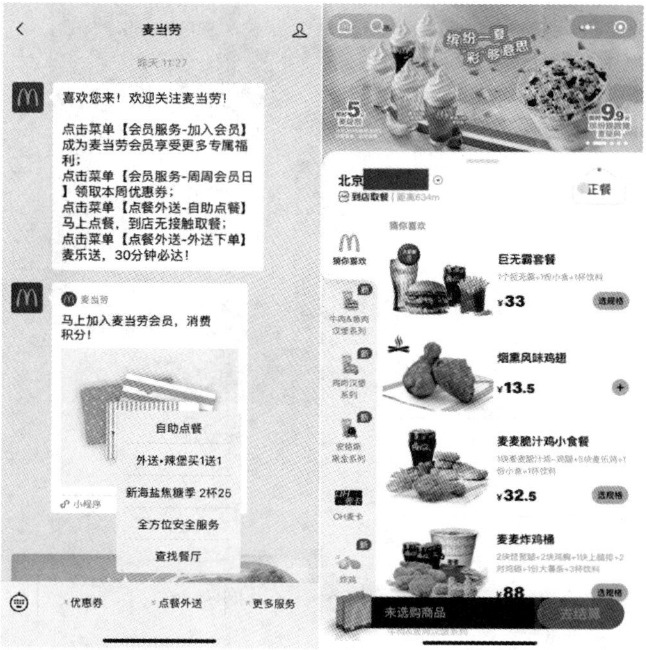

图 3–33 微信点餐

步骤三：

挑选所需商品，选好后点击去结算；选择用餐标准和取餐时间，选好后点击去支付。

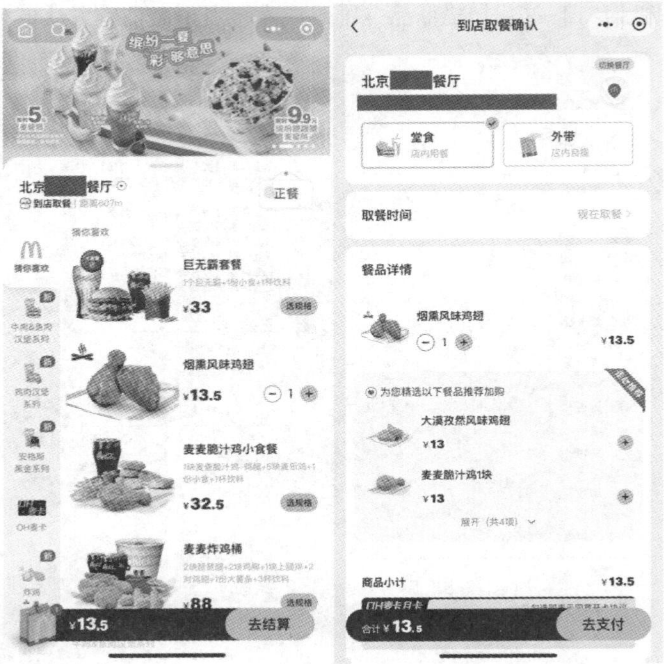

图 3–34　微信结算与去支付页面

步骤四：

选择支付方式，输入支付密码。

图 3–35　微信支付页面

步骤五：

首次支付需要申请取餐提醒，最后确认并支付就可以了。

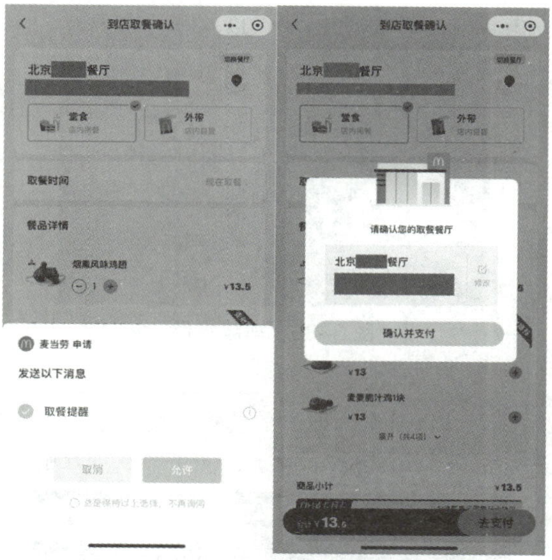

图 3-36　取餐提醒与确认支付页面

（二）支付宝声波支付

“声波支付”，是利用声波的传输，完成两个设备的近场识别。其具体过程是，在第三方支付产品的手机客户端里，内置有“声波支付”功能，用户打开此功能后，用手机麦克风对准收款方的麦克风，手机会播放一段“咻咻咻”的声音。

用户可以通过手机去购买售货机里的商品，使用时，是手机播放一段超声波，听起来像是“咻咻咻”，然后售货机听到这段声波之后就会自动处理，用户在自己手机上输入密码，售货机就会吐出商品。

图 3-37　支付宝当面付

使用支付宝声波支付很简单，在自动售货机上选择商品，点开手机支付宝客户端，选择当面付，就可以听到“咻咻咻”的声波，自动售货机会自动识别声波并从支付宝账户扣除费用，然后吐出商品。

图 3–38　声波支付

用户用邮箱在支付宝网站注册个人账户的基本步骤如下：

（1）登录支付宝网站（www.alipay.com），点击“立即注册”，如图 3–39 所示。

图 3–39　立即注册

（2）点击“个人账户”，输入邮箱地址和验证码后，单击“下一步”，如图 3–40 所示。

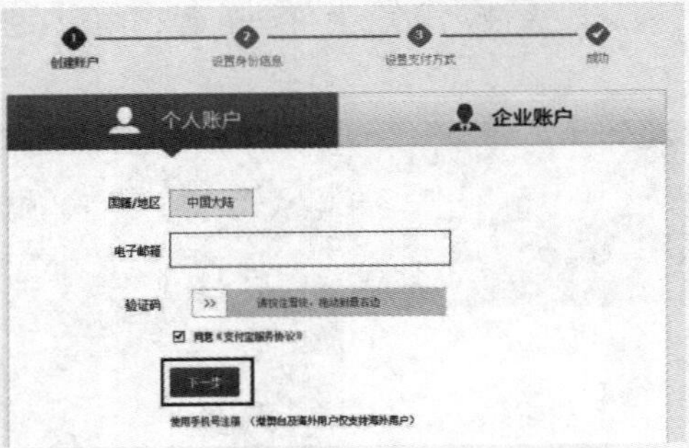

图 3–40　个人帐户

（3）输入手机号，账户绑定手机，如图 3–41 所示。

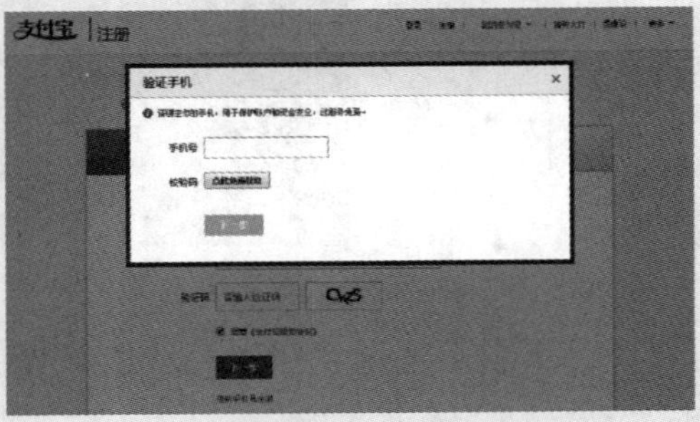

图 3–41　绑定手机

（4）点击“立即查收邮件”，如图 3–42 所示。如果没有收到邮件，可点击“重新发送邮件”。

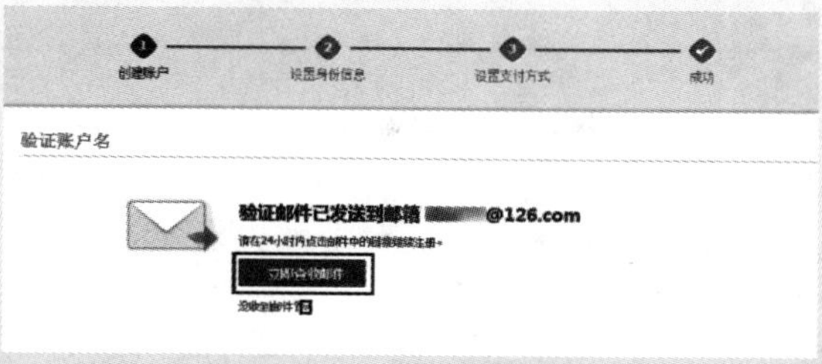

图 3–42　查收邮件

（5）收到激活支付宝账户的邮件，单击“继续注册”，如图 3–43 所示。

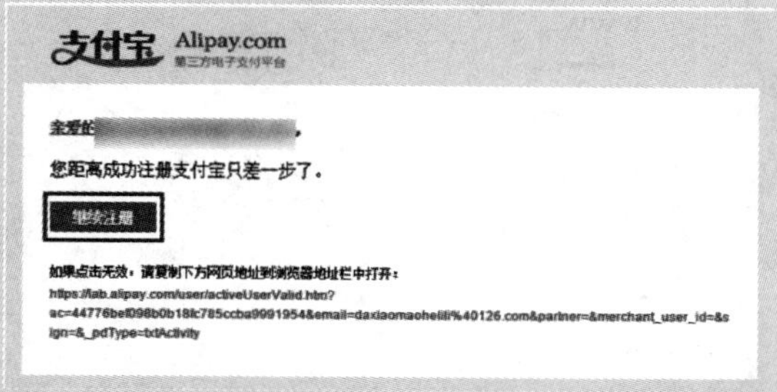

图 3–43　继续注册

（6）填写个人信息后，单击“确认”，如图 3–44 所示。真实姓名、身份证号码为必填项，需要用户的真实信息，并且注册完成后不可修改。

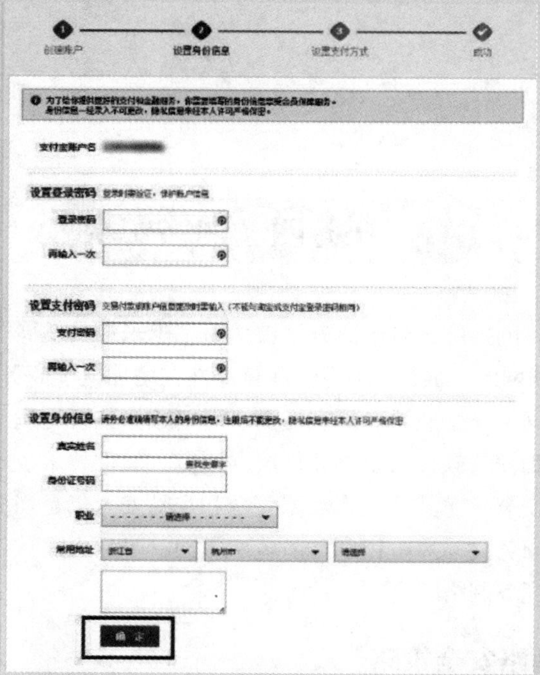

图 3–44　填写个人信息

（7）设置支付方式，输入银行卡号，并且输入银行卡绑定手机接收到的校验码，点击“同意协议并确定”，如图 3-45 所示。

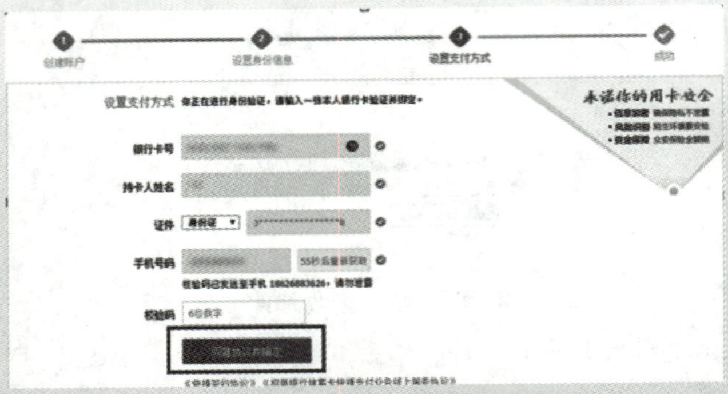

图 3-45　设置支付方式

（8）开通支付宝服务成功，如图 3-46 所示。

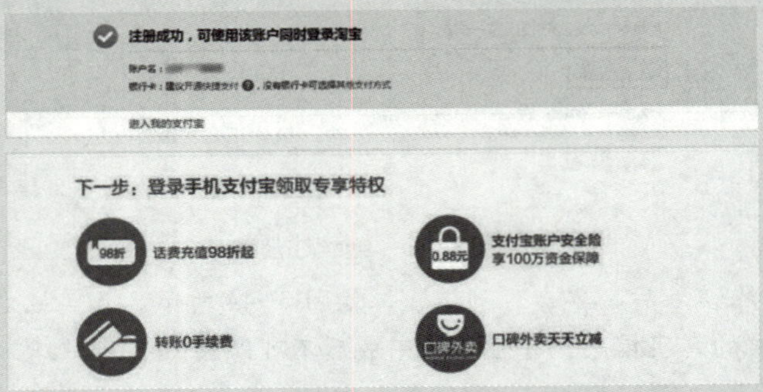

图 3-46　注册成功

任务四　网络安全

伴随着互联网在全球的推广，电子商务已被认为是未来最具发展潜力的新兴行业。然而伴随着互联网的发展，互联网的开放性、国际性和自由性在增加电子商务交易过程自由度的同时，也正在受到日益严重的网络安全威胁。黑客侵袭、网络数据盗窃、病毒传播等无不威胁着电子商务交易过程。尽管各类安全软件与杀毒软件层出不穷，软件技术也不断针对各类漏洞进行更新迭代，确保网络信息安全，尤其是网络数据安全和交易安全仍是当务之急。本任务从电子商务网络安全策略、电子商务交易风险识别与防范两方面，带领大家认识电子商务网络安全的重要性，并学会维护电子商务网络安全。

一、电子商务网络安全策略

在电子商务交易中，为了保证交易过程中的资金安全和交易信息安全，国际上一些金融组织发布了 SSL 安全协议和 SET 安全协议，主要针对互联网电子商务交易进行保障。

SSL 安全协议是国际上通行的银行卡密码校验技术和标准之一，又称为“安全套接层”（Secure Sockets Layer）协议，是 Netscape Communication 公司 1996 年设计开发的，主要用于提高应用程序之间的数据安全系数。SSL 安全协议主要提供三方面的服务：一是用户和服务器的合法性认证，二是加密数据以隐蔽被传送的数据，三是保护数据的完整性。SSL 协议涉及所有 TCP/IP 应用程序，是一个保证任何安装了安全套接层的客户和服务器之间安全的协议。但是随着电子商务参与的厂商迅速增加，对厂商认证的问题越来越突出，因此 SSL 安全协议逐渐被 SET 协议所取代。

在开放的互联网上处理电子商务，如何保证买卖双方传输数据的安全成为电子商务能否普及的最重要的问题。为了克服 SSL 安全协议的缺点，两大信用卡组织即 Visa 和 MasterCard，联合开发了 SET 安全协议。该协议的工作流程，如图 3–47 所示。这是一个为了在互联网上进行在线交易而设立的一个开放的以电子货币为基础的电子付款系统规范。

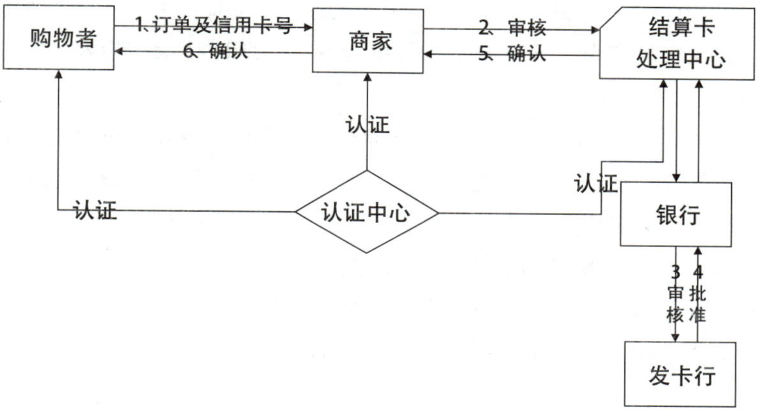

图 3–47　SET 安全协议的工作流程

二、电子商务交易风险识别与防范

（一）电子商务交易风险的识别

1. 模式风险

电子商务在我国的发展模式来源于美国电子商务模式的改良，所以电子商务发展初期，B2B、B2C、C2C 三种模式定格了电子商务的发展方向。国内从事电子商务的经营者们由于在美国模式下获取相关信息，不加改变的就将原有模式套在国内的行业发展中复制和炒作，所以即使这样生搬的电子商务模式一定层面上推动了我国初期的电子商务，为其发展起到了一定促进作用，但是随着电子商务的不断深化和改制，这种千篇一律的模式显然不再适应大众的个性化与多元化消费观念。因此，企业在实施电子商务的时候应该追求体现个性化的特点，千篇一律的模仿与复制无法体现出企业的竞争优势。

2. 超前风险

电子商务交易具有跨时空、低成本的特点，但是电子商务在商业活动中也并不是面面俱到的。一些企业逐渐开始进行电子商务改革，看似跟进时代潮流的电子商务改革改造，由于企业管理水平无法跟进，供应链跟不上，导致耗资巨大的电子商务系统变得华而不实，无法发挥到应有的作用。

3. 滞后风险

相对于超前风险，一些电子商务经营者本该实施电子商务却局限于传统的思维方式，在电子商务变革中一味地维护着传统经营方式而不去改变，这样的经营方式不但不能帮助企业更好地进行商业活动，还会阻碍企业的发展。

4. 技术风险

当前我国电子商务面临的突出问题之一是网络应用程度不广，网络结构复杂，不同行业不能实现互通互联，应用落后于技术发展，传统企业难以适应新经济发展要求。电子商务运营者们应本着市场牵引、应用主导、网络共建、资源共享、技术创新和竞争开放的方针，尽快建立和健全相关法律法规，开发关键的技术和产品，形成适合中国国情的电子商务的运营机制。另一方面，应该通过政府、企业等各界的通力合作，借鉴国外先进科技成果和管理经验，尽快建立起拥有自主知识产权的综合服务电子商务平台。此外，目前有关电子商务安全的技术问题还没有完全解决，包括交易安全、认证安全和数据加密等，所以技术风险容易导致安全风险。

5. 信誉风险

曾经是中国 B2C 电子商务的最大网站 my8848 的轰然倒闭使人们对电子商务的信誉降至极点，以致整个电子商务行业都不可避免地遭遇一场信誉危机。因此，现在电子商务企业要最大限度地克服信誉风险，落实到企业的行动中去，就是要“勿因善小而不为，勿因恶小而为之”，对于企业的每个订单、每个客户都不能马虎，细微之处见真情。特别要重视搞好消费者关注的售后服务、付款方式，不能交易一完成，服务就终结，甚至翻脸不认人。短视带来的是电子商务的短命。my8848 欺骗消费者的最终结果是自己倒闭。

6. 人才风险

电子商务需要大量计算机人才和网络经济人才，现在连电子商务的倡导者美国都感到这方面人才的缺乏，我国这方面的人才就更加匮乏，并且有人才向提供高薪就业机会的国家外流的倾向。如今随着经济全球化的深入，电子商务人才外流的倾向会更加明显且流失也更加容易。特别是随着国外 IT 企业的大量进入，一场争夺电子商务人才的中外争夺战已经打响。因此，作为电子商务企业要重视人力资源管理，将人才视为企业之本，做到用待遇吸引人，用感情凝聚人，用事业激励人，从而有效地预防人才流失的风险。

（二）电子商务交易风险的防范措施

互联网更新迭代的过程中，网络安全漏洞无处不在，安全漏洞不断修补后又有新的涌现出来，让互联网使用过程中的安全问题不断引起重视。而大多数的网络黑客正是利用这些漏洞对互联网络进行攻击，针对网络安全问题一般会采取两种防范措施。

1. 防火墙技术

防火墙技术是指在网上银行网络和其他外部网络的接口处专门建立的安全系统。它由软硬件结合而成，用于对进出网上银行网络的数据检查和控制，隔离来自网络对内部网络的安全威胁，保护网络和资源的安全不受非法入侵。

防火墙具有以下特点：

（1）保护易受攻击的服务。

（2）控制访问网点系统。

（3）集中安全性。

（4）增强的密码能强化私有权。

（5）有关网络使用、滥用记录和统计。

（6）可提供实施和执行网络访问政策的攻击。

为了保证系统不受黑客侵入，银行应在网络服务器和 Internet 之间设置外部防火墙，在网络服务器和数据库服务器或银行内部计算机系统之间设置内部防火墙。

2. 防病毒技术

目前已经有超过 2 万种病毒活跃在网络世界里，经过网络连接的用户时刻受到网络病毒的威胁，其传播的途径也是越来越广泛，比如文件下载，邮件传输等。这样银行和客户都将面临着严峻的考验。针对计算机病毒的风险，需要采取安装杀毒软件，及时更新软件版本以及病毒库，不要随便打开电子邮件里的附件物品，不要随意在业务机上下载文件，对外来的软件盘要事先进行杀毒处理。

通过本任务的实施加深对电子商务安全重要性的理解，了解电子商务安全的措施及相关技术。

（1）上网搜集电子商务安全威胁的案例，分析电子商务安全的协议及措施。要求搜集的电子商务安全威胁案例不少于 3 个，了解不同类型电子商务网站所采取的电子商务安全措施和技术。

（2）访问不同类型的电子商务站点，上网搜集相关资料，了解国内网上支付在安全方面的解决方案。

（3）进入阿里巴巴电子商务站点，仔细浏览和查阅，体验站点的安全机制和支付功能。总结阿里巴巴电子商务站点的安全机制和支付机制。

（4）网上阅读资料，查看电子商务安全交易协议中 SET 中用到的双重签名技术的过程是怎样的。

（5）以中国工商银行网上银行为例，描述在网银上操作，是如何保障安全的？包括从登录到交易成功的整个过程。

项目拓展

通过网络搜索第三方支付的相关信息，进一步认知第三方支付平台的建设和技术应用，并撰写一篇有关第三方支付的文献综述。

- 掌握网络营销的概念与特点。
- 理解网络营销的优势。
- 熟悉各类网络营销推广方式的特点。

- 能够根据各种网络营销方式的特性，制定出合理的营销策略。
- 能够综合运用网络营销工具，发挥网络营销的优势。

项目概述

现在，营销从理念到方式发生了很大的变化。媒体不单单成为商家宣传产品的渠道，随着消费者生活方式的改变，以前人们对产品的了解都是通过电视广告或报纸广告，通过传统渠道（如超市、商铺）购买产品，但现在越来越多的人选择在网上购买。

现在很多企业商家也都投入大量的人力、物力投身于网络营销中，网络营销为企业的营销带来了革命性变化，它有着传统营销不可比拟的优势。网络营销使消费者的角色也发生了变化。营销者必须对消费者的定位有一个新的、明确的认识，消费者既是市场营销的终点更是节点。由于网络向社交型媒体发展，这时候的网络消费者不再是单纯地看、听品牌广告之后决定买不买该品牌的产品，而是在第一时间看或听到一些关于品牌的创意后，就会去参与，然后去“说”，去传播给别人，对周围的人产生影响力。

任务一 认识网络营销

目前众多企业纷纷建设与积极推广自己的网站，这是企业在互联网上扩大影响、发布信息、推广产品、发布广告的必然趋势，而基于网站的网络营销的应用颇具前景。在21世纪，网络营销的广泛应用将成为一种不可避免的潮流。本任务将介绍网络营销的概念、特点和优势，以及网络营销中的数据分析过程和网络营销的基本方式。

一、网络营销的概念与特点

网络营销亦称作线上营销或者电子营销，指的是一种利用互联网的营销形式，建立在互联网的基础上，以线上营销为导向，网络为工具，由营销人员利用专业的网络营销工具，面向广大网民开展一系列营销活动的新型营销方式。网络营销也可以理解为以国际互联网为基础，利用数字化的信息和网络媒体的交互性来辅助营销目标实现的一种新型的市场营销方式。简单地说，网络营销就是以互联网为主要手段进行的，为达到一定营销目的的营销活动。

网络营销的特点，主要分为以下几个方面：

1. 传播的超时空性

营销的最终目的是占有市场份额，由于互联网能够超越时间约束和空间限制进行信息交换，使得营销脱离时空限制进行交易变成可能，企业有了更多时间和更大的空间进行营销，可每天随时随地地提供全球性营销服务。

2. 交互的便捷性

互联网通过展示商品图像，商品信息资料库提供有关的查询，来实现供需互动与双向沟通。还可以进行产品测试与消费者满意调查等活动。互联网为产品联合设计、商品信息发布、以及各项技术服务提供最佳工具。

3. 个性化

互联网上的促销是一对一的、理性的、消费者主导的、非强迫性的、循序渐进式的，而且是一种低成本与人性化的促销，避免推销员强势推销的干扰，并通过信息提供与交互式交谈，与消费者建立长期良好的关系。

4. 成长性

互联网使用者数量快速增长并遍及全球，使用者多属年轻中产阶级，受教育水平高，由于这部分群体购买力强而且具有很强市场影响力，因此是一项极具开发潜力的市场渠道。

5. 整合性

互联网上的营销可由商品信息至收款、售后服务一气呵成，因此也是一种全程的营销渠道。另一方面，建议企业可以借助互联网将不同的传播营销活动进行统一设计规划和协调实施，以统一的传播资讯向消费者传达信息，避免不同传播中不一致性产生的消极影响。

6. 超前性

互联网是一种功能强大的营销工具，它同时兼具渠道、促销、电子交易、顾客互动服务以及市场信息分析与提供的多种功能。它所具备的一对一营销能力，正是符合定制营销和直复营销（直复营销是借助于一种或多种广告媒体，以在任何地点产生可度量的反应或产生交易的互动营销体系）的未来趋势。

7. 高效性

计算机可储存大量的信息，代消费者查询，可传送的信息数量与精确度，远超过其他媒体，并能因应市场需求，及时更新产品或调整价格，因此能及时有效了解并满足顾客的需求。

8. 经济性

通过互联网进行信息交换，代替以前的实物交换，一方面可以减少印刷与邮递成本，可以无店面销售，免交租金，节约水电与人工成本，另一方面可以减少由于迂回多次交换带来的损耗。

二、网络营销的优势

（一）个性消费的回归

消费者以个人心理愿望为基础挑选和购买商品或服务，心理上的认同感是做出购买决策的先决条件，以商品供应千姿百态为基础的单独享有成为社会时尚。

（二）消费主动性的增强

由于商品生产的日益细化和专业化，消费者购买失误的风险随选择的增多而降低。消费者会主动通过各种途径获取与商品有关的信息，并进行分析比较，以减少购买失误的可能。

（三）对购物方便性的追求

由于现代人工作负荷较重，消费者希望购物方便，时间和精力支出尽量节省，特别是对某些品牌的消费品已经形成固定偏好的消费者，这一需要尤为重要。

（四）对购物乐趣的追求

现代人的生活丰富多彩，购物活动不仅是消费需要，也是心理需要，很多消费者以购物为生活内容，从中获得享受。

（五）价格仍然是影响购买的重要因素

虽然现代市场营销倾向于以各种策略来削减消费者对价格的敏感度，避免恶性价格竞争，但价格始终对消费者产生重要的影响。只要价格削减的幅度超过消费者的心理预期，难免会影响消费者既定的购物原则。

以上这些消费者观念的改变，是人们普遍接受网络营销的重要基础。

三、网络营销中的数据分析过程

网络营销中的数据分析过程的主要活动由识别信息需求、收集数据、分析数据、评价并改进数据分析的有效性组成。

（一）识别需求

识别信息需求是确保数据分析过程有效性的首要条件，可以为收集数据、分析数据提供清晰的目标。识别信息需求是管理者的职责，管理者应根据决策和过程控制的需求，提出对信息的需求。就过程控制而言，管理者应识别需求，要利用那些信息支持评审过程输入、过程输出、资源配置的合理性、过程活动的优化方案和过程异常变异的发现。

（二）收集数据

有目的地收集数据，是确保数据分析过程有效的基础。组织需要对收集数据的内容、渠道、方法进行策划。策划时应考虑：

（1）将识别的需求转化为具体的要求，如评价供应方时，需要收集的数据可能包括其过程能力、测量系统不确定度等相关数据。

（2）明确由谁在何时何处，通过何种渠道和方法收集数据。

（3）记录表应便于使用。

（4）采取有效措施，防止数据丢失和虚假数据对系统的干扰。

电子商务交易风险的识别

（三）分析数据

分析数据是将收集的数据通过加工、整理和分析，使其转化为信息，常用方法有：老七种工具，即排列图、因果图、分层法、调查表、散步图、直方图、控制图；

新七种工具，即关联图、系统图、矩阵图、KJ 法、计划评审技术、PDPC 法、矩阵数据图。

（四）过程改进

数据分析是质量管理体系的基础。组织的管理者应在适当时，通过对以下问题的分析，评估其有效性：

（1）提供决策的信息是否充分、可信，是否存在因信息不足、失准、滞后而导致决策失误的问题。

（2）信息对持续改进质量管理体系、过程、产品所发挥的作用是否与期望值一致，是否在产品实现过程中有效运用数据分析。

（3）收集数据的目的是否明确，收集的数据是否真实和充分，信息渠道是否畅通。

（4）数据分析方法是否合理，是否将风险控制在可接受的范围。

（5）数据分析所需资源是否得到保障。

四、网络营销方式

网络营销方式有很多，目前主流的营销方式有搜索引擎优化、微博营销、微信营销、邮件营销、病毒营销、论坛营销等。

网络营销目前总体分为15大形式：搜索引擎营销、即时通讯营销、网络病毒式营销、BBS营销、网络博客营销、聊天群组营销、网络知识性营销、网络事件营销、网络口碑营销、网络直复性营销、网络视频营销、网络图片营销、网络软文营销、RSS营销、SNS营销。

（一）搜索引擎营销

搜索引擎营销是目前最主要的网站推广营销手段之一，尤其基于自然搜索结果的搜索引擎推广，因为是免费的，因此受到众多中小网站的重视，搜索引擎营销方法也成为网络营销方法体系的主要组成部分。

搜索引擎营销主要方法包括：竞价排名、分类目录登录、搜索引擎登录、付费搜索引擎广告、关键词广告、搜索引擎优化、地址栏搜索、网站链接策略等。

（二）即时通讯营销

即时通讯营销又叫IM营销，是企业通过即时工具IM帮助企业推广产品和品牌的一种手段，主要有两种情况：

第一种，网络在线交流，中小企业建立了网店或者企业网站时一般会有即时通讯在线，这样潜在的客户如果对产品或者服务感兴趣自然会主动和在线的商家联系。

第二种，广告，中小企业可以通过IM营销通讯工具，发布一些产品信息、促销信息，或者可以通过图片发布一些网友喜闻乐见的表情，同时加上企业要宣传的标志。

（三）病毒式营销

病毒式营销是一种常用的网络营销方法，常用于网站推广、品牌推广等。病毒式营销利用的是用户口碑传播的原理，在互联网上，这种“口碑传播”更为方便，可以像病毒一样迅速蔓延，因此病毒式营销成为一种高效的信息传播方式，而且，由于这种传播是用户之间自发进行的，因此几乎是不需要费用的网络营销手段。

（四）BBS营销

BBS营销又称论坛营销，就是利用论坛这种网络交流平台，通过文字、图片、视频等方式传播企业品牌、产品和服务的信息，从而让目标客户更加深刻地了解企业的产品和服务。最终达到宣传企业品牌、产品和服务，加深市场认知度的效果。

BBS营销就是利用论坛的人气，通过专业的论坛帖子策划、撰写、发放、监测、汇报流程，在论坛空间提供高效传播。包括各种置顶帖、普通帖、连环帖、论战帖、多图帖、视频帖等。再利用论坛强大的聚众能力，利用论坛作为平台举办各类踩楼、灌水、帖图、视频等活动，调动网友与品牌之间的互动，而达到企业品牌传播和产品销售的目的。

（五）博客营销

博客营销是通过博客网站或博客论坛接触博客作者和浏览者，利用博客作者个人的知识、兴趣和生活体验等传播商品信息的营销活动。

博客营销本质在于通过原创专业化内容进行知识分享争夺话语权，建立起个人品牌，树立自己“意见领袖”的身份，进而影响读者和消费者的思维和购买行为。

（六）聊天群组营销

聊天群组营销是即时通讯工具的延伸，具体是利用各种即时聊天软件中的群功能展开的营销，目前的群有微信群、qq 群、msn 群、旺旺群等。

聊天群组营销时借用即时通讯工具具有成本低、即时效果和互动效果强的特点，广为企业采用。通过发布一些文字、图片等方式传播企业品牌、产品和服务的信息，从而让目标客户更加深刻地了解企业的产品和服务。

（七）网络知识性营销

网络知识性营销是利用百度的“知道“ “百科”或企业网站自建的疑问解答板块等平台，通过用户提问企业解答的方式来传播企业品牌、产品和服务的信息。

网络知识性营销主要是因为扩展了用户的知识层面，让用户体验企业和个人的专业技术水平和高质服务，从而对企业和个人产生信赖和认可，最终达到传播企业品牌和销售产品的目的。

（八）网络事件营销

网络事件营销是企业、组织主要以网络为传播平台，通过精心策划、实施可以让公众直接参与并享受乐趣的事件，并通过这样的事件达到吸引或转移公众注意力，改善、增进与公众的关系，塑造企业、组织良好的形象，以谋求企业的更大效果的营销传播活动。

（九）网络口碑营销

网络口碑营销是把传统的口碑营销与网络技术有机结合起来的新型营销方式，是在应用互联网互动和便利的特点，在互联网上，通过消费者或企业销售人员以文字、图片、视频等口碑信息与目标客户之间进行互动沟通，两者对企业的品牌、产品、服务等相关信息进行讨论，从而加深目标客户的影响和印象，最终达到网络营销的目的。

（十）网络直复性营销

网络直复营销是指生产厂家通过网络，直接发展分销渠道或直接面对终端消费者销售产品的营销方式。譬如 :B2C，B2B 等。

网络直复营销是通过把传统的直销行为和网络有机结合，从而演变成了一种全新的、颠覆性的营销模式。很多中小企业因为分销成本过大和自身实力太小等原因，纷纷采用网络直复营销，想利用其成本小、收入大等特点达到以小博大的目的。

（十一）网络视频营销

网络视频营销指的是企业将各种视频短片以各种形式放到互联网上，达到宣传企业品牌、产品以及服务信息的目的的营销手段。网络视频广告的形式类似于电视视频短片，它具有电视短片的种种特征，例如感染力强、形式内容多样、肆意创意等，又具有互联网营销的优势，例如互动性、主动传播性、传播速度快、成本低廉等。可以说，网络视频营销，是将电视广告与互联网营销两者“宠爱”集于一身。

（十二）网络图片营销

网络图片营销就是企业把设计好的有创意的图片，在各大论坛、空间、博客、和即时聊天等工具上进行传播或通过搜索引擎的自动抓取，最终达到传播企业品牌、产品、服务等信息，来达到营销的目的。

（十三）网络软文营销

网络软文营销，又叫网络新闻营销，通过网络上门户网站、地方或行业网站等平台传播一些具有阐述性、新闻性和宣传性的文章，包括一些网络新闻通稿、深度报道、案例分析等，把企业、品牌、人物、产品、服务、活动项目等相关信息以新闻报道的方式，及时、全面、有效、经济地向社会公众广泛传播的新型营销方式。

（十四）RSS 营销

RSS 营销，又称网络电子订阅杂志营销。是指利用 RSS 这一互联网工具传递营销信息的网络营销模式，RSS 营销的特点决定了其比其他邮件列表营销具有更多的优势，是对邮件列表的替代和补充。使用 RSS 的以行业业内人士居多，比如研发人员、财经人员、企业管理人员，他们会在一些专业性很强的科技型、财经型、管理型等专业性的网站，用邮件形式订阅他们的杂志和日志信息，而达到了解行业新的信息需求。

学生分组进行网络营销站点建设，实施方案如下：

实训目的与要求

1. 编制网络营销策划书，依据策划书进行网站建设。
2. 运用网页制作工具与网络免费资源，建立营销站点。
3. 将理论知识与实践相结合。

实训内容

1. 确定网站类型

（1）信息发布型。

（2）网络直销型。

（3）综合性电子商务网站。

2. 网站建设方案

（1）自己制作网页，再上传到免费空间。

（2）申请免费站点，填充网站内容。

3. 网站建设方案的设计

（1）网站的整体定位。

（2）网站的目标访问群体。

（3）网站的营销功能。

（4）网站的内容策略。

（5）网站的风格。

（6）网站的基本内容。

4. 网站的建设

（1）域名的申请。

（2）网站的技术解决方案。

（3）网站的制作。

（4）网站测试和发布。

（5）网站维护。

考核办法

1. 确定网站类型 10%

2. 网站建设方案 10%

3. 网站建设方案的设计 40%

4. 网站的建设 40%

思考与练习

1. 每一种类型的网站主要功能与特点是什么？

2. 网站设计时需要注意哪些问题？

3. 网站建设时运用到了哪些计算机技术？

任务二 网络营销工具

面对网络营销日新月异的变化与发展，越来越多传统企业开始涉足网络。在线教育即e-Learning，或称远程教育、在线学习，现行概念中一般指的是一种基于网络的学习行为，与网络培训概念相似。在线教育是通过应用信息科技和互联网技术进行内容传播和快速学习的方法。毫无疑问，在线教育必将颠覆传统的线下教育，几乎所有的互联网巨头都看到了在线教育的大好前景，纷纷进军这一领域，一时间风起云涌，这也充分折射出当前教育信息化市场的巨大潜力。

C 实习是一家以提升国内大学生实践技能，联系老师、行业及企业专家，对接学校、企业的平台型在线教育网站，隶属于北京博导前程信息技术有限公司。C 实习以具体实践任务、企业真实工作项目为核心内涵锻炼学生技能。

项目刚刚成立，作为 C 实习项目主管，面对竞争如此激烈的市场环境，需要借助网络平台对 C 实习项目进行推广，使得项目网站能够很快地被搜索引擎收录并吸引用户进驻。

网络推广不仅是针对前期制定营销方案的效果验证，更是推广活动的行动指南。

一、搜索引擎优化

在网站建设和测试优化期，主要为网站内部做优化和 SEO 搜索引擎优化。

对于 C 实习平台而言，其内部做优化和 SEO 搜索引擎优化主要从两点出发，一是关键词分析，二是站内 SEO 相关元素的分析。

那么针对关键词分析时，我们首先需要抓住核心关键词的范围并明确关键词与普通关键词的定位，在长尾关键词的选择方面，不仅需要兼顾自身平台的性质，而且需要研究确定标题、关键词、描述及其他四个部分的关键词内容。C 实习平台关键词部署，如表 4–1 所示。

表 4–1　网站 META 部署

标题	C 实习—实践你的梦想—电商技能提升平台 _ 校园威客 _ 网络教育 _ 网络实习平台 _ 免费课程 _IT 专业实训 _ 电子商务实习 _ 电商实习平台
关键字	电商实习平台，网络教育平台，高校实践平台，电商实训平台，网络教育，网络教育平台，网络实训平台，在线实习平台，大学生实习，高校电子教案，电子课件，教学大纲，课程方案，高校专业建设方案，校园威客，IT 专业实训，电子商务实习，电商实习平台，在线教育平台，免费课程，电商教程
描述	C 实习是全国最大的互联网电子商务技能提升平台，专注大学生实践，为大学生提供全新的实习模式，全面提高学生实践能力，革新现有大学生实习模式。
其他	页面所有大图需要补全 alt 属性，在 alt 中需要包含“实习”“网络教育”“在线实训”等，尽量包含 keywords 中的词汇，如奖品大图可以描述为：“参与线上 / 实训习赢取金币兑换 IPAD”

而为了进一步地使自身更符合搜索引擎的偏好，获取更多的自然流量，在优化选择方面，一级目录的关键词和描述基本可以与首页一致，只需在描述和关键词中做出一点差异就可以，优化的重点在数量巨大的知识点页面。同时，在更新知识点的时候更着重于有条理有时间差，比如第一批更新，把初级任务都上传，第二批更新再上传中级任务，然后再是高级，这样做是为了避免凌乱无序的更新方式。同时，在网站上线后期，还可以加入百度百科合作平台或其他合作平台，以此来吸引流量并且提高权威知名度。

搜索引擎优化涉及网站建设到运营整个环节，在网站建设初期就要考虑到SEO相关的因素，那么全面的搜索引擎优化包含哪些核心要素呢？

（一）网站框架结构与内容的优化

页面模块间的内容联系保持合理，布局要符合逻辑，特别是主页的外部链接必须有较强的关联性和互补性，内容页间的链接需要有必然的联系，C 实习平台通过课程的连续性以及相关性，将网站链接层次化。尽可能少地去要求用户使用前进后退按钮，并对网页是否在新窗口打开进行合理的选择。少用图片作为栏目标题，尽可能让搜索引擎全方位地吸收页面的所有内容。

（二）网页 META 标签设计与标题的选择

贴近页面内容及主题，提取页面权值较重的关键词，但同一关键词不可重复出现 N 次，同一关键词尽量保持在 3~5 次以内。挑选页面关键词相关的 Title，可以是对页面的一些描述性的文字。

我们可以看到 C 实习平台在此设置了如 C 实习技能教育平台、C 实习、让实践更加简单的标题关键字，在核心关键字上设置了如 C 实习、经济管理、电子商务、市场营销、技能提升、在线教育及在线学习等词语。如图 4–1 所示。

```
<!DOCTYPE html PUBLIC "-//W3C//DTD XHTML 1.0 Transitional//EN" "http://www.w3.org/TR/xhtml1/DTD/xhtml1-transitional.dtd">
<html xmlns="http://www.w3.org/1999/xhtml">
<head>
<meta http-equiv="Content-Type" content="text/html; charset=utf-8" />
<title>实战技能教育平台 - C实习 - 让实践更加简单！</title>
<meta name="keywords" content="C实习,经济管理,电子商务,市场营销,技能提升,在线教育,在线学习" />
<meta name="description" content="C实习是国内专注于经济管理等相关专业实战技能提升的在线教育平台。C实习让实践更加简单。" />
```

图 4–1　C 实习 META 标签

（三）优化关键词密度

适当增强首页、内容页的关键词密度，但不可在页面中重复过多，合理地按照页面内容出现，密度保持在 5% 以内，合理的关键词密度对于增强搜索引擎对网页好感度，提升页面的权值起很大作用。

（四）页面链接的有效性

尽可能避免错误链接，检查所有链接的有效性和合理性，并保证链接页面内容的关联性，通过站长工具死链检测工具，C 实习避免错误链接及死链的出现，同时，通过创建网站地图，使得未被搜索引擎及时收录的页面在搜索结果出现 404 页面情况下直接跳转至网站地图。

（五）网站有效内容的引入

网站内容是用户群体与网站沟通的常见方式，对于不同网站内容，首要前提是挖掘用户群体的需求点或是痛点，针对需求与问题进行引导，并通过文案撰写的方式有效地吸引用户群体的关注和形成共鸣等感情交融。因此在网站内容撰写时，不仅需要把握核心用户群体的需求，还需要针对不同的需求进行针对性的内容引导，多面考虑与多方引导，帮助用户群体建立知识库。

C 实习作为一个对接学生、老师、学校、企业、专家的以技能提升为核心，以人才挖掘为目标的在线教育平台。其核心价值是帮助学生、教师、学校、企业提供平台化服务与发展契机。所以，对不同的角色而言，C 实习的内容也具有不同的针对性。如对学生来说，C 实习主要帮助学生在体系化课程下，学习知识；帮助学生通过实训任务，获得技能提升，完成企业任务，提升技能的同时被企业所挖掘，并且，以多面评价体系和多方指导体系，帮助学生对自己能力建立全面认知和疏通知识节点，扫清实战障碍。不但如此，学生还可以遵循 C 实习提供的视图化成长路径，向着心仪行业就业的完整规划，获得线下进入企业实习或就业机会。因此，让网站在为用户提供有价值的信息时，也为网站自身的推广发挥作用，所以在网站正式运营之前，有效的引入信息量也很重要，同时必须长期坚持。

二、微博推广

微博作为目前最为活跃的社交应用平台之一，具有强大的互动性及便捷性，因此对于众多企业与个人而言，微博平台的进驻已经成为移动互联网营销中的重要一环。C 实习平台的社会化营销服务从企业品牌定位及营销推广战略考虑，也制定了相应的微博推广方案。

（一）实施原因与目标

C 实习采用微博这种方式来进行自身的推广，主要有两个方面的原因。一方面，C 实习的主要群体定位是学生与教师，而这一部分人群接受新兴事物的能力比较强，同时微博在这类人群中也具有一定影响力。另一方面，微博是一个“实时媒体”，其门槛低，并且其信息传播是对传统通信方式的一种颠覆，可以迅速影响到很多用户群体，能够更快地与用户之间产生交流和互动。

为此，C 实习希望通过微博推广提升企业品牌的大范围传播，提高用户对 C 实习的认知，并加深与用户的互动，使用户群体对 C 实习建立深入的了解，同时提高 C 实习的知名度和价值。

（二）实施分析

1. 注册流程

对于微博推广而言，首先需要选择好的平台注册微博，这里主要以新浪微博的注册为例进行讲解。微博的注册过程与一般流程基本相同，这里需要强调的是微博名称与个性域名的选择。

对于企业微博在填写昵称和微博名称时，可将企业名称或需要推广的产品品牌注明，个性域名也可选择为品牌名称的全拼。如图 4–2 所示，这样做的目的是为了达到两方面的效果：一方面从用户角度考虑，使来访者一目了然地看到品牌名称。另一方面，从搜索引擎角度考虑，对于搜索引擎友好，搜索品牌关键词排名靠前。

图 4–2　C 实习微博昵称

2. 微博设置

微博设置是注册微博中不可忽视的一个环节，其主要设置的信息如个人资料，个性设置等内容。如图 4–3 所示。

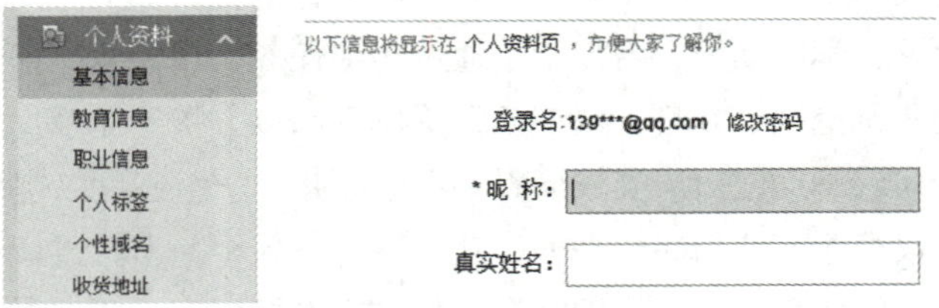

图 4–3　微博信息设置

其中个人标签的设置，可选择描述自己的职业、个人兴趣爱好方面的词语。如图 4–4 所示。之所以选择设置企业经营产品、个人职业等这些词语，是因为在贴上标签的同时，微博就会为你推荐贴同样标签的用户、以此增加个人的社交圈。

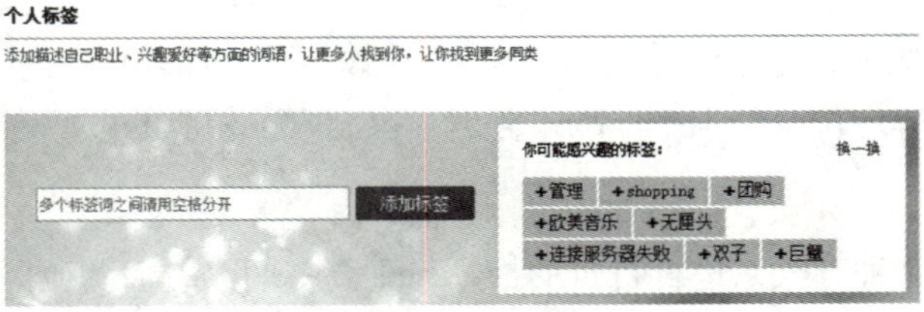

图 4–4　微博标签设置

另外，由于微博介绍会在首页显示，这是帮助用户了解这个微博的入口，所以微博介绍的文字在此处显得弥足珍贵。在这方面，企业或个人可以选择将产品推广视为营销点，将产品描述以精简话语放置介绍上，这样做既说明了微博与企业的关系，也说明了自身的业务范围。如图 4-5 所示为 C 实习官网的微博介绍。

图 4-5　C 实习官网企业微博业务介绍

3. 微博认证

从营销的角度出发做微博，不论是个人还是企业，将微博进行实名认证是必要的。因为这样，不但可以提升微博的权威性和知名度，还可以带来意想不到的“粉丝收益”，便于更好地跟名人产生互动。新浪微博认证提供针对个人、企业、媒体、网站等多种认证方式，可按照要求完成认证过程，如图 4-6、图 4-7 所示。

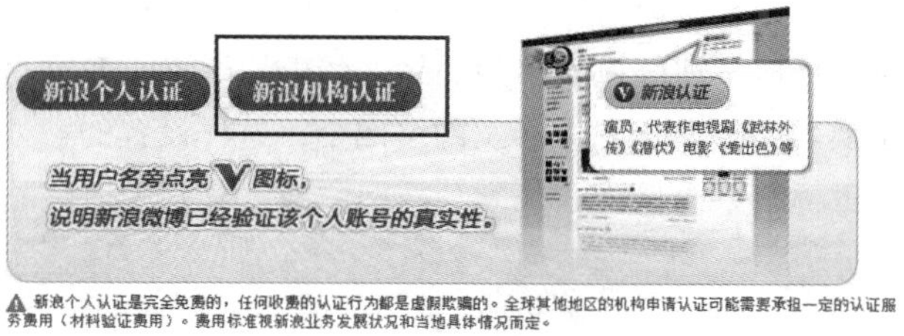

图 4-6　新浪微博企业认证

图 4-7　微博认证的要求

这里主要说一下新浪微博对企业认证的要求步骤：

（1）提交企业认证申请。

（2）下载、上传检测文件，验证企业真实性。

在完成以上两个步骤之后，企业微博账户就得以认证，认证之后的企业微博账号右侧为蓝色V标志，推广效果会比认证之前有较大的提升。

4. 内容编辑与运营

微博内容的编辑要求简短精炼，语言高度浓缩，字数限制在140字以内。这就要求微博内容编辑者在书写内容时简明扼要。

为此，C实习在进行微博内容编辑时，先考虑平台受众特点、竞争环境状况，其次结合品牌定位分析，然后制定营销推广目标和微博内容、互动、推广策略。最后根据制定的营销策略，运营官方账户，包括初期账户认证、标签、背景、模块设置，每日微博发布转发等，根据不同营销阶段特点，结合企业营销需求，提供线上、线下活动方案，并跟踪活动效果，调整活动策略。

再者，C实习在微博平台上积极与潜在用户互动，同时吸引更多有影响力的用户注意，并及时对用户所提问题进行回应，建立可靠牢固的品牌名声，如图4–8所示为C实习官网微博，其微博标签主要设置了实习、大学生、生活及网络四个，这样设置的益处在于用户在微博搜索栏中可以通过核心的关键标签，直接搜索找到其官网微博，有利于推广品牌内容。

图 4–8　C实习官网企业微博首页

图4–9所示为C实习所发布的博文，在发布博文之后，网友就此提出自己的疑惑，希望C实习可以帮助自己，C实习官网微博针对网友的疑惑进行指导和分析，只有长期稳固地与用户之间形成互动和交流，才能使得微博营销行之有效。

微博内容编辑不仅可以撰写原创博文来宣传企业，而且还可以充分利用微博自身的“@”、话题、评论转发等功能，同时定期对微博运营情况进行分析并提供数字化报告，为营销效果调整提供数据依据，包括价值互动分析、粉丝质量分析、品牌曝光分析等。在这一系列操作下，微博本身的粉丝量、转发量、评论量等数据支撑，都因为微博营销推广而取得了良好的效果。

三、微信推广

社会化营销另一代表微信是企业或个人无法忽略的社交软件。开展手机微信营销推广已经成为企业移动营销的标配。微信公众账户的开发，已经成为企业微信营销推广首要考虑要素。

（一）微信账号类型选择

微信账号分为服务号与订阅号两种类型，不同类型针对的功能及使用方法也截然不同。如

表 4–2 所示为两者之间的对比。

图 4–9 C 实习官网微博发布内容

C 实习作为专注于电子商务类相关专业的在线教育平台，其用户群体主要为在校大学生、教师及社会企业等人群。为了更贴近用户生活更独具创新，C 实习在对比了微信公众平台的两种类型后，如表 4–2 所示，决定以订阅号推广的方式来传达自身的价值。

表 4–2 服务号与订阅号对比

类型	含义	功能	设置方法
订阅公众号	公众平台订阅号，是公众平台的一种帐号类型，为用户提供信息和资讯。如：骑行西藏、央视新闻。	1. 每天（24 小时内）可以发送 1 条群发消息。 2. 发给订阅用户（粉丝）的消息，将会显示在对方的订阅号文件夹中。 3. 在发送消息给订阅用户（粉丝）时，订阅用户不会收到即时消息提醒。 4. 在订阅用户（粉丝）的通讯录中，订阅号将被放入订阅号文件夹中。 5. 订阅号不支持申请自定义菜单。	设置方法：进入公众平台→设置→帐号信息→类型→升为服务号 / 订阅号→选择确定即可。 其中，公众号只有一次机会可以选择成为服务号 / 订阅号，类型选择之后不可修改，请慎重选择。
服务公众号	公众平台服务号，是公众平台的一种帐号类型，旨在为用户提供服务。如：招商银行、中国南方航空。	1.1 个月（30 天）内仅可以发送 1 条群发消息。 2. 发给订阅用户（粉丝）的消息，会显示在对方的聊天列表中。 3. 在发送消息给用户时，用户将收到即时的消息提醒。 4. 服务号会在订阅用户（粉丝）的通讯录中。 5. 可申请自定义菜单。	

根据C实习自身的特点，在微信营销的订阅号推广内容中，其所发表的内容主要是以电子商务知识科普、互联网动态新闻传播及企业相关信息的宣传等。通过这些信息的传播使得用户在移动客户端更加方便快捷地了解最新的行业动态及C实习所能带给大家的帮助。

（二）实施内容编辑

在确定了推广方式后，C实习需要对微信营销内容进行编辑。而微信公众平台包括实时交流和消息发送两个板块，实时交流趋于内容的编辑和制作，形式主要有以下几种：

（1）纯文字内容：微信内容以纯文字形式呈现，语言精简凝炼，字数限制在600字以内，对于文字功底要求较高，一般较好的文字内容发布于此。

（2）语音内容：亲切，真实，带给用户的存在感极强，而且容易被用户群体接受，拉近彼此之间的距离。

（3）图片内容：图片展示的效果很直观，带给用户的是视觉的记忆，因此内容上也就要求具有独特的视角和创新。

（4）视频内容：生动，真切，用户群体不仅可以欣赏图片还可以身临其境地去感受所表达的内容，导向性营销很好，对于宣传企业的品牌、产品和文化等内容有着极大的作用。

（5）图文内容：图文并茂，这种形式最常使用，也被更多用户群体吸引和接受，高质量的内容很有视觉刺激的效果。

因此在内容编辑过程中，C实习可以针对不同营销目标对粉丝进行分组管理，这样可以精准化地达到营销效果。微信公众菜单实时交流的设计，更多的是为满足不同用户群体对于内容的多样化需求，而对于用户来说较好的内容展示形式极大地提升了阅读浏览和体验。

但需要注意的是，微信公众平台服务号在内容发布上也是有限定的，每天只能推送一次群发消息，因此在内容的推送上就要求用户抓住重点，突出营销内容。这样限定的目的在于杜绝企业利用平台发布信息过多，造成信息泛滥和用户体验度降低，而更多的是为提升企业服务的质量给予厚望。

图4–10、图4–11所示为C实习小助手。其发布的关于就业实习经验分享的内容及电商大赛报名的地址等，之所以发布经验等内容是考虑到毕业季，为对于学生而言，就业过程中对于面试知识的了解显得更加重要；而电商大赛的报名内容则起到提倡和宣传的作用，提倡需要参加大赛的学生积极踊跃参加，宣传则考虑的是通过已参加的用户查看，并形成有效的转发使得大赛得以宣传。因此从这些内容中大家可以清晰地感触到C实习小助手对用户的洞察和帮助。

图4–10　C实习小助手

C实习通过微信营销推广，在明确营销内容与营销目标的基础上确定了目标群体并且对于后期步骤的实施起到了奠定的作用，有效地促成了前期准备与实施的衔接，并影响了整个效果的监控。

图 4-11 C 实习小助手发布内容

四、论坛推广

论坛营销作为互联网营销的产物，经历数年的发展，已经成为现代网络营销必不可少的手段。具有超高人气和传播效应的论坛，因低廉的营销成本一度获得越来越多新进企业的青睐。

论坛发布软文的主要特点是利于搜索引擎收录并且速度快，可是在论坛中曝光率有限，需要有论坛管理人联系好，置顶效果才是最好的，而且有的论坛不能带链接。但 C 实习作为一个教育在线平台，平台用户间的互动是必要的，论坛具有互动性强的特性，所以在论坛发布软文是不可或缺的一个选择。

图 4-12 C 实习论坛模块

C实习通过自建论坛平台，并设置多个论坛模块，使得平台用户之间形成沟通互动，多个栏目的设置也使得平台的内容呈现多样化，通过学习交流板块，学生亦能完成学习经验的沟通与交流。如图4–12所示。

除此之外，在论坛上C实习上还选择了用户群体较为集中出的教研室论坛，首先C实习将已经编写好的文案，按照软文写作的要点，进行关键字加链接，为网站创造流量。具体如图4–13所示。

从图中大家可以看到这是一篇关于C实习平台模式的新闻报告，C实习小编针对新闻内容进行了二次加工，添加了链接，使得文章可以给官网带来流量。

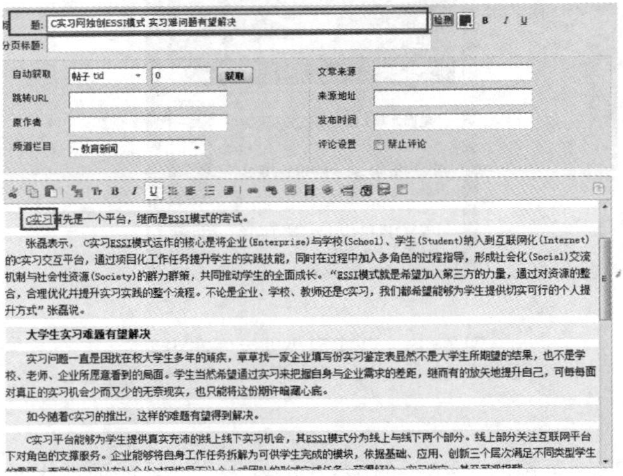

图4–13 C实习软文发布设置

五、活动营销

社会化媒体营销活动开展的核心问题是，如何有效激发、触发用户参与营销，扩大传播的范围。而真正想调动用户参与社交媒体活动的传播，需要的则是能够把握住用户的情感密码器，以及与其沟通的方式，深层次地走入用户的内心，积极塑造品牌的影响力。

为此，C实习的线下活动推广就需要创造有吸引力的内容并且带有共鸣的情感链条。针对用户群以及平台定位，C实习在2020年毕业季，制定了“C实习+”服务职场新人的线下活动，其活动实施的目的在于进一步拉拢大赛的人气及提升用户与C实习之间的互动。

大赛预期效果分为以下七个方面：

往届电商大赛至少500人回归C实习；

毕业季活动帖量至少1000帖；

微博及其他平台活动帖量1W+；

参与人数5000人；

所有附件下载量至少500次；

C实习PV提高至5K；

C实习UV增加至1K。

在策划好活动预期效果及目的之后，对于活动而言需要去分析活动的用户群体，只有精准的定位才能使得活动的效果事半功倍。因此C实习在分析之后，知晓其活动的用户群体主要针对本地电子商务专业学生，而活动的主题是炫出青春。在调查中C实习发现毕业生最想达成的愿望主要包含三大类：毕业微电影、创意毕业照及社会人脉拓展。针对三类愿望小编开始进行实际分析与调查，最终发现其在核心关键字的搜索情况十分可观而且学生渴望度高，最终C实习决定本次活动就围绕“微电影”“毕业照”“人脉”三个关键词展开。

（一）活动主题细则

主题一 晒毕业照讲故事获微电影拍摄机会

活动平台：C实习专题页

活动时间：5月15日—7月15日

活动规则：

1. 写下你的故事

提示：

（1）标题【毕业季】+故事标题。

（2）书写内容必须包含毕业照以及念书期间你最有感触的照片及你精彩的毕业前的故事。

2. 为自己的故事拉票吧

提示：微博、微信、学校教室、宿舍都是你拉票的好地方！

现已开通#酷炫毕业照#微博话题，快去参与吧！

3. 填写毕业季微电影报名表格

获奖条件：

（1）获得500票以上并排名第一的即可获得C实习终极大奖：专属于你的微电影！

包含：为你而写的微电影脚本、数十人的拍摄团队、齐全的摄影、灯光、置景、道具、化妆、强大的后期制作等。

（2）获得500票以上并排名第二的即可获得：免费拍摄艺术照一次的机会！

（3）获得500票以上并排名第三的即可获得：好网价值￥100元移动充电宝

（4）获得最多回复的最高人气奖：形象气质佳者即可录用为C实习青春模特，可将其照片用在C实习各大banner上。

主题二 你未来工作道路上的人脉交流区

活动平台：C实习专题页

活动时间：5月15日—7月15日

活动规则：和你想打交道的人SAY HI！向你想了解的大咖提问，打开职场第一步！

对你感兴趣的大咖微博对话，在以下输入框输入你想说的话即可！我们来邀请大咖回复你！

微信推广

展示形式：大咖瀑布流即大咖照片+简介+寄语

预设大咖名单：

全国电子商务教育教学指导委员会副秘书长 王慧

农享网 CEO 徐亚峰

好网创始人 周亮

数客网络创始人 冯林

2020 电商大赛人脉拓展：

2020 电商大赛回顾展示区

2020 电商大赛复盘展示：

下载：2020 全国电子商务运营技能竞赛决赛纪念册下载 .pdf

（二）推广执行细则

就活动的推广，C 实习将其分为站内与站外两种方式，站内主要是以微博为主要平台，申请话题的主持权，之后利用微博话题，每天坚持更新最新收集的毕业照及照片集，使得活动热度不断上升，除此之外针对活动的需求可以利用长期互动的微博大 V 进行相互转发互动，使得线上活动持续增温。而站外主要通过本地论坛的发帖及顶贴的方式，聚焦精准的用户群体，吸引其关注，其次根据活动的需求在大型论坛投放广告，使得活动传播达到预期效果。

在配合线上活动进行的同时，线下活动也在积极有序地进行，线下主要以联系院校社团、易拉宝展架进驻校园等形式来吸引学生。

通过线上线下的相互配合，传统媒体与新兴媒体的接合，使得活动效果达到预期效果。

其次在推广执行之外，对于活动营销，更应该把握的是活动风险与成本预算，只有好的预算意识，才能更好地使活动持续有效地进行，因此对于活动营销而言，在活动营销中需要具备良好的分析优劣势的能力。

学生分组针对上一任务中建设的网络营销站点进行推广，实施方案如下：

实训目的与要求

1. 依据网络营销策划书，进行营销推广
2. 掌握网络营销各项措施的运用
3. 将理论知识与实践相结合

实训内容

1. 网站推广前期工作

（1）网站推广方案的可行性调查、选择。

（2）收集各主要行业站点的广告报价。

（3）收集各搜索引擎的推广方案与关键字排名价格。

（4）收集各主要行业网站、论坛与邮件列表。

（5）提交可行性分析报告。

2. 网站营销策略的组合运用

（1）搜索引擎推广：百度、搜狗。

（2）交换链接：各实训人员之间交换链接。

（3）社区推广：BBS、新闻组。

（4）邮件推广：邮件地址的收集、邮件的撰写、邮件的发送。

（5）病毒性营销。

考核办法

（1）搜索引擎发布链接：2 个。

（2）交换链接：5 个。

（3）社区推广链接：5 个。

（4）邮件推广：广告邮件的方案、邮件推广工具软件的使用。

（5）病毒性营销策划方案。

思考与练习

1. 针对本组产品，你认为哪几种方式网站推广最有效？

2. 网站推广的成本费用高吗？

3. 在推广中，哪些问题需要特别注意？

项目拓展

访问百度搜索（www.baidu.com）和搜狗搜索（www.sogou.com），了解两个网站所投放的网络广告和网络营销信息有哪些特点，在发布内容、发布形式、发布时间等方面有哪些异同。

知识目标

- 了解淘宝网和拍拍网电子商务平台的基本设置。
- 熟悉网店营销策略的内涵。
- 掌握网络购物商品文案的写作方法。

技能目标

- 能够根据网店开设流程，进行网店的注册与申请。
- 学会网上开店相关的经营管理。
- 能够根据自身情况，选择合适的网店类型，有效地运营网店。

项目概述

随着互联网发展的日新月异，网民人数的持续增加，信用体系和第三方支付体系的不断完善，网络购物日渐成熟，正变革着社会消费模式，改变着人们的消费习惯。根据Analysys易观智库预测数据显示，2020年中国网络零售市场规模达到11.76万亿元人民币，较2019年增长10.9%。预计到2021年，中国网络零售市场规模将突破13万亿元人民币。中国互联网络信息中心（CNNIC）发布的《第47次中国互联网络发展状况统计报告》显示，截至2020年12月，中国网民规模达9.89亿，较2020年3月增长8540万人。网络购物已成为大众的一种新兴消费观念，消费者不需要穿梭于各大商场比较价位，大包小裹地挤公交车，只要坐在电脑前，游弋于网络中，便能快捷方便地寻找到需要的商品和服务，节省了时间，而且也减少了中间商的参与，价格也相对便宜。

淘宝网是亚洲最大网络零售商圈，其致力于打造全球首选网络零售商圈，由阿里巴巴集团于2003年5月10日投资创办。淘宝网目前业务跨越C2C、B2B两大部分。其平台具有良好的用户体验及健全的网络支付环境，不仅如此，淘宝平台具有免费开店的优势，用户在淘宝平台上可以享有淘宝一切免费资源为其推广自身产品，还可以利用淘宝健全的支付网络环境，为其交易提供良好的保障。

任务一 认识淘宝平台并开设网店

淘宝网作为当今国内最大的网购媒介，其最大的优势就在于价格低廉，而这也是最能吸引众多买家购物、卖家创业的重要原因。本任务将带领大家全面认识淘宝平台的基本设置，介绍卖家在淘宝平台上的开店流程。

一、认知淘宝平台的角色设置

从购物流程来看，如图5-1所示，淘宝平台购买的步骤依次是查找商品、确认订货、付款、收货、双方评价，它使用的主要是支付宝、阿里旺旺、银行卡等进行支付。

淘宝网购物流程图：

淘宝网是阿里巴巴的主业，现在已经从阿里巴巴独立出来了，做得比较专业，服务质量好，货物种类涉及面广，货源也比较宽泛。在用户增长方面，2020年3月，淘宝月度活跃用户达到8.46亿，同比增长1.25亿；中国零售市场年度活跃消费者达到7.26亿，同比净增长7200万，超过70%的新增年度活跃消费者来自下沉市场。不但如此，淘宝网的商品价格要比其他购物平台都要低，因为竞争激烈，淘宝卖家多数都选择了走低价战略，但由于客源广，最终盈利还是强于其他购物平台，因此在淘宝开店的店主收入也比较好，这也是为什么淘宝店铺开设日益增多的重要原因之一。

此外，淘宝与其他购物平台的不同点还充分表现在了“创业之路”上，通过分析淘宝开店流程和网站氛围等元素，可以看出淘宝的自身的优势要比其他购物平台更加突出。如表 5-1 所示：

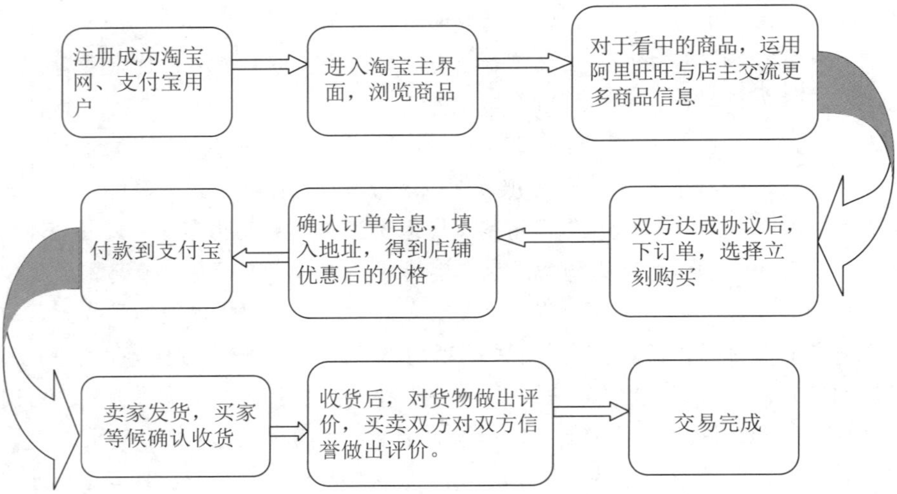

图 5-1　淘宝购物流程

表 5-1　淘宝网开店流程分析

项目	分析
首页色彩	白色橙色为主色彩
排版布局	较为紧凑
商品分类	12 大类，75 种
搜索功能	关键字、优惠方式、是否促销，相同卖家合并、买卖方式、价格范围、卖家所在地、买家级别
对个人资料的管理功能	对于用户采取实名认证，支持修改除了个人真实姓名外的所有信息，如地址，手机密码等，不过出于安全的角度在修改时需要验证预留问题或是注册认证时所用身份证号
支付方式	有三种支付方式，分别为网上银行、支付宝卡通和网点充值
开店费用方面	普通店铺开店和发布商品无需办任何手续费和店租。淘宝网曾经提出“前三年免费”，但“淘宝旺铺”功能，是收费的，对于非消保卖家，150 元 / 季度；另一种是对于消保卖家，只需要 90 元 / 季度
开店流程	实名认证—注册支付宝账户—发布商品。发布商品就能有自己的店铺了
店铺管理功能	全部宝贝，宝贝分类，推荐宝贝，友情链接，店铺留言，店铺风格，店铺介绍
盈利模式	通过支付宝盈利；通过开发 B2C 业务盈利；网络广告盈利；其他盈利方法（通过支付宝开展的个人信贷业务）
SWOT 分析	优势：全球最大的商务网站阿里巴巴旗下的网站；会员人数在逐渐增多；运营成本低，现金流充裕；许多中国网民都坚守中国的网站；跨媒体趋势；服务多元化
	劣势：拍卖机制不够完善；交易纠纷没有保障；无限小额付款服务；无专门的拍卖软件系统；资金回笼周期长
	机会：各种广告的曝光；上网人口增加；国人上网购物习惯较往年增长；结合物流和资金流的第三者公司出现
	威胁：国人质疑在线交易的安全；使用者管理不易；贩卖仿冒品，侵犯知识财产权；网络成交后买方可能未依约定完成交易或卖方不依约定交货；各大制造者成立直销商店或提供在线购物的服务

在对于买卖中的诚信问题方面，淘宝网的支付工具为买卖双方提供了具有相似可靠度的第三方保障，即在买家确认收到卖家发来的商品前，替买卖双方暂时保管货款的服务。对于电子商务中最重要的一环——交流沟通的问题上，淘宝网主要以“阿里旺旺”为即时沟通工具，实现买卖双方付款前的交流，使其网上交易的买卖双方可以对商品的特性、价格等先进行沟通探讨再付款，这样做能优化交易流程，提高服务质量。但在淘宝交易中，买卖双方不单是只具备交流完成交易的功能，买卖双方是相互制约和权衡的，两者的功能结合才能保证网上交易的公平公正的达成。

对于产品的质量和价格方面，消费者总是热衷于购买物美价廉的产品。据了解，淘宝网的商品更新速度比较快，而且在电子购物方面技术已经较为纯熟，所以长期以来都是消费者首选的购物平台。对于存货问题，淘宝网由于先入为主，而且做得较为专业，每天网页的浏览流量也比较高，因此吸引了大量的买卖双方，因此提供货源的商家也比较多，消费者有更多的选择余地。

二、卖家开店流程

和传统店铺一样，在网上开店的第一步就是要考虑卖什么，选择的商品要根据自己的兴趣、能力和条件，以及商品属性、消费者需求、已有优势资源等来确定。

（1）选择好要卖的商品后，在网上开店之前，需要选择一个提供个人店铺平台的网站，并注册为用户。为了保证交易安全性，还需要进行相应的身份和支付方式认证。

在这里选择淘宝网开店铺，需要满足三个条件：

①注册会员，并通过认证；

②发布宝贝；

③为了方便安全交易，建议开通网上银行。

（2）用户注册。

登录淘宝，点击页面最上方的“免费注册”。在打开的页面中，输入会员名、密码、电子邮件等信息，单击“同意以下服务条款，提交注册信息”按钮。然后，注册的邮箱会收到一封确认信息邮件，打开其中的链接，确认之后，就完成了用户注册。

（3）身份认证。

“淘宝网”规定只有通过实名认证之后，才能出售宝贝，开店铺。所以在注册用户之后，还要进行相应的认证（包括个人实名认证和支付宝认证两个过程）。具体的操作步骤如下：

第一步，登录淘宝网，点击页面上方的“我的淘宝”。在打开页面中，点击“想卖宝贝先进行支付宝认证”文字旁边的“请点击这里”。

第二步，在打开的页面中，会提示还没有激活支付宝账号，点击“点击这里完成支付宝账号激活”。在弹出的页面中输入真实姓名、证件类型及号码、支付宝密码等内容，单击“保存并立即启用支付宝账户”按钮。

第三步，激活支付宝账号成功后，回到原来的页面，按下 F5 键刷新页面。单击“申请支付宝个人实名认证”按钮，阅读支付宝认证服务条款之后，单击“我已经阅读”按钮继续。

第四步，首先根据提示填写个人信息，单击“下一步”；接着，选择身份证件核实。可以选择“在线上传”或“邮寄”身份证件复印件，单击“下一步”；然后，输入银行卡信息，包括开户行、银行卡号、省份、城市等，输入完成后，一日内等待支付宝汇款。

友情提示：如果在线上传身份证件复印件，图片文件大小要控制在200KB以内；如果是IC身份证，还需要提供背面图片。

第五步，一日之后，重新打开“我的淘宝”，在认证区域点击相应的链接打开“支付宝认证”页面，在“银行账户核实”区域点击“确认汇款金额”，然后输入支付宝向你的银行账号注入的资金数目，单击“确定”按钮即可。

（4）进货、拍图。

网上开店成功的一个关键因素在于进货渠道，同样一件商品，不同的进货渠道，价格是不同的。

过身份验证后，您就要就忙着整理自己已经有的宝贝，为了将销售的宝贝更直观地展示在消费者面前，图片的拍摄至关重要，而且最好使用相应的图形图像处理工具进行图片格式、大小转换，比如Photoshop、ACDSee等。

（5）发布宝贝。

要在淘宝开店，除了要符合认证的会员条件之外，还需要发布宝贝。于是，在整理好商品资料、图片后，您要开始发布宝贝。

友情提示：如果没有通过个人实名认证和支付宝认证，可以发布宝贝，但是宝贝只能发布到“仓库里的宝贝”中，买家是看不到的。只有通过认证，才可以上架销售。

第一步，登录淘宝网，在页面上方点击“我要卖”。在打开的页面中，可以选择“一口价”或“拍卖”两种发布方式，这里选择单击“一口价”。

友情提示：“一口价”有固定价格，买家可以立即购买；“拍卖”无底价起舶，让买家竞价购买。

第二步，选择类目，根据自己的商品选择合适的类目。比如我选择了“女鞋的宝贝详情”。单击“选好了，继续”按钮继续下一步。

第三步，填写宝贝信息，这一步非常重要。首先，在“宝贝信息”区域取一个好的标题，单击“浏览”按钮来上传宝贝图片，输入宝贝描述信息、宝贝数量、开始时间、有效期等；接着，在“交易条件”区域输入宝贝的售价、所在地、运费、付款方式等内容；其他信息保持默认设置即可，比如默认使用支付宝支付等。最后，单击“确认无误，提交”按钮来发布该宝贝。

如果发布成功，下面会出现一个成功页面。点击“这里”可以查看发布的宝贝页面，点击“继续发布宝贝”可以继续发布。

友情提示：在买家没有出价时，如果要修改发布的宝贝信息，可以到“我的淘宝—我是卖家—出售中的宝贝”中进行编辑、修改。宝贝在发布完成之后，最好进行定期更新、添加，以免店铺被系统删除。

三、买家购物流程

第一步：购物前的准备—注册淘宝帐号和支付宝帐号，打开淘宝网首页点击“免费注册”，按步骤填写成功后就可以拥有一个用户名和密码。其次需要到银行营业厅办一张银行卡并开通网上银行服务。注册支付宝帐号（推荐支付宝用户名填写注册淘宝帐号用的邮箱地址，因为注册后要登录这个邮箱地址收激活信并激活才可以的），激活成功后，登录支付宝，里面的账户信息，按照该银行卡，设定支付宝相关信息。

第二步：登录淘宝网首页，选择您要购买的商品，选中后点“立即购买”买下您选中的商品，如图 5–2 所示。

图 5–2 选择需要购买的商品

第三步：正确填写您的收货地址、收货人、联系电话，以方便卖家为您发货后快递公司联系收货人；填写您所需的购买数量；补充完成您的个人基本信息，点“确认无误，购买”继续，如图 5–3 所示。

图 5–3 正确填写收货信息

第四步：选择支付宝账户余额支付，输入支付宝账户支付密码，点“确认无误，付款”，如支付宝账户无余额可以选择网上银行、支付宝卡通、网点付款来完成支付，如图 5–4 所示。

第五步：通知支付宝付款给淘宝网卖家并评价，确认无误后打开淘宝网首页登录淘宝和支付宝帐号，在支付宝点击确认付款的操作，这时候钱才真正到淘宝卖家帐上。最后在“我的淘宝”上对卖家的信用进行评价，之后淘宝网卖家也会对你进行评价，互评后整个网上购物流程就顺利完成了。

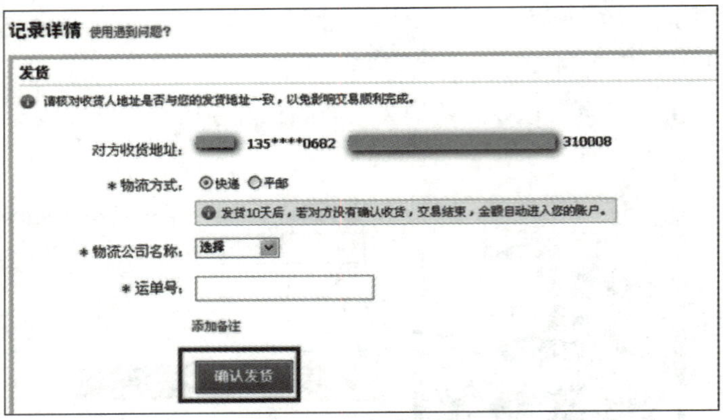

图 5–4　选择支付

淘宝网店开设的第一步需要在淘宝平台上注册会员，会员注册时需要强调的是，会员名的构成和登录密码的设置。

会员名的构成一般是由 5~20 个字符组成，包括小写字母、数字、下划线、中文。为了便于记忆，这里通常建议使用中文会员名注册。登录密码的设置也是由 6~16 个字符组成，其根据密码设置的简易程度分为弱、中、强三个级别，在这里要说的是登录密码的设置最好使用“英文字母 + 数字 + 符号”的组合，不宜使用自己的生日、手机号码、姓名等连续数字，以防账户被盗。如图 5–5 所示：

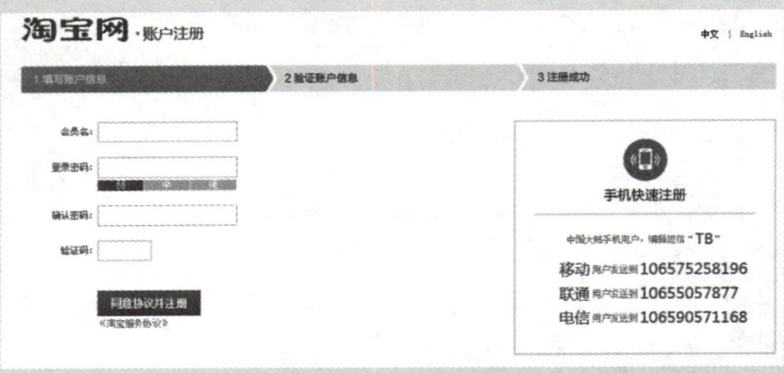

图 5–5　会员注册

在填写完会员名和登录密码之后，接下来需要填写国家 / 地区和激活验证会员账号。会员账号的激活验证，有两种形式：一种是通过手机号码的输入来验证，另一种是通过邮箱来验证。手机号码的验证需要通过输入手机号码，之后淘宝网将会发送一条短信至您的手机，根据收到的短信验证码输入进去就可以完成验证。而邮箱验证则是通过邮箱地址的输入，淘宝网将向您的邮箱发送一封确认信，通过点击确认信的方式完成会员账号的激活验证。之所以需要验证是因为淘宝网希望通过以上两种方式来鉴别会员身份，其次也为了以后对于会员申诉找回密码的关联考虑。如图 5–6、图 5–7、图 5–8 所示：

在验证激活后，会员账号就得以成功注册。接下来，为了达成卖家身份，就需要就开店细则进行实施，在淘宝网首页上点击进入“卖家中心”，首先映入眼帘的是免费开店及出售闲置，根据自身的产品性质来选择店铺性质。如图 5–9 所示：

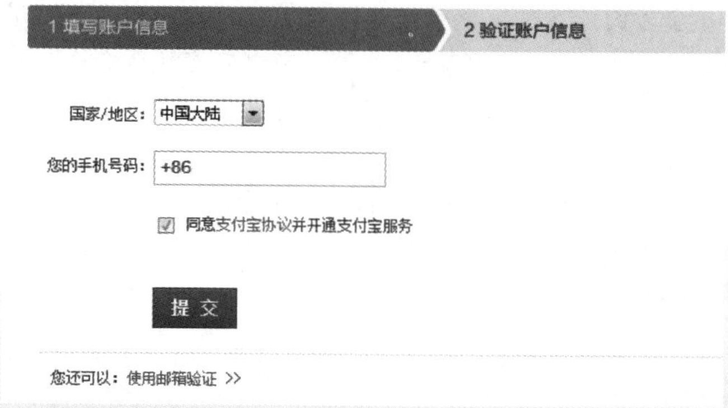

1 填写账户信息
2 验证账户信息
国家/地区：
中国大陆
您的手机号码：
+86
同意支付宝协议并开通支付宝服务
提 交
您还可以：使用邮箱验证 >>

图 5–6　验证激活页面

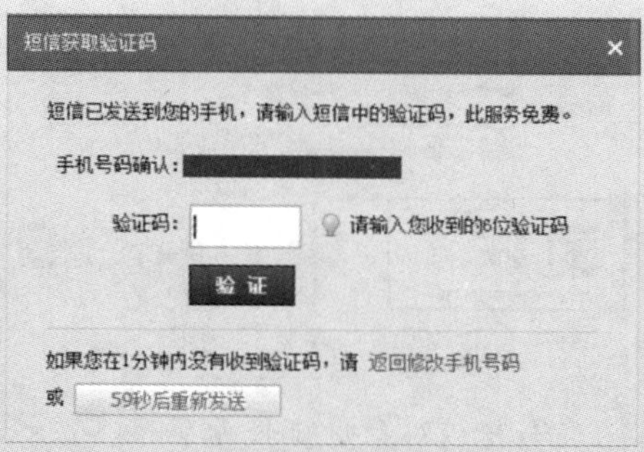

短信获取验证码
短信已发送到您的手机，请输入短信中的验证码，此服务免费。
手机号码确认：[redacted]
验证码：
请输入您收到的6位验证码
验 证
如果您在1分钟内没有收到验证码，请 返回修改手机号码
或
59秒后重新发送

图 5–7　手机验证激活

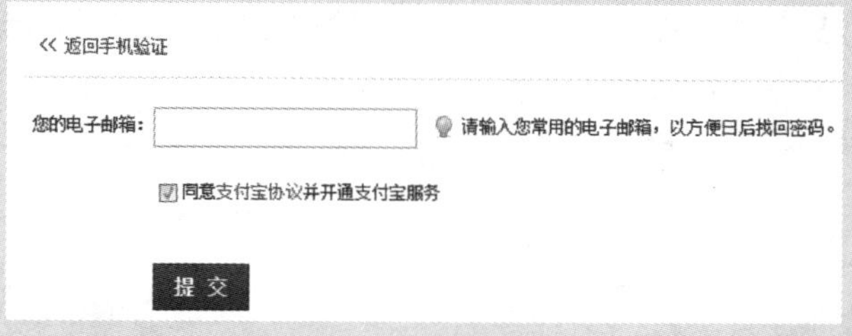

<< 返回手机验证
您的电子邮箱：
请输入您常用的电子邮箱，以方便日后找回密码。
同意支付宝协议并开通支付宝服务
提 交

图 5–8　邮箱验证激活

淘宝网
卖家中心
Beta
卖家热搜：
信用卡支付
评价
装修
直通车
我是卖家
账号管理
消息中心
卖家地图
采购批发
卖往海外
店铺管理
我要开店
交易管理
已卖出的宝贝
评价管理
物流管理
发货
物流工具
物流服务
我要寄快递
宝贝管理
发布宝贝
欢迎来到淘宝卖家中心
您现在还未开店，卖家中心的大部分信息还不能看到，您可以：
免费开店
通过实名认证、开店考试后，即可免费开始您的淘宝店铺。开店全攻略>>
出售闲置
不用开店，即可发布您的闲置物品，享受交易乐趣。

图 5–9　卖家中心

这里以免费开店为例。在进入免费开店之后，可以看到创建店铺满足的条件及需要补充的资质，如支付宝实名认证、身份证校验、淘宝开店认证和个人支付宝账号绑定。如果只完成了个人支付宝账号的绑定，则还需要对支付宝进行实名认证、身份证校验及淘宝开店认证等进行补充。

（1）对于支付宝实名认证和身份的验证，通常分为以下步骤：

①点击进入支付宝平台，并在“我的支付宝”栏目下基本信息里查看支付宝实名认证情况。如图 5–10 所示：

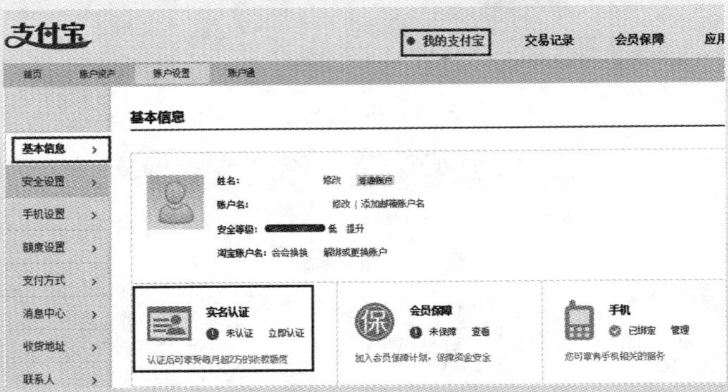

图 5–10　点击进入支付宝

②设置身份信息：正确填写并核对身份证件号码及真实姓名，设置支付宝密码，确定无误后提交。

这里需要说明是身份信息的验证，若提示身份信息已被占用，就需要点击申诉流程，通过客服的核实来完成身份的验证。确认身份和姓名的信息是不能修改的，因此在认证过程中需要认真核实身份号码和姓名的准确无误。如图 5–11、5–12 所示为设置身份验证页面及被占用页面。

图 5–11　设置身份信息

在通过身份信息验证时，系统会提示是否上传身份证件图片，不上传证件在认证成功后获得的额度是2万/月，收付款总额度5万/月，而上传证件对于收款额度是没有限制的。因此通常情况下都会选择上传身份证件。证件图片的上传要求是彩色，支持jpg、jpeg、bmp格式，而且需要身份证的正面及背面来完善图片上传。如图5-13所示为上传证件的基本信息。

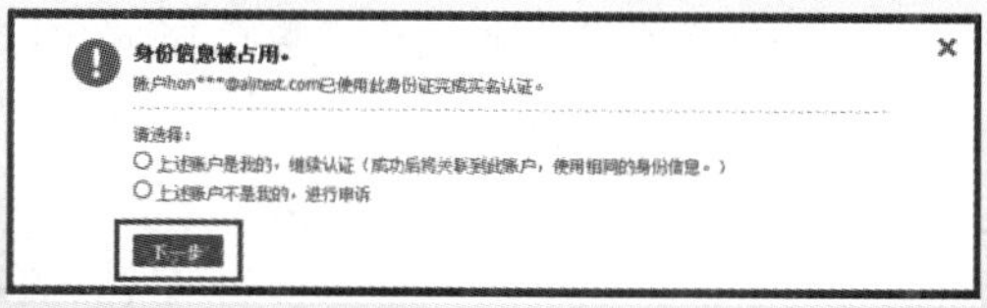

图 5-12 身份信息被占用

图 5-13 证件图片的上传

③设置支付方式校验银行卡：为了提供便捷完善的支付方式和环境，支付宝设置了让用户选择支付方式，这里所说的支付方式是指为了购物付款及后期开店资金流转保证的服务，因此需要用户在设置之前，考虑好自身长期使用的银行卡和网银是否开通。如图5-14所示为设置支付方式。

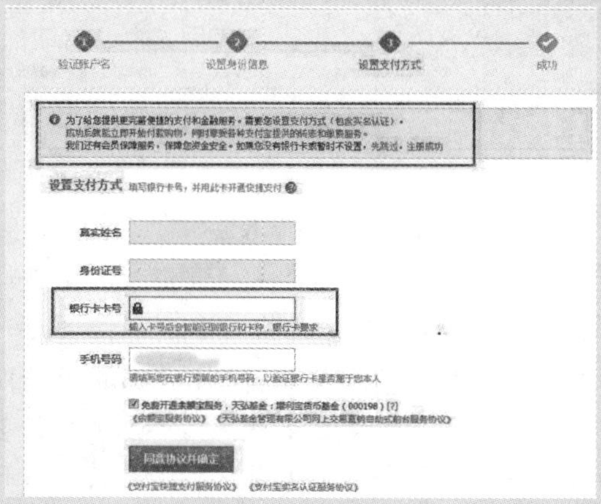

图 5-14 设置支付方式

在填写银行卡相关信息之后，支付宝系统会向所填写的手机号码发送一条短信校验，接受并填写校验码完成校验，如图 5–15 所示为手机校验。若银行卡预留手机不一致，信息验证未成功，可以使用打款方式校验，点击下一步，系统会根据所填写的银行卡信息进行打款验证。或者还有其他银行卡，可点击更换银行卡的方式进行校验。在收到打款且查询打款金额后，登录支付宝账号，进入认证页面，输入收到的打款金额，完成金额的确认。如图 5–16、5–17 所示分别为打款方式验证银行卡和输入金额。

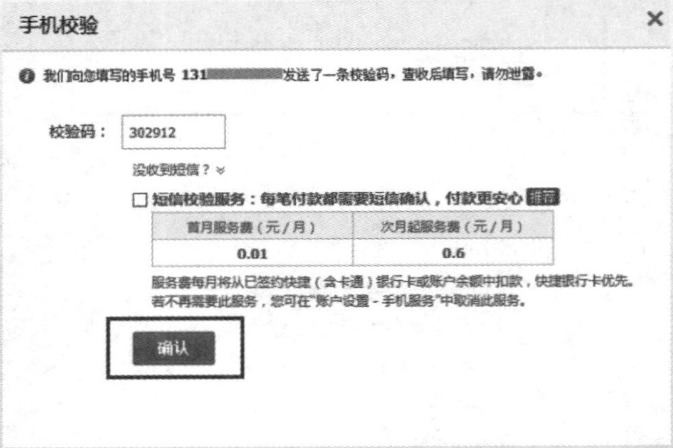

图 5–15　手机校验

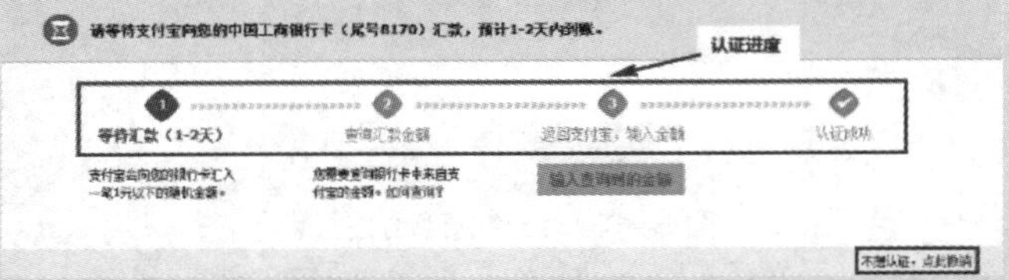

图 5–16　打款方式验证银行卡

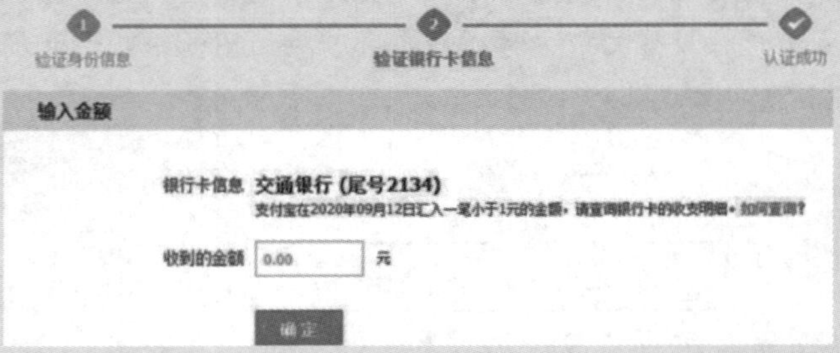

图 5–17　输入金额

④认证成功。银行卡验证成功，即可通过支付宝实名认证。如图 5–18 所示：

（2）淘宝开店认证。淘宝开店认证是淘宝对于卖家提供的一项身份识别服务。淘宝开店认证需要卖家上传手持身份证与头部合影照、身份证反面照、本人半身照三张照片来完成。在这其中需要注意的是照片需原始照片，不能使用任何软件编辑修改，图片清晰，字体和头像可辨认，身份证证件号码完整、清晰。其次在拍摄过程中照片需要同一场景，着装与背景统一。如图 5–19 所示为淘宝开店认证照片上传页面。

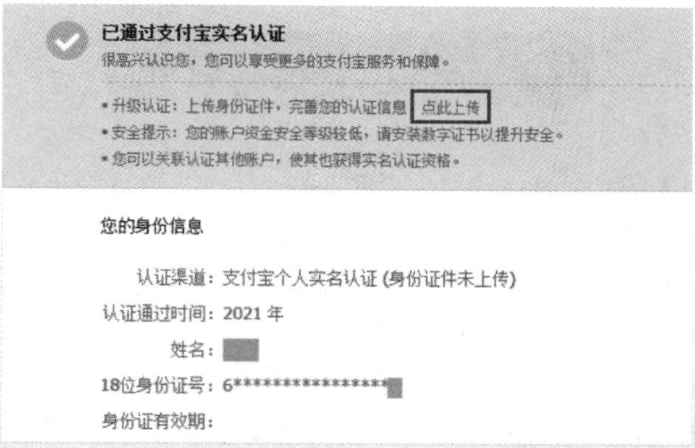

图 5–18　支付宝实名认证成功

在照片上传完成后，淘宝网会在 48 个小时之内给予通过邮件的形式通知审核结果。

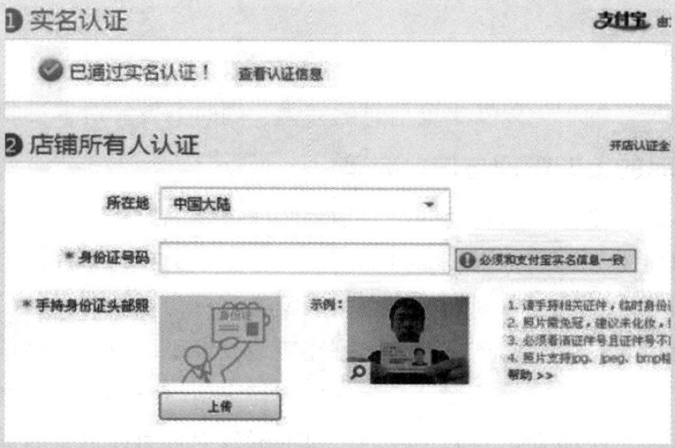

图 5–19　淘宝开店认证照片上传

在完成账号申请及认证之后，接下来就可以发布宝贝。对于淘宝发布来说，其发布的一般步骤如下：

①发布入口。登录淘宝网，在页面上方单击“我要卖”。在打开的页面中，可以选择“一口价”或“拍卖”两种发布方式。

②商品属性。需要注意的是，商品属性与发布商品所选择的类目要保持一致。宝贝分类可以通过类目搜索。

③商品信息设置。先确认宝贝的出售方式和宝贝的类目是否正确，然后添加宝贝标题、宝贝图片和宝贝描述 3 部分内容；填写交易信息，这需要填写宝贝的价格、所在地、运费、有发票和保修几个部分；填写其他信息，包括有效期、开始时间、自动重发、橱窗推荐和心情故事 5 个部分。

④商品发布成功。在买家没有出价时，如果要修改发布的宝贝信息，可以到“我的淘宝→我是卖家→出售中的宝贝”中进行编辑和修改。

如果没有通过个人实名认证和支付宝认证，发布的宝贝只能在“仓库里的宝贝”中看到，买家是看不到的。只有通过认证，宝贝才可以上架。

任务二 网店管理

在淘宝平台上，对于商品管理来说，主要涉及两个方面，一方面是商品未上架之前的设置，另一方面是商品上架后的设置。对于商品上架前的设置，主要包括对淘宝搜索规则的了解，掌握淘宝搜索规则之后，核算店铺商品的数量，设计商品上架时间和阶段，分阶段实施商品上架。其次对于上架未上线的商品，进行合理的设置。而商品上架后的设置，主要是对于淘宝搜索规则的熟悉，从中挖掘商品上架的一些技巧，商品如何在黄金阶段进行分布，如何确定黄金阶段上架商品的数量等。在商品买卖过程中，对于物流的硬性需求是必不可少的，淘宝店铺的物流应用主要是通过第三方物流公司的协作，现淘宝合作的主要物流公司有四通一达及顺丰等物流公司，在商品配送环节起着至关重要的作用。

一、商品管理

商品的管理包括产品的上架以及宝贝信息的完善，同时需要针对宝贝制定上下架的管理。

（一）网店商品的上架管理与信息完善

网店商品的上架是店铺运营的首要问题。想要确保店铺的效益，在产品上架前就应该做好充分的准备。比如确定上架商品范围，自身的网店风格应该突出什么样的商品等。一般确定上架产品范围时需要考虑店铺的经营规模及特点，店铺的目标市场，产品的生命周期以及商品本身的特点。另外，在确定好上架的产品后，卖家还应该注意不能忽略产品信息的完善。宝贝信息是买家进到店铺以后最关注的信息之一。与传统销售渠道所不同的是，客户在网上很难看到衣服的具体情况，尤其是不能知道衣服穿在自己身上的效果，所以这个时候就务必要能看到卖家能给具体的参考信息。

根据调研发现，买家在进行商品选择时，对于尺寸图要求也颇高，很多造成退换货的原因，就是卖家在描述尺寸的时候没做到具体仔细。除此之外，买家在尺寸方面常见的顾虑还会有这些，比如不明白尺码标注的形式，也不知道各种形式间该如何转换，这时卖家则需要利用不同模特效果图来指引卖家去选择。下图 5–20 则展现了买家在购买服装类产品时对图片的不同需求：

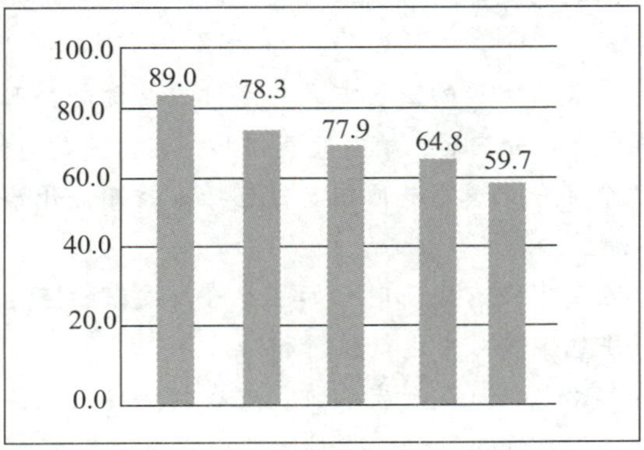

图 5–20 消费者购买服装时对不同类型图片的需求情况

除此之外，还会有这样的情况，对于不同品牌即便使用相同的尺码标注形式，但大小依然存在差异，有的偏大，有的偏小。所以这就要求卖家在进行宝贝信息完善时，采用接近用户认知的方式去描述，宝贝信息描述的内容越全面，在很大程度上就越能避免消费者在尺寸方面遇到问题与担忧，同时也减少了由于尺寸问题造成的退换货的频率。由于每个人的测量方法不同，考虑到这一点，在进行宝贝信息完善时，可通过平铺的测量方法，将肩宽、胸围、衣长、袖长、下腰围等方面进行测量，提供给买家直观的数据信息，给有服装具体尺寸经验的买家以全面的参考。如图 5-21 所示：

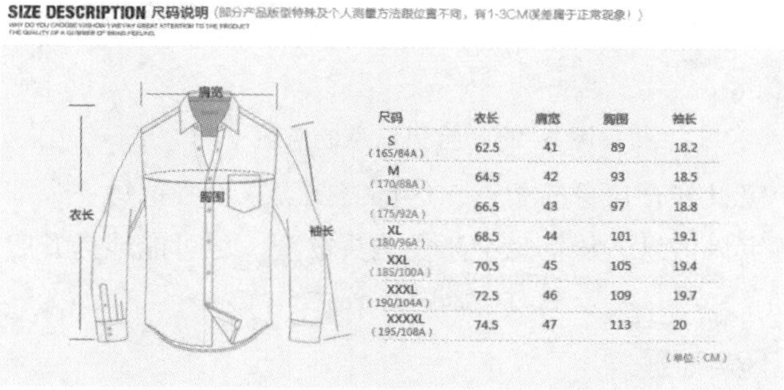

尺码	衣长	肩宽	胸围	袖长
S (165/84A)	62.5	41	89	18.2
M (170/88A)	64.5	42	93	18.5
L (175/92A)	66.5	43	97	18.8
XL (180/96A)	68.5	44	101	19.1
XXL (185/100A)	70.5	45	105	19.4
XXXL (190/104A)	72.5	46	109	19.7
XXXXL (195/108A)	74.5	47	113	20

（单位：CM）

图 5-21　服装具体尺寸图

另外，员工 / 买家试穿感受，可以呈现更加直观的的尺寸感受，如果买家对于具体的尺寸信息没有特别直观的感觉，也可以通过不同身材的人群穿这件衣服的不同尺码的感受，将舒适度、效果等直观感受展现出来，从而引导客户认可宝贝的特点、卖点。如图 5-22 所示：

▸ 试穿参考 Model detail	尺码	身高	体重	胸围	腰围	臀围	肩宽	试穿尺码
	模特NANA	162	85	78	66	88	36	此款S穿着稍宽松
	模特小优	158	108	88	72	90	37	此款M穿着合适

图 5-22　人群穿着体验

最后，要着重宝贝信息的描述，宝贝描述是整个属性里最重要的内容之一，宝贝的信息从某种角度来说其实也是宝贝卖点的展示。比如面料最主要的成分：如果是羊绒、羽绒，那么必须要有质检报告；此外，还需要有一些对产品的说明，包括材质、版型、弹力、柔软程度等，使用可视化图标可以节省买家了解产品的时间，同时提高信息的传达效率。如下图 5-23、5-24 所示：

图 5-23　宝贝信息的描述（1）

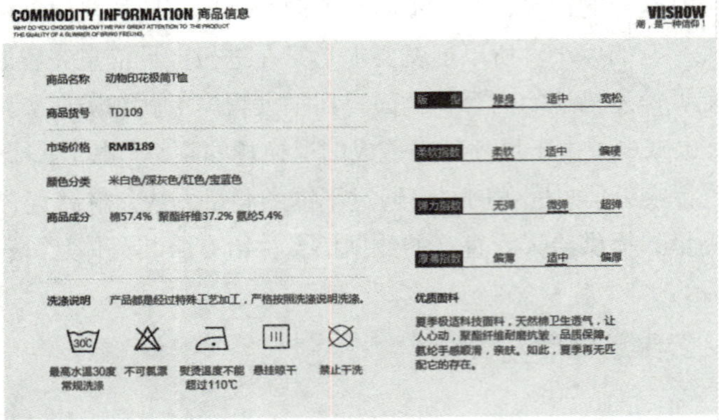

图 5–24　宝贝信息的描述（2）

网店里的每一个宝贝都有自身的卖点，这都需要卖家用心把每一个细节做到好，让进来的买家能更直观地了解宝贝信息，从信息中激发购买欲望，尽可能地提升店铺的访问深度以及转化率的成功。

（二）商品上下架管理

商品上下架时间直接决定着商品的搜索量，之所以这样说的原因在于淘宝商品的排名是按下架时间来计算的，因此对于卖家而言，合理利用淘宝搜索排名规则能够促使店铺宝贝一直保持极高的搜索量。

很多买家在买商品的时候到淘宝首页去搜索，而淘宝一般是按照产品的剩余时间从少到多来排列的。所以对于淘宝卖家来说，能够掌握商品上下架时间的规则和技巧就显得尤为重要。

1. 上架宝贝时间天数

现在淘宝对于宝贝的发布天数都默认为 7 天，在这 7 天里，就需要卖家合理分配不同宝贝的上下架时间。按照淘宝的搜索规则，越是下架时间近的宝贝排名越靠前，但也不完全是这样，因为淘宝搜索规则的构成不单一的只是商品的上下架时间来决定的。

2. 每天宝贝的上架时间也要控制好

在了解了商品上下架时间的规则与技巧之后，细心的卖家可以发现，在淘宝一天的搜索中，集中的黄金阶段流量是最客观的，如上午 9 点到 11 点、下午 14 点到 16 点及晚上 19 点到 22 点，把握好这几个黄金阶段的时间，从而逐步地提升店铺的流量。

3. 每次上架宝贝数目

很多卖家都是一次性上架完所有的宝贝，这是不科学的。因为宝贝排名是按离下线时间越近宝贝排名越靠前，所以对于宝贝而言，需要合理分配，持续上架，保证每天都有宝贝上架。卖家可以设置等待上架商品、已下架商品及促销商品等，针对不同上下架商品进行优化管理，使得每一款宝贝都能为店铺带来流量及销量。

（三）卖出商品的维护

卖出商品备注是一个淘宝网店日常工作的交接，通过注明买家目前订单的情况，以便后期的商品跟踪与管理。假设一笔订单买家联系的是售前客服，而客服没有备注说明此订单的情况，那当交接至售后手中时，便要再次向买家询问情况，那就会很容易引起买家的厌烦心理与不良的情绪，又或者在买家要求退换货的情况下，卖家没有对卖出商品进行备注，那售后将不知道买家商品发回的原因从而无法给买家及时处理，导致客户体验下降，所以备注好买家订单情况是网店经营过程中非常重要的一环。

针对不同的类型的订单问题，有不同的备注方式，如图 5-25 所示。

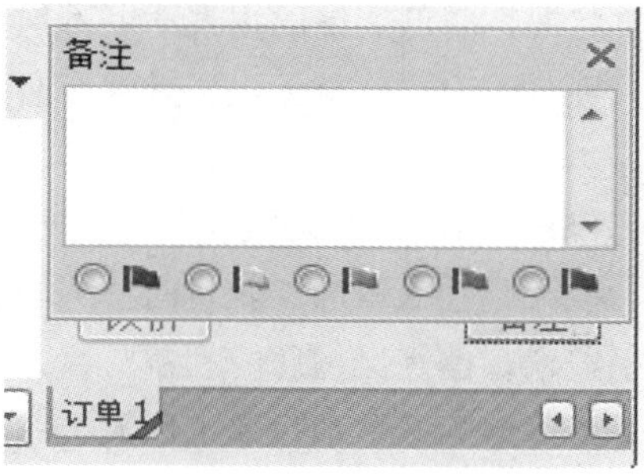

图 5-25 备注框

图 5-25 是卖家对卖出商品进行备注时的备注操作框，对于商品的卖出，客服在接受订单后必须询问客人的快递信息（尤其是自身发货的）然后根据客人的要求相应做备注，并要写上做备注的客服姓名或者客服旺旺 ID，在审单或者仓库发货前必须仔细查看每个订单的备注。为了更好地区分不同的需求，在备注框下有不同颜色的插旗组成的备注类型：

红色的旗子：当客户有特殊要求时用红旗备注。例如：送小礼物、指定快递、换地址等情况，备注应该注明售后问题和运费的承担方以及处理的进程，格式一般如：尺码小了，买家自理来回运费换货，收到退件后换成 ×× 款式、颜色、尺码 ××、备注、日期等。

黄色的旗子：一般属于售前售后客服备注，当客户要求暂时不发货时就使用黄旗备注。例如：补单情况，客户要求推迟发货有拍换货邮费的情况等。

绿色的旗子：当可以发出商品时使用绿旗备注。例如：客户之前有要求推迟发货或要求具体哪天发货，现在到了顾客指定的要求时刻了，就可以将黄旗改成绿旗。又或是之前有补换货邮费的情况，而卖家店铺这边又已经收到退件可以给客户换货时，就将黄旗改为绿旗。（提示：绿旗和黄旗可以灵活搭配使用的）

蓝色的旗子：客户有特殊售后问题时可以使用蓝旗备注。就比如，客户有给中差评的情况，这位客户的特点，或订单有缺货等情况。

紫色的旗子：当客户订单可以办理退款用紫旗备注。例如：跟单员收到客户退件后，确认退回款式、数量等信息后，可以给客户办理退款的情况。

为了让备注更为清晰明朗，一看旗帜就知道大概是什么情况，在备注内容结束后一定要注明备注人的名字、备注时间以及备注情况，以便商品在交易进行中的维护顺利持续到交易完成为止。

1. 买家收货地址的核实

（1）发货前仔细核对买家提供的收货地址和收货人（或其代理收货人）姓名。

如果买家提供的收货人姓名和地址与其原来在网上提供的不一致，为了避免错发的情况，可将买家提供的收货地址或收货人用旺旺、站内信、邮件等三种任一方式，以最能确保买家能收到信息的方式，将地址发给买家让其确认，以避免不必要的争议。尽量利用 E-mail 或站内信件的方式与买家联系，并保留与买家联系的资料。组建好商品后续的处理保障，如果是填错了地址或姓名，由卖家负责赔偿，或者负责所有邮寄费用；但如果是由于买家提供地址有误，宝贝迟到或丢失卖家不负责。

（2）发货时对邮寄的宝贝进行仔细的检查和完备的包装，以确保宝贝在运输途中的“安全性”，确保宝贝不会在运输过程中损坏，与此同时，假如出现买家说有质量问题的情况时，卖家自身能大致掌握商品的原本状况，降低店铺的损失率。不但如此，在填写邮寄地址之后认真检查一次，确认地址、电话、姓名等重要信息无误。做到查漏查缺，让商品能准确顺利到达买家手中，完成交易。

（3）发货后请通过邮件、旺旺、站内信和发货备注等途径提示买家，如：“货物已经通过 ××× 发出，单号是 ×××××，请注意查收，收货时请当着快递工作人员的面打开检查，如有异常，请快递工作人员签字盖章，也好保护您的利益”，并保存好发货的凭证。此后如果出现买家说货物有损坏的情况，可以请买家出示快递工作人员的签字确认的单据，在合理的范围内，确保自身的利益。

2. 店铺留言

店铺留言区是店主与用户的一种交流方式，只要在店铺管理平台上选择显示店铺留言模块，那么用户在此区域的留言一旦被店主回复即可显示出来。店铺留言的种类很多，留言的用户出于不同的目的，通过到店铺留言的方式来向店主传达相应的信息，店主看到这些留言信息后，可以根据自己的需要来做出回复。回复的流程一般为：

进入“我的淘宝”页面，点击“我是卖家”项，选择“管理我的店铺”栏，点击其下的“店铺留言”项，即可看到店铺留言的详细信息。选择一条需要回复的留言，单击“回复”，在回复完毕后，再次打开回复留言页面，输入想要回复的内容，单击“确定”按钮，即可回复成功。这时回到店铺留言管理页面，就可以看到该留言呈现已回复状态。

此外，被回复的留言可显示在店铺的下方，最多可显示 3 条。但通过“查看全部留言”功能，可以看到其他所有被回复过的留言。如果发现骚扰、恶意或无聊的留言可以及时删除，如图 5-26 示。

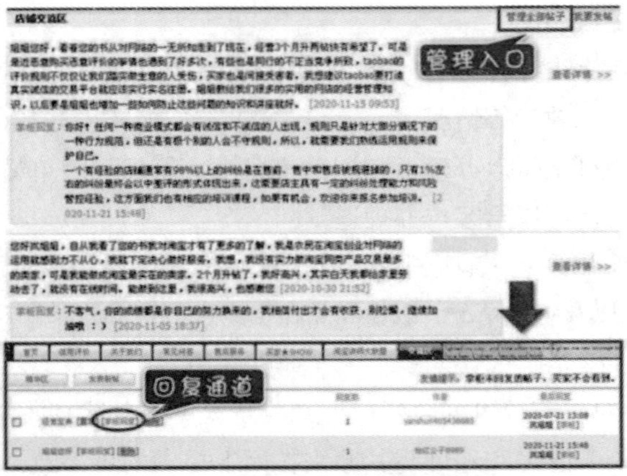

图 5-26　店铺留言管理页面

3. 买家收货地址错误的处理

在网店交易的过程中，如果出现买家把收货地址填错了的情况，卖家可以在“价格及发货管理”的页面，选择“发货管理”对整笔订单的收货地址进行修改，又或是单独修改一笔交易买家填写的收货地址。相应的操具体如下：

（1）整笔订单地址修改。先进入“发货管理”页面，点击订单头部的“修改地址”，然后在弹出的浮动层中填写正确的地址，点击“确定”，地址修改成功。

（2）单笔交易地址修改。进入“发货管理”页面，点击单笔交易后的“修改地址并发货”，然后在“发货页面”选择该笔交易对应信息，点击“修改买家地址”最后在弹出的浮动层中填写正确的地址。其中需要注意的是，单笔交易修改地址，只有在交易发货成功后，地址才会被保存，如果没有发货成功，则修改的地址不会被保存。

4. 买家下订单后想取消订单或卖家缺货

在买家下订单后，如果在交易中途，出现了买家想取消订单或卖家缺货的情况，卖家可用“关闭交易”的功能，将交易直接关闭。但前提是，假如买家想取消订单，需要与卖家先进行协商，再将关闭交易，以免被卖家投诉“拍下不买”。同样的，如果卖家没有货，也必须先与买家协商后才关闭交易，以免被买家投诉“成交不卖”。关闭交易的流程具体操作为：首先在“价格及发货管理”页面，选择“订单价格修改”，在跳转后的页面，点击需要关闭的交易下的“关闭交易”按钮。然后卖家选择“关闭交易”的理由，点击“确认关闭”按钮，即可完成交易的关闭。

5. 卖家想延长买家确认收货的时间的处理

假如淘宝卖家已经发货了，但是由于物流配送不通畅，导致买家久久未收到货，这时买家可以自己延长收货时间也可以通过请卖家帮忙延长。不但如此，在交易发生换货的情况下，也要注意及时延长收货时间，避免特殊情况无法及时确认收货交易超时系统自动打款成功。

延长收货时间的操作是两面性的，可以由卖家执行，也可以由买家执行。

卖家如需延长买家的交易收货时间，可进入“已卖出的宝贝”，找到需延长的交易，点击“延长收货时间”后选择延长的期限即可，而且卖家可以给买家延长交易收货超时时间，分别可延长 3、5、7、10 天，是不限制次数的。如图 5–27 所示。

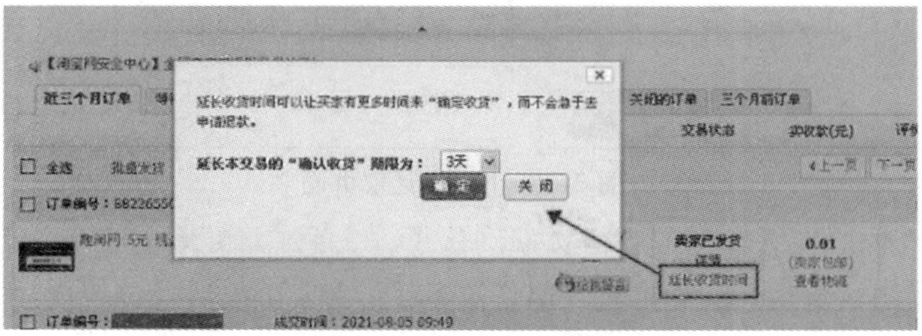

图 5–27　卖家延长收货页面

6. 解决买家收到货后想退货的问题

当买家收到货物以后因为产品问题或者其他原因需要退货。卖家首先第一步可以与买家进行沟通，如果沟通过后，买家仍旧坚持退货的要求，那买家可以根据以下操作来进行。

登录支付宝，在“交易记录”页面找到需要退款的交易，点击“退款”，其中要注意的是，一般情况下，退货由买家承担运费的，如交易创建时买家选择快递，在卖家发货后，系统默认 10 天收自付款。如图 5–28 所示。

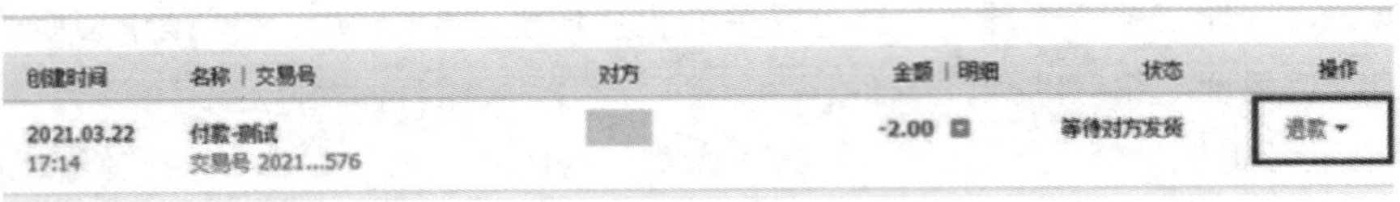

图 5–28 “交易记录”页面

在跳转的退款页面，选择“已收到货”，点击“下一步”，如果在“没有收到货”的情况下不要选择“已收到货”，否则将导致钱货两空，如图 5–29 所示。

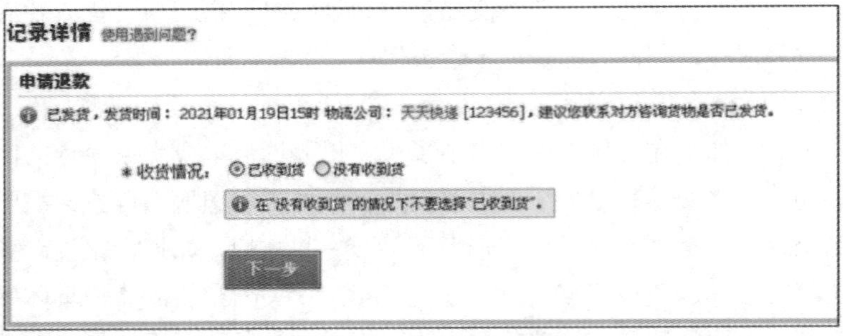

图 5–29 退款页面

选择“退货”，填写退款金额、退款说明，输入您的支付宝账户支付密码，点击“申请退款”，如图 5–30 所示。

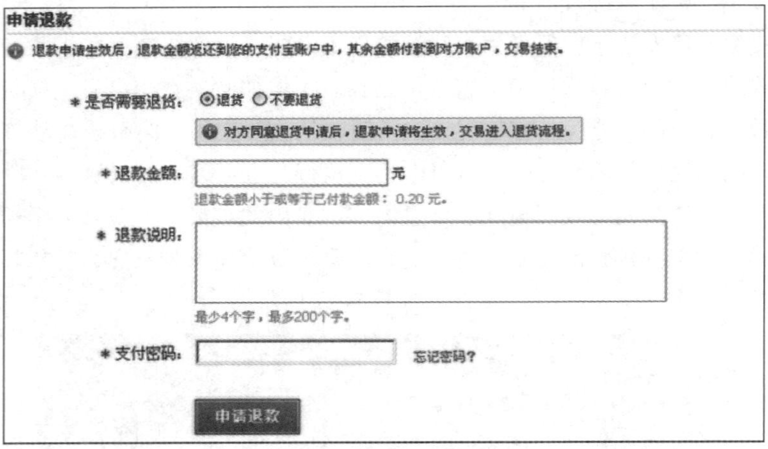

图 5–30 申请退款页面

买家申请退款后，接下来就是等待卖家确认了，卖家有 15 天的时间来处理退款协议，如超时未处理，退款协议将生效，交易进入退货流程；，卖家可以后台查看现在买家的退款状态，如图 5–31 所示。

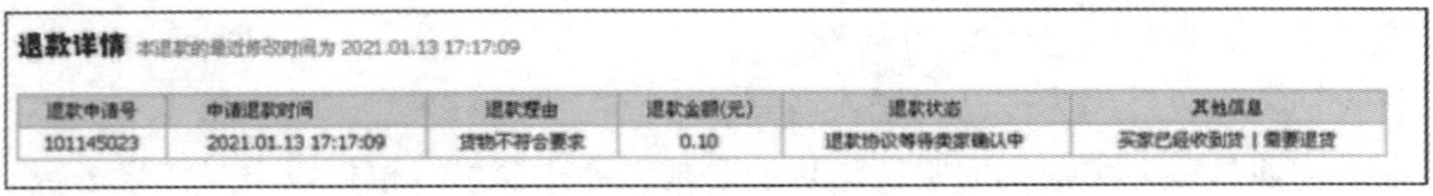
退款详情 本退款的最近修改时间为 2021.01.13 17:17:09
退款申请号
申请退款时间
退款理由
退款金额(元)
退款状态
其他信息
101145023
2021.01.13 17:17:09
货物不符合要求
0.10
退款协议等待卖家确认中
买家已经收到货 | 需要退货

图 5–31 查看退款状态

当卖家同意退款协议时，卖家选择退货地址，保存并通知买家，退款协议达成，等待买家退货，点击“退货”，如图 5–32 所示：

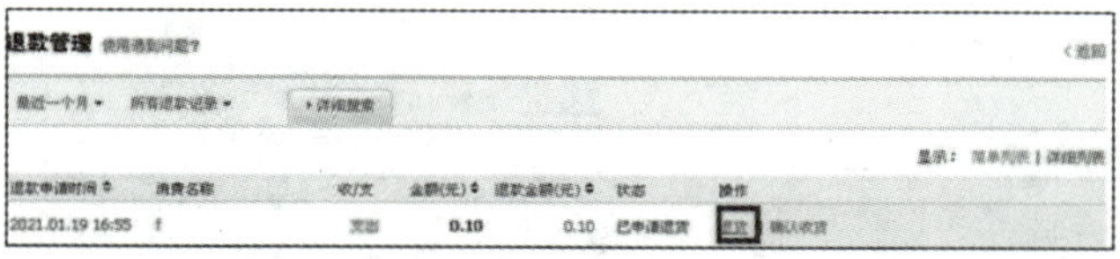

图 5–32　退款管理页面

买家填写发货方式及选择物流公司，点击“确认发货”， 提交退货申请，等待卖家确认收到退货，最后卖家同意退款协议，即可退货退款成功。如图 5–33 所示：

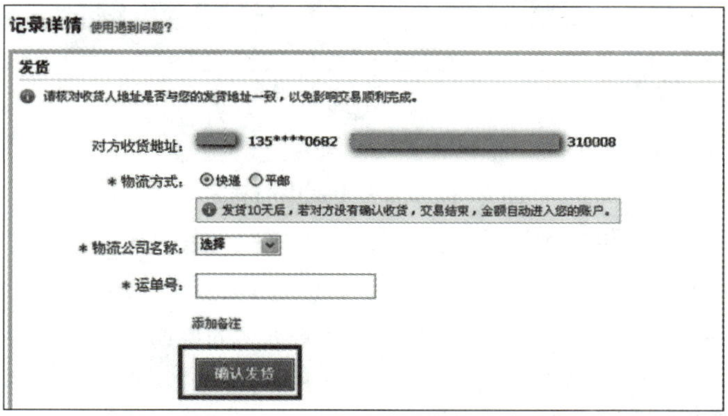

图 5–33　买家退货确认页面

7. 买家声明一直没有收到货的情况处理

针对买家一直声明没收到货物的问题，解决办法可以分为两种，一种是买家通过自身与卖家进行沟通，让卖家与快递取得联系，了解具体的快递情况，并要求卖家进行后续的跟进处理。一种是卖家的处理，先联系物流公司，找出具体问题出在哪里，再与买家友好沟通，又或是卖家与淘宝客服进行沟通，了解具体的签收情况，并要求提供签收底单和第三方合法签收凭证，让淘宝客服进行处理。不管是哪种处理方式，要想将网店经营成功都需要以诚信、负责的心态去处理经营过程中出现的每一个问题，并且从中学习、总结。

二、物流管理

（一）确定物流公司

卖家通过淘宝网这个平台向客户提供安全有效的网络交易时，离不开物流的支持。淘宝网会向卖家提供“推荐物流、网货物流推荐指数”作为选择物流公司的参考数据，目前淘宝网与申通快递、顺丰速运、EMS– 中国邮政、宅急送、圆通快递、天天快递、韵达快递、中通速递、优速、极兔等公司都有合作。这些物流公司在服务质量、服务价格等方面参差不齐。所以企业在选择物流公司时，要考虑到自己的实际情况。

商品管理

（二）设置物流相关模板

在确定快递公司后，接下来就是在淘宝中设置物流的相关模板，通过卖家账号进入淘宝网卖家中心，在左边菜单栏中选择“物流管理 – 物流工具”，在“物流工具”中可以看到有服务商设置（服务商指的是快递公司）、运费模板设置、运费 / 时效查看器、物流跟踪信息、地址库、运单模板设置如下图 5–34 所示。

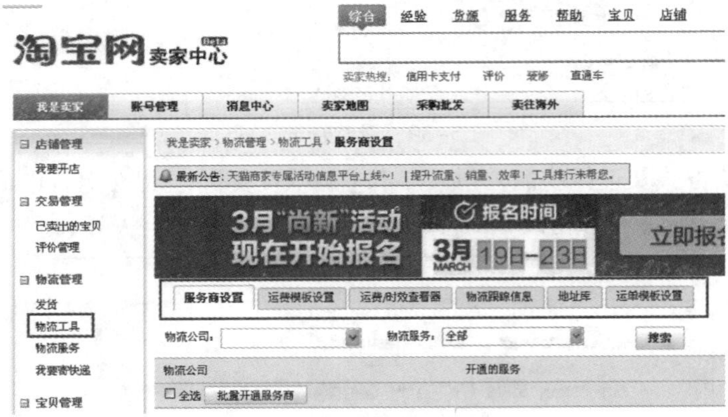

图 5–34　淘宝卖家中心界面

其中运费模板设置是卖家主要分析的部分，运费模板可以分为以下内容：

1. 默认模板设置

在运费模板设置中点击新增运费模板进入如下图所示的界面，填写主要信息，如地区、运费资费、续重资费等内容，如下图 5–35 所示。

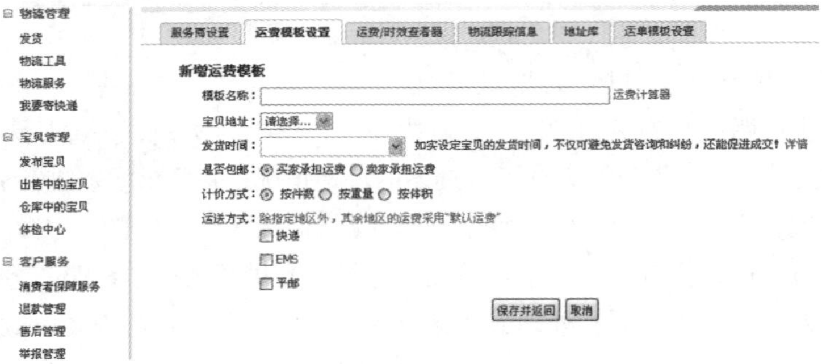

图 5–35　运费模板设置

2. 促销模板设置

促销模板是基于店铺的促销活动而设置的，其中在配合卖家促销活动的同时，运费模板可以采用一些付费软件来实现自动购物运费叠加的形式，这样在很大程度上减少了促销中对于运费设置的错综复杂问题，而且有利于消费者的自助购物。

3. 包邮模板设置

以农享网为例，包邮模板设置时将名称改为“农家特产包邮”，宝贝地址、发货时间、寄件方式和默认模板是一样的，在是否包邮中选择“卖家承担包邮”，在运送方式中填写快递费用，这里的费用是和快递公司提前协商好的，尽量减少运费。

在设置完运费模块后，接下来就是订单配送，首先卖家需要查看买家拍下并已经付款到淘宝中介的订单，如果买家拍下并没有支付的话，拍下的产品将会在三天内自动取消，我们可以在我的淘宝——“支付宝专区”中看到“您有 × 个交易，买家已经汇款淘宝中介，等待您发货”，如下图 5–36 所示。点击“等待您发货”链接即可。

还可以点击“我的淘宝”左侧的“已卖出的宝贝”，会看到所有已卖出的宝贝，所有交易状态为“买家已付款”、物流状态为“等待卖家发货”的宝贝，你都可以点击操作那一列的蓝色“发货”按钮，进行发货，如下图 5-37。

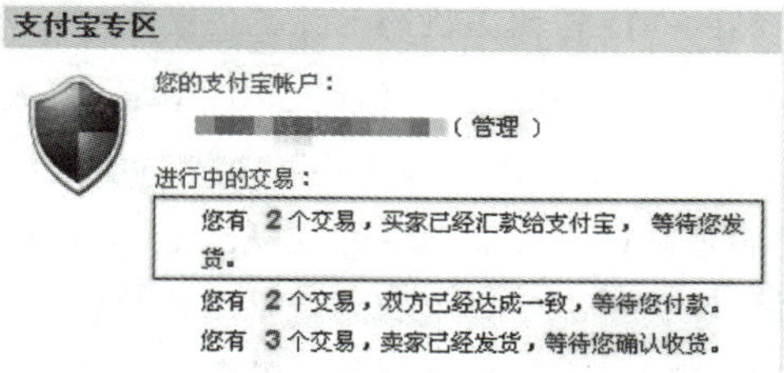

图 5-36　查看待发货

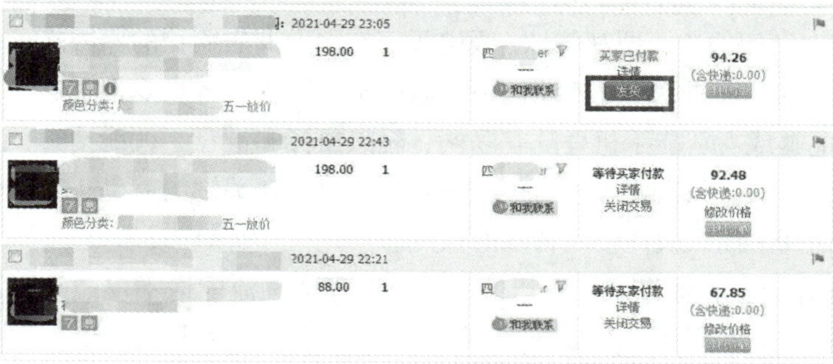

图 5-37　淘宝待发货列表

确认完后发货部打印快递单和出货单并交给配货部，拣货员根据出货单进行配货并包装，送达打包人员手中，打包人员验货，并在系统登记商品出库，确认淘宝为已发货状态，然后将商品放待发货区，联系之前合作的快递公司来发货区取件，快递公司会根据自己的规定检查快件，例如申通，对于淘宝业务就有一套服务标准，图 5-38 为申通用户寄件的流程。

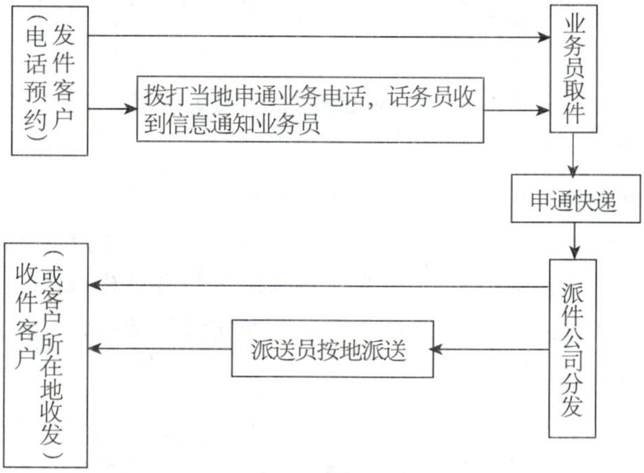

图 5-38　申通用户寄件流程

（三）物流配送对网上商店的意义

从前面对网上购物流程的介绍我们可以知道，物流配送是网上购物的重要组成部分，物流配送保证了网上购物的顺利进行。合理的物流配送对网上商店的意义：

（1）物流配送是网上商店的基础和支点：用“成也配送，败也配送”来形容电子商务与物流的关系是再合适不过了。网上商店应用电子商务通过快捷、高效的信息处理手段可以比较容易的解决信息流（信息交换）、商流（所有权）、资金流（支付）的问题，而将商品及时地配送到用户手中，即完成商品的空间转移（物流）才标志着电子商务过程的结束，因此物流配送的效率高低是网上商店能否成功的关键，而物流配送效率高低很大一部分取决于物流现代化。

（2）物流配送是实现网上商店跨区域经营的重点：网上商店的经营范围很广，可以跨地区，甚至跨国。这是因为网上商店是开设于覆盖全球的互联网上，所有网民都是网上商店的潜在客户，另外实现网上商店跨区域经营的一个重要原因就是现代物流配送。现代快递物流业的基本标准营业网点遍及全国，甚至全球。有了这个网络化的配送系统，买家收到货可能是千里之外的卖家提供的，这是线下商店无法比拟的。

（3）保证网上商店的快捷便利特性：吸引买家在网上商店购物的原因除了价钱便宜之外，它快捷便利的特性也是重要原因之一。网上商店的出现，消费者只要坐在家里，办公室，甚至地铁里，用个人电脑或者智能手机登陆互联网，轻点鼠标和键盘，就能搜索，查看，挑选自己满意的商品，支付之后，只需要等待货物配送到家即可。最关键的就是买家支付之后物流配送的效率，这是保证网上商店快捷便利特性的重点。

（4）减低库存成本，促进网上商店的发展：合理的物流配送不仅能给买家带来便利，还可以为网商企业挖掘额外利润，物流是企业的第三利润源泉。合理的配送能减少不必要的库存，从而降低库存成本，减少货物积压，提高库存周转率。合理的物流配送甚至可以成为企业的核心竞争力，以戴尔电脑为例，戴尔采用直销模式将产品直接送到用户手中，必然要预计空间距离的鸿沟，也就是必然要面对物流问题。这种直销模式对戴尔的制造体系库存管理以及物流提出了极高的挑战，当然事实证明，戴尔成功地应对这些挑战。物流方面戴尔采用的是第三方物流方式，它主要包括：供应物流、生产物流和销售物流，销售物流对应了网上商店的配送过程，戴尔的高效物流已经是戴尔电脑的核心竞争力，为企业带来了极大的价值和品牌效应。

通过本任务使学生掌握提升网店物流配送质量的基本措施。

1. 配送准确性

首先是管理的信息化，通过计算机网络及时收集、传递、处理淘宝网上的物流订单信息；其次是物流作业的自动化，采用条形码、射频等自动识别技术，实现信息录入的自动化，提高配送中心分拣和装卸搬运设施的机械化和自动化程度；最后是客户服务的网络化，做到企业内部信息的及时更新，使消费者可以在第一时间通过网络了解自己订单的状态。

2. 配送安全性

卖家发货前首先应合理使用填充物，固化商品包装，以防止商品破损；填写运单时要保证送货信息的准确和清晰，以便快递公司准确辨认；针对不同的商品类别和配送需求，选择合适的快递企业。

3. 配送快捷性和便利性

针对不同客户的个性化需求选择不同的快递企业，使商品能以最快的速度送到消费者手中。做到准时送货上门，协助顾客签收、验货等。

任务三　网店整体运营

淘宝平台具有丰富的资源，其资源包括站内免费资源及付费资源。而对于淘宝卖家来说，店铺的整体营销主要包括站内的营销和站外的营销。站内的营销主要说的是如何利用淘宝自身的资源优势来为店铺创造流量及价值，包括天天特价、淘帮派、微淘等资源，其次还有付费资源的运用，包括直通车及钻展等。站外则侧重说的是除了淘宝之外的平台推广方式，一般推广方式有论坛营销、博客营销及微博营销、微信营销等。对于营销推广不仅需要把握良好的营销手段，而且需要在实施营销推广之后对营销数据加以分析为营销推广的高效进行提供有利的保障。

一、网店装修

网店装修就是指在淘宝、有啊、拍拍等网店平台允许的结构范围内，尽量通过图片、程序模板等让店铺更加丰富美观，以此来达到店铺产品更好的营销效果的一种手段。

成功的网店经营是离不开店铺美化与装修的。店铺通过装修，可以突出整体的风格，更方便消费者了解店铺所售出的商品的性质，从而吸引更多的消费者。不但如此，网络店铺作为一个网络销售平台，网店的页面就像是依附店主灵魂的销售员，它的装修与美化同实体店铺的装修本质上是一样的。让买家从视觉和心理上感受到店主对店铺的用心，并且能够最大限度地提升店铺在买家心中的形象，有利于网店品牌的形成，提高浏览量。与此同时，店铺的装修还可以更好地延长顾客在店铺的停顿时间。

店铺的装修分为两种，一种是自身根据产品的特性和需要去设计独具个性的店铺页面，另一种是通过购买淘宝卖家中心提供的店铺模板来装修。

在淘宝店铺中，卖家通过淘宝模板来对自身的店铺进行装修与美化是很常见的一种美化手段。淘宝模板是针对淘宝店铺所开发的一系列装饰模板素材，让店铺装扮得更加专业、大方、美观，从而增加客户的购买欲。其装修模板主要分为：店招模板、导航栏模块、轮播、右侧模板、左侧模板、宝贝描述模板和其他的功能模板。模板的使用方法很便捷，只要在淘宝后台点击“店面装修”就可以根据自身需求自行添加素材来进行美化。

其中要特别了解的是，店铺装修模板是需要付费购买的，其实还可以根据企业自身的需要定制。选择淘宝模板可以节省店铺装修的时间，因为卖家只要在既定的模板中更换相应的信息就可以投入使用了，而且由于是设计师事先制作好的淘宝模板，一般价格都比较便宜。但由于淘宝模板库中有定量的模板可供选择，淘宝店铺的数量多，因此，选择淘宝模板会相对较容易和别的店铺模板重复。并且，成品模板一旦选定好之后，就是固定的样式和版式，不能根据个人的喜好而随意改动。如图 5–39 所示，为淘宝官网默认模板；如图 5–40 所示，为淘宝付费购买模板。

二、详情页优化

宝贝详情页是每个买家产生“第一印象”的地方，是流量转化的前提。宝贝细节描述起到的作用除了告知产品的基本事项以外，还要能起到消除售后顾虑、促进网购下单的作用。如果店铺的宝贝描述抓住了买家的心理，那么店铺达成交易的概率也大大提高了。

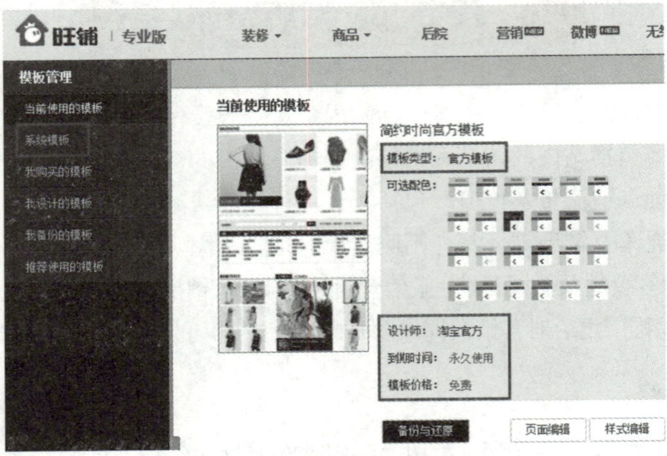

图 5–39　淘宝官方默认模板

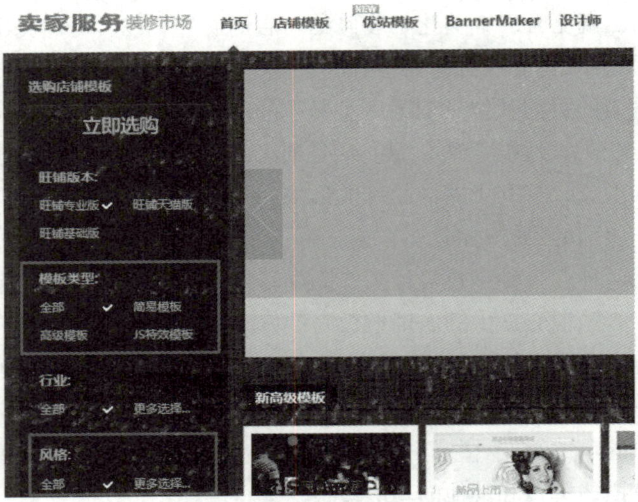

图 5–40　淘宝装修市场购买模板

在运营中，淘宝店铺经营具体化形容有“两功”：内功和外功。内功主要是指店铺的内部经营管理，外功主要是指推广引流。两者的重要性一直是卖家间常见的讨论问题。但就一般情况来说，可以将其理解为内功是基础，外功是推力。没有内功一味的推广引来的流量只能提高跳失率。但想要把内功做到扎实又不是那么简单的一件事情，因为在运营中可以影响内功的因素有很多，如：店铺装修、宝贝页面详情、标题、图片视觉、服务，等等。

比如常见的问题，在店铺经营中，总会有许多中小卖家表示，我的宝贝质量好，绝对正品，细节售后比皇冠店强。但这种光说不练的行为，对于吸引买家提高流量来说都是徒劳的。如何把自己的优势在宝贝详情页面突出和表现才是真理。

（一）分析宝贝详情页并制定优化策略

淘宝市场中，同行卖家都会有相同或类似的商品，面对这样的问题，如何让消费者选择自身而非别家？如何提升购买转化率以及培养用户的黏性，让消费者下定决心在自身的店铺购买，收藏并且下次再来？这一系列的触动都需要店铺的宝贝详情页面去传达和渲染，也是吸引和抓紧消费者到达购买区域的落实点。不但如此，宝贝详情页还能直接决定着网店宝贝的成交与否。所以，这就要求宝贝详情页不能太简单也不能太繁杂。

一般做法，卖家可以把详情页的必要部分分为五大类别，如图 5–41 所示，每个类别的详情页都有着各自的优势。而这些优势来源于买家的认知规律分析。当买家浏览宝贝详情页时，首先是从感性角度出发的，这时买家的关注度就会放在详情页的头图、铺垫上，然后在了解的过程中通过页面的正文以及文字的分析，使买家回归理性，开始思考这件宝贝是否适合自己。最后通过页面的最后总结及自身的判断后，又回归感性状态，如图 5–42 所示。要想让买家能在自身的店铺内产生这一系列的认知变化，就必须准确分析把握好宝贝详情页的优化。

商品展示类	色彩、细节、优点、卖点、包装、搭配、效果
吸引购买类	卖点打动、情感打动、买家评价、热销盛况
促销说明类	热销产品、搭配产品、促销产品、优惠方式
实力展示类	品牌、荣誉、资质、销量、生产、仓储
交易说明类	购买、付款、收货、验货、退换货、保修

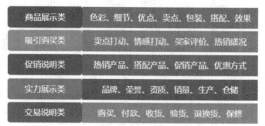

图 5–41　详情页五大必要部分

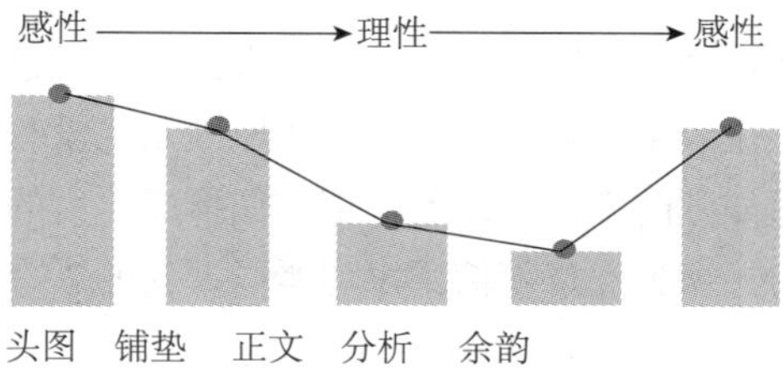

图 5–42　买家的认知变化

宝贝详情页的优化的首要条件，是建立在真实感、逻辑感、亲切感、对话感以及气氛感的基础上的，如图 5–43 所示。详情页的描述基本遵循引发兴趣、激发潜在需求、从信任到信赖、替客户做决定的原则。由于客户不能真实体验产品，宝贝详情页的存在就是为了要打消买家顾虑。这就要求卖家从客户的角度出发，关注页面重要的几个方面，并不断强化，引导买家看到卖家想让买家看到的东西。

真实感	真实再现产品原型，不同角度
逻辑感	根据买家需求部署和展开买点的成列，达到层层打击，达成购买
亲切感	针对目标消费者的特性进行文案、图像的风格设定、亲切、贴近
对话感	描述有对话感，用对话逻辑展开
氛围感	形成多人购买气氛，引起买家从众心理

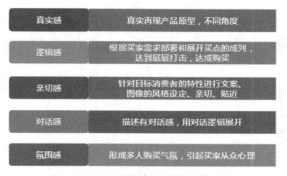

图 5–43　宝贝详情页的优化首要条件

从一个完整的网店结构来看，主要大方向分为首页、列表页和详情页。从转化率角度来看，首页负责刺激买家点击图片，进入到详情页，从而在详情页里转化成交。而列表页，起带领买家寻找目标商品从而进入详情页的作用，所以可以看出，详情页是整个店铺中直接导致转化的地方。以女装店铺为例，假设买家看中某一件连衣裙，那买家在跳转详情页中会有什么样的关心，如图 5–44 所示。根据图示信息可得出宝贝详情页的优化策略。

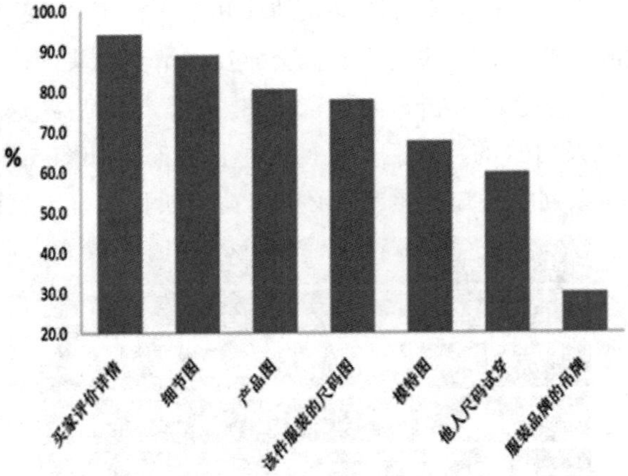

图 5–44　以转化角度分析详情页

1. 买家评价详情

买家评价详情是宝贝优化策略的第一点。许多卖家都会把买家的评价截图摆放在详情页中来增加宝贝的关注度，但往往效果不大。造成这样的原因是，没有抓住买家关心的要点。所以与其显示销量多少弄些好评如潮的截图，还不如把它们换成给力的好评，这样做能尽可能地减低买家对截图的质疑，因为买家更愿意相信买家。所以，新的买家可以在买家使用的评价中提高对此商品的进一步认同感。如图 5–45 所示。

图 5–45　买家评价详情

2. 细节图

宝贝详情页优化策略第二点，可以从商品细节展示出发。细节实拍非常重要，在看不到摸不到的平面图片里，要告诉消费者商品特点、材质、做工、正面、侧面、内部等细节。比如近距离展示商品亮点，展示清晰的细节（近距离拍摄），如服装类的就要呈现面料、内衬、颜色、扣/拉链、走线和特色装饰等细节，特别是领子、袖子、腰身和下摆等部位，如有色差需要说明，避免买家对色差的排斥感而造成的店铺名誉损失。另外，还可以搭配简洁的文字说明，让买家更了解宝贝的特色在哪里。如图 5–46、图 5–47 所示。

图 5–46　商品细节展示（1）

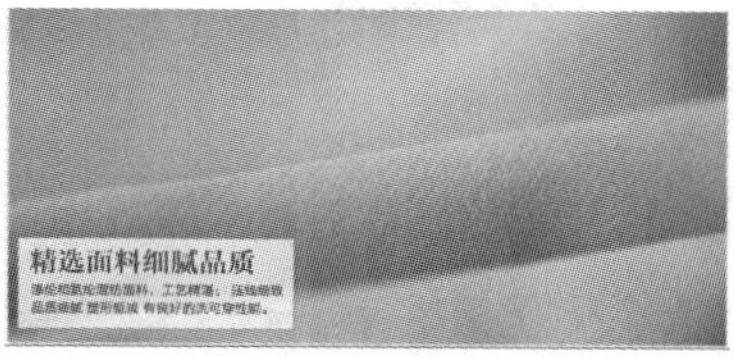

图 5–47　商品细节展示（2）

3. 产品图

宝贝详情页优化策略第三点，在介绍产品特点时，卖家需要对自己的商品做充分的了解，找到商品卖点或者特色，然后突出重点。比如是否是明星潮品？是否是网络爆款，月销千件？在展示时需要展示宝贝的全貌，如产品正面、背面清晰图，根据衣服本身的特点选择挂拍或平铺，运用可视化的图标描述厚薄、透气性、修身性、衣长、材质等产品相关信息，如图 5–48、图 5–49 所示。

图 5–48　商品正面图

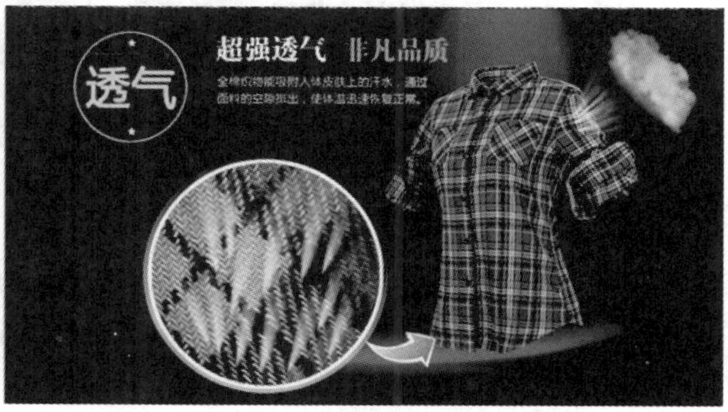

图 5–49　商品卖点

4. 尺码图（他人尺码试穿）

宝贝详情页优化策略第四点，帮助用户自助选择合适的尺码。很多时候，买家看中一件宝贝后，第一时间反应就是是否有合适自己的尺码，但由于网上商品的特殊性，不能让买家实际接触到宝贝详情，所以务必将宝贝特有的尺码描述（非全店通用）清楚，又或是突出模特的身材参数，最好的建议是有试穿体验（多样的身材）。如图 5-50 所示：

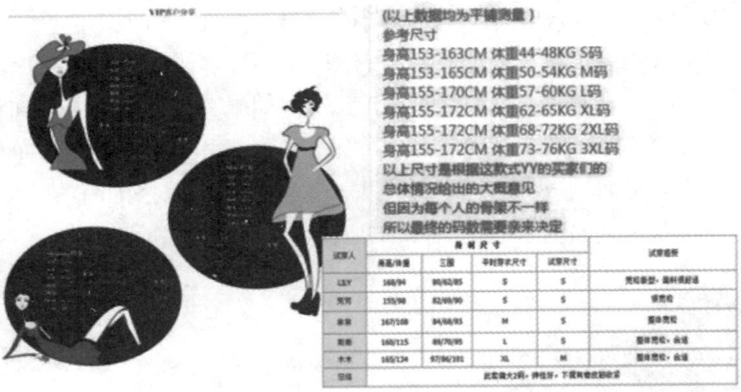

图 5-50　尺码图

5. 模特图

宝贝详情页优化策略第五点，利用模特展示宝贝上身效果，激发买家购买冲动，但要注意，所选的模特必须符合品牌的定位，所展示的模特图也必须是清晰的大图（全身），呈现正面、背面和侧面的上身效果（每张图片都增加不同信息含量来表现服装）若有多个颜色，以主推颜色为主，其他颜色辅以少量展示排版宽度一致（可以采用拼贴），减少无意义留白。如图 5-51 所示：

图 5-51　模特展示宝贝

6. 温馨提示

宝贝详情页优化策略第六点，若宝贝存在物流问题，比如易碎品或可能液体侧漏等，需要提前在图片或文字中提醒消费者，以免收到货物后给店铺带来负面影响，如图 5-52 所示。同时，这样的客户体验也能为体现店铺的细节加分。

总结以上几点策略，可以得出宝贝详情页优化，最终目的是突出产品特点，给买家最直观的感受，更有效地提高店铺的转化率。除此之外，还可以在客服和售后上提高服务质量，培养用户的黏性。例如，在商品描述中，嵌入小礼品的图片。买家不是买便宜，而是占便宜，小礼品更是锦上添花。又或是在买家的包裹里，加入温馨提醒的小纸条，更是会让评分明显提升。

但务必注意一点，尤其对于中小卖家，要保证宝贝细节实拍原创，不要盗图。将宝贝最细节的一面诚实地展现给买家，让买家在看到的图片与自己收到的商品感受相符，从而赢得好评。诚信，诚实，诚恳，表现在详情页优化的每一处。做好宝贝详情页面的卖家，也更懂得买家的心理特点，促发多次购买。

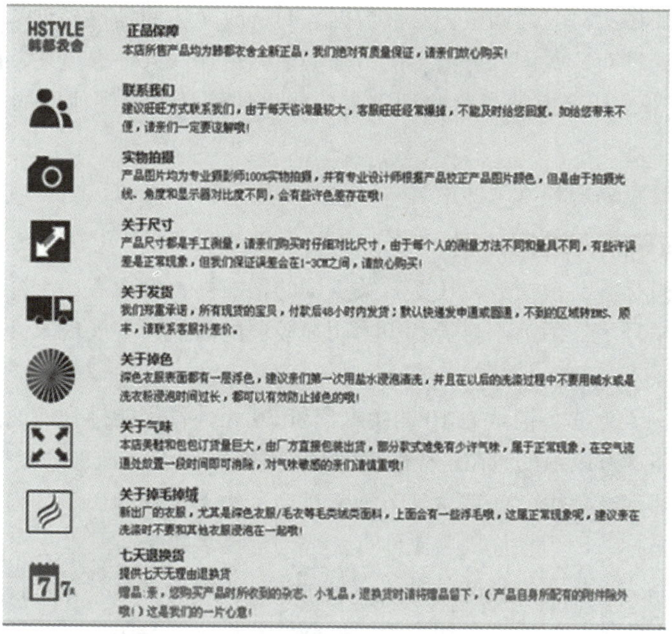

图 5–52 温馨提示

（二）根据优化结果定期查看详情页数据反馈

1. 流量反馈优化

对于自身的产品，不管是处于哪个阶段，特别是高速发展期，卖家一定要定期优化宝贝的标题，优化的时间可以是每周优化，也可以是根据销量阶段来优化。卖家要去检查标题中哪个分词获得的自然流量低或者不转化，那么就该替换它。比如直通车都能够优化 ROI，剔除没流量或者高花费没转化的词，那么对于自然搜索优化标题，卖家也一样可以这样做。

在这里就要涉及标题分词的数据分析，精准数据上的优胜劣汰：不断淘汰表现不好的词，寻找能引流、会转化的高效率关键词。

2. 找词和选词

大多数卖家都会用传统的数据魔方淘词以及搜索框词条等渠道进行选词，介绍另外几个更有效的找词方法：

（1）根据宝贝的分类和属性进行挖掘。

（2）根据数据魔方分析自身以及竞争对手的热搜词与成交词，特别是自身的宝贝与其越接近，那么他们的成交词对自身宝贝的效果就越好。

另外，热搜词是卖家赋予标题的，但是成交词就是买家对于产品归类的选择词，如果一个店铺的热搜词跟成交词不一致，那么就需要卖家去分析和优化，比如在给产品定标题时，有的卖家可能会觉得这些词搜索流量大，而且也适合自身的产品，然后标题就由自己所选择的词组合在一起。但实际上，买家给的反馈却不一样，什么样的买家会选择这样的产品，才是自身成交词所决定的买家，那么既然看到了差异化，就应该去选择适当的优化。

（3）选词。首先根据成交热词去优化自身的标题，让自身的产品在这些词上面获得更多的搜索流量，把成交热词加以拓展去取代标题中没有转化的词。

详情页上一定要做出对应的调整，既然数据表明，成交热词是顾客对产品的归类选择，那么详情页上就一定要针对这些词，分清主次，加大篇幅更加深入地去描述，用整体以及细节相结合的方式表达出来，让买家通过这些词进来后能更加清楚地看到他们的所需，促进成交转化率。

根据直通车的搜索热词和成交词情况，分析挑选出优质关键词，同步到标题中去。

（三）不同阶段不同选词计划

选择关键词不只是看热搜指数，还要看关键词的精准性，然而有一个维度常常被很多卖家所忽略，那就是竞争环境。因为当自身竞争力明显较弱的时候，有展现未必能获得点击，更别说是成交率的转化了。

假设以背心为例子，一个销量为 10 的卖家出价 30 元，肯定能排到前面页面去，但是前面几页的宝贝都是销量 500 以上的，在这样的竞争环境中，买家会点击你的宝贝吗？即使点击了，会购买吗？所以在热词竞争中，就算拿到了搜索排名，给予足够的展示，因为你竞争力较弱，买家也不一定会点击你，因为在你周边比你有优势的宝贝多的是。

对于自身的产品，首先要去做的就是找准自己产品的定位，查看整个行业竞争环境，找出目前我们是处于什么位置，然后去做相应的优化调整，具体的操作计划可以如下：

销量较差阶段，可以去霸占与自身产品相关但搜索流量小一些，竞争环境占优势的词，获得稳定的流量并促进转化。

在销量上升一个层次，接近于小爆款的阶段，逐渐霸占中等热搜词，从其中挑选出符合自身产品并有一定的竞争环境优势的关键词，配合直通车等各种付费流量一起打造，促进其更快速发展。

成为爆款之后，自然搜索流量也已经上升到首页前列，这时可以全面霸占类目热搜词，并根据热搜词和成交热词进行优化调整，越做越强。

三、网店营销策略

（一）吸引客户策略

“吸引客户策略”即如何让顾客在众多商品中发现你的商品，并被吸引进入网店仔细浏览，也就是要设法在顾客能够接触到我们信息的地方，放顾客感兴趣的信息，吸引他们的注意力。如前所述，当前网店数量众多，竞争激烈，要能让顾客在众多商品中发现你的商品，并产生兴趣，一是货源要有竞争力，例如某知名品牌的网络代理，或“新、奇、特”类产品，都较容易获得顾客青睐。二是信息接触点要多，即利用多手段来展示产品信息，如论坛、友情链接、QQ 群、微信群、搜索引擎、微博等都是有效的网上推广工具，尤其是论坛，当把产品图片和文字巧妙设置成签名档时，它就成了一则流动的广告，在我们发、回帖时，产品信息就自然得到了宣传。此外，每个电子商务平台内的站内搜索，是顾客在购买商品时用得最多的工具，顾客通常会通过关键字来搜索相关的商品，为增大被顾客搜索到的机率，商品标题善用关键字组合是重点。

我们知道，护肤品类是网上销售最多的产品，下面是对同一产品的不同标题描述："香草沐浴露"和"五皇冠推荐！ the body shop 美体小铺香草沐浴露 250ml 清爽柔嫩"，显然，后者采用了"店铺信用等级 + 中英文品牌 + 商品关键字 + 容量 + 产品特性"等多样关键字组合方式，因此被客户搜索到的机率就较大。

（二）信任建立策略

"信任建立策略"是当顾客因为一个商品的吸引来到了店铺，卖家通过各方面展示使客户对虚拟的店铺建立信任，并愿意选购商品，甚至对店里的其他商品产生兴趣的策略。与实体店相比，网店最大特点就是虚拟性，对实体类商品，看不见，摸不着，只能通过图片和文字来了解，这容易使顾客产生不信任感，从而影响做出是否购买的决定。因此信任建立策略就是充分给予顾客想要的，使其在需求得到满足的同时建立起对商品或店铺的信任。因此首先要分析顾客心理，挖掘其需求，当顾客第一次光临店铺时，其关注的通常是产品的图片、相关说明、价格、卖家信誉、店铺的专业性与整体感觉等，因此卖家就要针对这些需求提供专业信息，如清晰、主体突出并具美感的产品图片；详尽的文字说明，如若是图书类商品，应写明出版社、作者、简介、目录、书评等，以体现出专业性；合理的价格，可采用成本导向、竞争导向、需求导向等多种方法来对商品定价。总之，我们应从多方面专业地展示店铺形象，以帮助消除顾客因商品虚拟性而产生的疑虑或不信任感，这是促成下一环节顾客下单购买的关键。

（三）销售促成策略

"销售促成策略"是在顾客对店铺建立起信任的基础上，当他对某个商品产生兴趣，具有购买欲望却又拿捏不定时，卖家如何促进其由"打算买"向"打算现在就买"转化。消费者通常都具有贪图便宜的心理，我们在实体店里经常会发现，卖家的一些打折、减价、优惠、赠送等促销手段容易激发顾客的购买动机，使其做出立即购买的决定，在网店，往往也同样有效。顾客的消费动机一旦被激起，其内心便出现一种不平衡现象，表现出一种紧张的心理状态，这时心理活动便自然地指向能够满足需要的具体目标，当具体目标出现后，机体的紧张状态便转化为活动的动机，产生指向目标的购买行为。当目的达到后，需要得到满足，紧张状态也会随之消失。现在许多网上店铺都有"买就赠……""限时抢购"等促销活动，就是利用了顾客的消费心理，促使其尽快作出购买决定。

（四）情感投资策略

"情感投资策略"是在顾客一次购买商品后，卖家通过感情营销，增加黏性，使其下次再来光顾，成为老顾客。许多实例表明，网店维系老顾客比争取新顾客更重要，据调查，保留一个老顾客所需的费用仅占发展一个新顾客费用的 1/5。销售学里有著名的"8 ： 2"法则，即企业 80% 的业务是由 20% 的顾客带来的，对网店来说，同样如此。因此，网店在发展新顾客的同时，不可忽视老顾客的流失。维系老顾客的重要措施之一就是心系顾客，充分利用感情投资，方法有很多，例如发货时放点小惊喜——礼品、贺卡（手写，给人亲切感）、产品小样（对护肤类、食品类商品尤其适用）等。笔者在网上购物时就遇到过一位很有心的卖家，当时买了一件衬衣，收到货时发现多了一条丝巾，刚好跟衬衣相配，还有一张温馨的贺卡，这些小细节有时会成为客户日后再光顾的重要因素。此外，经常性的电话、短信或邮件回访，通过表达对客户的关爱，来加深双方联系，培养顾客对网店的特殊感情和忠诚度。

四、淘宝网店推广技巧

（一）商品的推广

商品的推广包括两个方面：一个是商品的照片，一个是商品的描述。

1. 商品照片

在网上购物买家是看不到商品实物的，只能看到商品照片。商品照片一定要具有真实、清晰、突出主体、漂亮的优点。一张完美的商品照片是很能吸引买家眼球的。商品照片千万不要弄虚作假，一定要是商品的真实拍照，让买家投诉照片跟实物不符就不好了，失去了一个顾客也带来了一个不好的评价。照片一定要清晰，不能模糊不清，可以使用摄影棚、摄影灯等设施，拍照后用 PS 简单处理一下就可以。商品照片要突出商品的主题，不要跟配饰物品分不开，显得主次不分。

2. 宝贝商品描述

商品描述更是重要。可以在描述里面多放上几张商品不同角度拍摄的照片或者一些商品细节地方的照片，让买家能更多的了解所出售的商品。商品的材质、尺寸、颜色等都要明确标明。把物流信息、售后服务、支付方式、联系方式等也都详细说明一下。可以采用一个漂亮的、多功能、符合商品风格的模板，在商品描述模板里可以多推荐几个店铺内的商品，这就相当于增加了店铺推荐位一样。模板可以自己动手做，也可以在淘宝上购买。

3. 巧控宝贝亮相时间

宝贝发布的时间是大有讲究的。买家在搜索商品时，淘宝默认的结果是按照商品下架的剩余时间，由少至多来排列的。卖家把宝贝上架的时间都错开，每隔半小时发布几件商品。（可以借助淘宝助理发布，淘宝助理有定时上架的功能）并且留出一些店铺推荐位，推荐一下即将下架的宝贝商品。所有宝贝都到期下架了后，隔两周，再循环发布，让宝贝商品随时都排在最前面。

（二）店铺推广小贴士

1. 让买家知道店铺是专业做这个的网店

解释：例如在编辑宝贝商品描述的时候把商品的有关小知识等放进去。店家可以印制一些漂亮的店铺名片，把店铺的经营项目、ID、店铺地址和联系方式都印制在名片上。在给买家发货的时候，在包装里面多放上几张店铺的名片。

2. 专业值得信赖

解释：店家可以把商品有关的合格证书、鉴定证书等拍照后放在店铺显眼的地方，让买家能相信你的专业，相信你的商品。

3. 促销活动

解释：店家可以在店名、公告、商品名称里添加上促销活动的信息。为店铺制定一个推广的主题，比如快到某个节日的时候，店家就可以以这个节日的名称为主题，还有冲心、冲钻、冲皇冠，还有店庆。这些都是很好的主题，都能起到促销的作用。促销的手段也很多，一元拍（拍卖就不要怕赔本，就当作是广告投资了。一元拍能快速提高店铺的流量）、包邮费（为了促销可以免去邮费或者满多少包邮费）、换购（设置店铺会员制度，利用会员积分加多少钱就可以换购另一个超值商品）、打折（促销期间商品打折）、送赠品（购买本店商品及送精美礼品）等。注意，促销信息要及时更新，别到了圣诞节还打着中秋节的促销旗号。

（三）关系推广

把关系推广看成卖家、买家、淘宝网发生互动作用的过程。比如，卖家可以在淘宝的个人空间和博客里面讲述一下自己的亲身故事，开店心得和对一些事物的评价，从而提高自己的形象和知名度。通过淘宝旺旺、站内信、店铺留言等也可以进行关系推广。给淘友给买家发消息，问候一下聊聊天，发一个祝福的邮件站内信，促进人与人之间的关系，从而达到关系推广的效果。

（四）关键字

什么是关键字呢？关键字是能够引人注目，能让买家搜索到的醒目字或词语。关键字的作用也就是能引人注目，方便买家能搜索到你的商品。现在好多买家在选购商品时，都是用关键词来检索的。因此我们在发布宝贝商品的时候，给宝贝的名称多设置几个关键词是很有必要的。这样店里宝贝被搜索到的几率就大大增加了。但是有一点要切记，就是不要滥用关键词，否则会被淘宝小二下架的。在淘宝社区里有关于关键词的使用规则，各位淘友一定要去好好看看。关键字的小贴士：

1. 符合真实信息

关键字不能乱用，一定要符合商品的真实信息。

2. 换位思考，从买家的角度来挖掘关键字

店家不要乱加关键字，要学会换位思考，在买家的角度上找到合适的关键字。看看买家喜欢搜索什么样的字和词，你是买家的话会用什么样的关键字来搜索商品。切记要符合真实信息，不然会受到处罚的。

3. 不要一味地堆砌关键字，注意和其他信息的结合。

店家不要随便找一大堆关键字摆在上面，要跟商品有密切的结合。

（五）站内信

站内信是一个很好的推广和沟通的工具，店家通过站内信可以给买家发送信息。卖家发货后给买家的通知，告诉买家物流信息、包装情况、到货时间等。节日的问候，到了某个节日，可以给淘友和买家一份温馨的祝福。新款到货，有些买家光顾你的店铺后会说，以后有新款到店记得通知我，这时候店家就可以通过站内信告诉买家。促销信息，当店铺有促销活动或者打折的时候，可以发给买家跟淘友，告诉店铺在搞活动（注意：格式要正式，注意称呼、问候语）。站内信的内容要真诚，内容长短适当，不要废话连篇。信件的结尾要表达自己的心意。

（六）淘宝旺旺

淘宝旺旺是买卖双方在淘宝的即时通讯工具。旺旺同样具有强大的推广作用。

1. 旺旺的在线状态

一般旺旺的在线状态分为“我有空”“隐身”“忙碌”“不在计算机旁”“听电话中”“外出就餐”“稍后”，店家可以不用这些在线状态，自己多设置几个在线状态，设置为店铺的推广信息比如店铺商品的折扣信息、店铺促销活动信息、新款到货信息等，让这些信息滚动显示，

从而达到推广的作用。把在线状态设置为店铺的推广信息，要记得经常更新，陈旧过时的推广信息是不会被别人关注的。

2. 旺旺群发

旺旺群发要慎重，不要随意乱发广告。店家可以把愿意接受广告的淘友和买家组织到一个旺旺组里，群发给这个组里的淘友和买家。群发时注意内容的长短要适当，称呼、问候等要得体。

3. 自动回复

店家不在电脑跟前的时候，一定要设置旺旺的自动回复功能。说明一下店铺掌柜不在的原因，表示出掌柜对买家的尊重和礼貌。如果店家离开的时间过长，就需要说明一下回来的时间，不要让买家空等。在自动回复中，店家可以委婉地推广一下自家的商品。

4. 快捷短语

快捷短语是淘宝旺旺上的一个快捷回复的功能。店家可以在快捷短语中编辑一些店铺商品的推广信息，在跟买家淘友聊天的时候适当发出去。省去了店家打字的麻烦，又快速地推广了信息。在使用旺旺和买家沟通时可以充分利用旺旺的这个功能。推广的信息要长短适中，不要废话太多，便于买家阅读和理解。在使用快捷短语的时候，店家不要过于频繁的使用。免得让买家以为在跟一部机器在说话，不受到尊重也很不礼貌。建议快捷短语和旺旺的表情结合使用，让买家更容易接受。

5. 旺旺头像

旺旺的头像也是很有讲究的。选择一张具有亲和力的图片作为旺旺头像。头像的图片最好是做成动态的，用你店铺内的商品照片来做。动画要适当不要闪动太快，让人看着迷糊还显得杂乱。

6. 旺旺大本营 – 旺遍天下

在淘宝社区的旺旺大本营 – 旺遍天下中生成在线状态。选择好样式，获取代码。在社区发帖回帖，在编辑宝贝描述的时候都可以放上，让淘友和买家都能随时联系到你。

旺旺是淘宝交易平台必不可少的通讯工具。无论买家还是卖家，都是通过旺旺来联系沟通，完成交易的。一定要注意自己的文明用语，但不要过于呆板过于职业化。要用即礼貌而又有趣的语言来招呼你的顾客。语言是很巧妙的，有时一句话就能创造出良好的沟通气氛，拿顾客当作自己朋友一样，很轻松的就搞定一单生意。

（七）店铺功能

店铺的功能很多，有很多可以为自己宣传推广的地方，不要放过任何一个。

1. 店名

起一个响亮、好记、独特的店名也很重要的。一个比较好的店名能给买家留下深刻的印象。一个适合自己的好名雅号，能给人心理上以暗示和引导，获得自信与成功。

2. 店标

一个漂亮的动态店标，就好比是店铺的左眼。店标可以是文字的也可以是商品照片。不管是什么，只要做得生动、漂亮，就会给买家留下一个深刻的印象。建议店标做成动态的，最好跟店铺经营的商品有关。

3. 店铺公告

店标是店铺的左眼，那么店铺公告就是右眼。同样不可忽视，在公告栏里，可以把店铺的最新动态、最新商品和店里的一些优惠促销活动写在上面。语言要精炼简短，不要废话连连，否则买家不会有耐心看完的，公告栏最好做一个漂亮的图片，效果很不错的，再放上一个计数器，方便掌柜自己统计每天店铺的浏览量。

4. 店铺推荐

每个店铺都有六个店铺推荐位，买家进到网店最先看到的就是店内的店铺推荐商品。可以把店铺最好、最优秀、价格最低、数量多、快要下架的商品设置在上面。吸引住买家的眼球买家才会继续往下看。店铺推荐最好两三天就换换，让买家感觉到卖家是一个用心的掌柜，让买家有一种新鲜的感觉。

5. 店铺介绍

在网店的店铺介绍里面，内容不用过于拘谨，可以介绍一下店铺经营方式、商品特征属性、和其他店铺相比有哪些优势，等等。

6. 评价解释

评价解释就是在卖家和买家交易成功互相评价后，有一个解释，可以以幽默的话语来解释，可以简单地推广一下自己的商品，给自己做一个小广告。

伴随着互联网技术和电子商务技术的发展，涌现出了一系列新的市场空间、市场手段、消费人群、消费观念、消费模式。而淘宝网是网上购物 C2C 模式的主力军，为网民提供了网上销售与购买商品的虚拟市场。在淘宝网这个 C2C 平台上，淘宝网店的店主们若能充分利用互联网的优势，将网络营销充分运用到自己的淘宝小店中，淘宝网店必定商机无限。那该如何准确抓住商机，这就需要先从落实店铺整体营销方案做起，明白自身店铺的营销该怎么做。

（一）对自身淘宝店铺的分析

1. 优势分析

在进行淘宝店铺运营时，第一步就是要认清自身店铺的优劣势，基于店铺实际出发，才能更好地制定店铺的营销模式。一般情况下，淘宝网对于 1 钻以下的淘宝卖家，都会给予旺铺扶植版作为店铺的模板，这样更加有利于淘宝买家在搜索商品时找到自己，店铺也会排在较前面，这样就更加具有竞争优势。

2. 劣势分析

对于新店铺或经意不善的店铺来说，最大的一个缺陷就是店铺的信誉度不高，这点也可以说是所有网店卖家的烦恼。一般情况下，对于信誉度不高的店铺，买家的信任度都会不高，这样就导致很多的生意流失。而且买家对于有相同产品的店铺都会进行对比，如果店铺信誉不高，即使自身商品要比另外一家要便宜一些，很多买家也会选择去相信那家信誉高的店铺里的商品，所以提高店铺信誉是第一个要解决的问题。

其次，在淘宝中，买家选择的空间是很大的。同样的商品存在着很多销售同样商品的卖家，这样就更要求自身店铺的信誉、宝贝排名以及卖家的口才等方面要具备得更完善。另外，还有一个就是商品的价格，买家在这么多出售同样商品的店铺中会进行挑选，虽然每个人看重的都不同，但是综合自身店铺的整体情况，要想打败其他竞争对手也是一件非常困难的事。

（二）市场定位分析

市场定位的重要性不言而喻，一个准确的市场定位，往往能够成为产品销售的又一大助力，找对了销售方向，这样才能使产品的销售更上一层楼。

1. 价格定位

在淘宝以默认排序搜索女装时，在第一页中商家只有 5 家，其他都是个人店铺；按销售量排名时，在第一页中商家的数量更加少，只有 3 家，可以从中看出，排在前面的卖家中商城并不多，销售得好的大多都是个人店铺，因此对个人店铺来说还是有很大的竞争优势。

其次，从这两个排序中所看到的衣服的价格大多是 100 元以下的，卖出去更多的衣服都是在 100 元以下的，而且在淘宝中搜索 5~100 元的女装商品共有 6447863 件，而 100~300 元的商品只有 3631863 件，这足以体现出中低档女装的销售之热和竞争之激烈。

因此，本店铺的女装定价都在中低档范围之内，这样的销售面更加的广阔，这样也更加有利于产品的销售。

2. 销售人群的定位

从调查中发现不到 18 岁的网民占 20.1%，网购网民就占有 3.6%，18 ～ 24 岁的网购网民就占据了所有网购网民的一半，达到了 53.3%，25 ～ 30 岁的网购网民有 28.4%，从网购用户的年龄构成看，网购群体较一般网民更偏年轻化。18 ～ 30 岁的网民是网购的主力，占网购用户总数的 81.7%。其中，18 ～ 24 岁的网购用户占比还在提升，未成年人和 40 岁以上网民群体网购使用相对较少。虽然不到 18 岁的人群购买能力不大，但是随着时间的推移，这也是一群很大的潜在客户。

从中可以看出，网购网民主要是以年轻人为主体，这类人的消费能力比较高，且这类人更加倾向于打扮自己，正是对衣服等消费非常巨大的时候，因此市场前景是非常广阔的，这也是我选择以年轻类服饰为主要销售商品的原因之一，还有就是淘宝中销售得最好的也是年轻一类的服装。

（三）结合实际制定营销方案

面对这么强大的竞争压力，卖家想要自身的淘宝店铺在众多的淘宝店铺中脱颖而出，就需要制定出符合自己实际情况的营销方案来提高自身的销售量，而这一份营销方案需要具备由外到内的整体分析整合的特质。

1. 门面装修要做好

人靠衣装，店也靠店装，一个符合自己商品特性的店铺装修也能提升店铺商品的价值，淘宝对于 1 钻以下的商家提供免费的旺铺，对于经营时间不长的店铺，如现在的信誉还只有 1 颗星的店铺，这类卖家通常使用的是淘宝免费提供的旺铺，但是旺铺却不能有很多个性化的装修，也不能添加其他的模块，装修起来会比较简单。店招方面可以根据淘宝提供的免费店招来进行修改，在上面添加属于自己店铺的一些特点，同时取个让人能够一下子就记住的，让人觉得特别的店名，这样让买家下次来找同类商品时也能够记起自己的店铺。还有一个重要的就是宝贝分类这一块，在这上面也能体现出卖家的用心，同时宝贝分类也能够让买家更加快速地找到自己需要的商品。第三个可以装修的就是自定义模块，可以在这上面插入一些广告，比如说店铺的一些热销产品、节日促销活动等，这一块也是最能吸引人的地方，能够为店铺带来更多的客户。

2. 提高宝贝的搜索排名

刚开的店，淘宝网都会给每个卖家 10 个橱窗位。卖家可以好好利用这 10 个橱窗位，同时在选择宝贝的上架时间的时候也要选择 7 天时间的，因为距离结束时间越短的商品就能冲到前面，这样也能够使得自身的店铺和店铺的宝贝冲到前面，迎来更多的访问量和销售量，同时也要注意去刷新宝贝，一般在淘宝中新上架和就要下架的宝贝排名都是比较靠前的，可以抓住这一点来提高宝贝的排名。

3. 价格战略

现阶段自身店铺的信誉不高，要想在众多的店铺中脱颖而出，想要获得更多的顾客，价格战略也是必需的，价格比其他店铺中要稍低一些，也能为自己打开销售的大门。因为是在淘宝平台中找的代销，所以利润不大，但是因为是开店初期，尽量以较少的利润获得较多的交易量，提高自己店铺的信誉。

网店营销策略

4. 论坛、博客、问答等的推广

淘宝论坛因为其专业性，也因为其论坛性质，一般都是买家和卖家在论坛中进行交流。但是，想要在淘宝论坛中做推广却不是一件简单的事情，因为这里面的用户都比较了解相关的淘宝知识。所以，对于在淘宝论坛开展的推广，要求卖家不做则已，做就一定要做得好些，这样才能给自身带来利益或是扩大店铺的知晓率。另外，在做推广时，卖家可以买家的身份去分享自己店铺中的一些衣服，引起潜在买家的注意力，了解店铺宝贝优势。

在百度的店铺推广中，除了在百度知道中提问、回答问题外，还可以在百度文库里发表一些文章，这些文章的浏览量也是非常可观的，当别人在查找资料时顺便也会看看自身的店铺，这也是一种隐形的客源。不放过随处一次小机会推广自己，这才是推广的王道。

（四）分析营销数据，并针对营销数据进行调整

不论大店小店、新店老店，销售额是永远不变的追求。店铺日常数据解读也就可以围绕这点来：销售额 = 访客数 × 转化率 × 客单价。因此访客数、转化率、客单价构成了网店日常运营的最基础数据。各个卖家对自身店铺数据的解读自然就可以从这三块入手。

1. 流量新解读

优质的流量越高越好。在淘宝，买家通过搜索或类目进入店铺的自然流量是最好，

因为这部分流量反映了买家的迫切需求。店铺流量高说明产品的曝光机会多。同时也大大增加买家的购买机率。流量的高低主要跟店铺产品、营销、推广、活动方面有直接关系。

在这些流量指标中，PV、UV这些数值代裹着店铺及宝贝受欢迎程度，如图5–53所示，数值越高代衷店铺越受欢迎。其次是宝贝页面停留时间，由于主营类目不同，通常超过3分钟才属正常。停留时间越久，下单概率则会大大增加。店内停留时间同样也是卖家不可忽视的数值，这个数据代表店铺装修的Ul是否符合消费者喜好。这样的情况通常400秒以上则是正常范围，小于的卖家则应在店铺设计、商品展示、宝贝关联上做些文章，才能挽留住自身店铺的消费者。

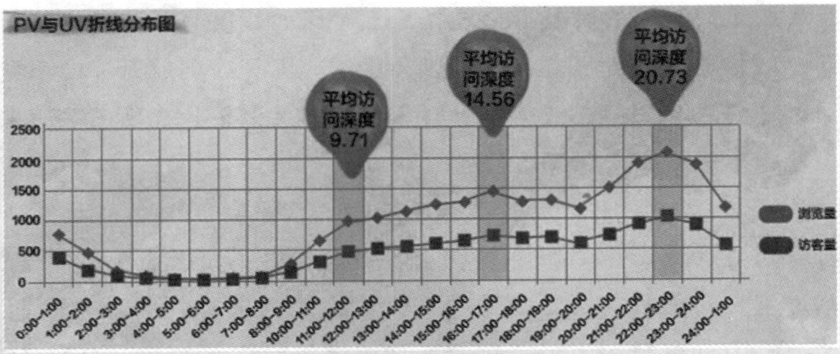

图5–53 流量指标

此外，通过这个折线分布图，卖家可以得出以下几点信息：

（1）浏览量与访问量之间成正比。同时，访客数越多，店铺平均访问深度越高。

（2）主要集中在哪几个时间段，针对不同的时段，采取不同的营销策略。

2. 巧读转化率

一家店铺里有两个转化率，一个是整店转化率，一个是宝贝页转化率。整店转化率是衡量一家店运营好坏的重要指标，具体宝贝页的转化率对于店铺运营的调整和改变更有指导意义。

由于主营类目、店铺等级的不同，转化率数值并没有精确的参考区间。卖家可通过对比同行业同级别的店铺的“均值”和“峰值”，清楚了解店铺的转化率是高还是低。如果转化率低的话，就从具体的产品身上找原因，产品的质量、用户评价、页面描述、价格、库存、图片、评分等方面都是影响因素，主要问题是出在产品页面、产品本身。总而言之，转化率保持在同行业同级别水平就可以。如图5–54所示，由图中可以看出，在单位时间内，人数与访客数之间成正比。因而卖家可在人流量较高的时段增加客服，提升询盘转化率。

因此，卖家可通过付款人数分布时段，对客户进行有效的催促，提高店铺转化率，合理安排产品上下架时间等。建议卖家尽量避免在访客高峰改动店铺页面或者展示宝贝。

3. 细分客单价

客单价同样是影响店铺成交额的一个关键因素，当然，客单价并不只是顾客平均交易金额那么简单，其具体指标还包括笔单价、支付宝成交金额等。

因店铺销售商品单价不同，并非一味追求高客单价才是王道。对于做关联销售的卖家而言，如果客单价低于店铺商品的均价，就意味着关联销售设置效果并不好。卖家可从宝贝页、店铺侧栏等展位对展示宝贝进行调整。

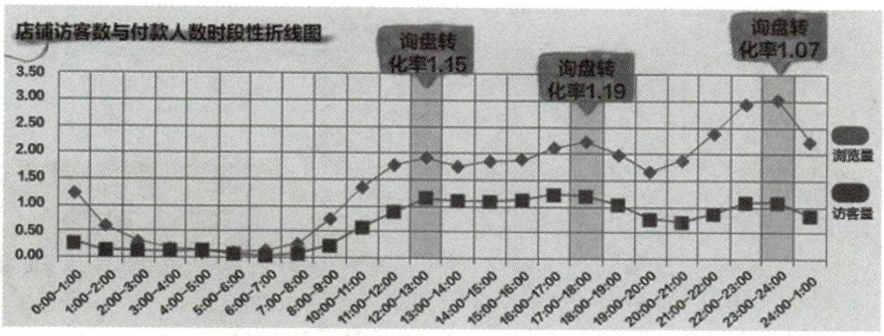

图 5–54 店铺访客与付款人数时段图

同时，流量、转化率、客单价都是店铺的日常运营数据。通过这些指标对数据进行分析之后，卖家就能很清楚地知道店铺的经营状况。如果是新手卖家，刚开始接触网店，不知道如何分析、判断数据的时候，可参考“数据对比”这一方式。对比一般有两种：“环比”和“同比”。首先跟自己店铺前期数据对比，然后可以跟同行业同级别的其他店铺进行对比，这些行业数据大家可以通过量子统计、数据魔方得到。如图 5–55 所示：

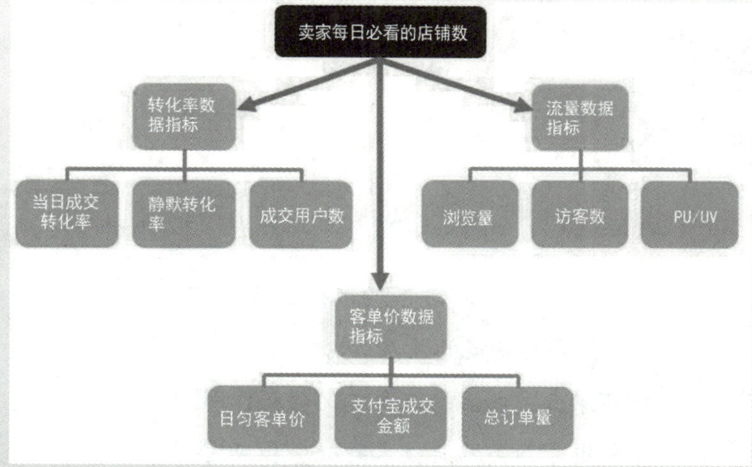

图 5–55 卖家每日必看数据

另外对于这三大块数据，也可以分不同的时间维度进行比较。一般以“日”“月”“季”三种时维度去判断，不同的时间维度，能够整理出不同的问题。卖家在营销的过程中，通过数据作指引方向，进行店铺的营销计划、促销政策、经营思路等的调整。

项目拓展

利用互联网搜集网店运营的相关资料，以一家淘宝店为例，为其撰写一份运营方案。

知识目标

- 理解电子商务环境下的物流概念，充分认识电子商务与物流的关系。
- 掌握第三方物流的概念、优势和作用。
- 掌握电子商务物流技术的概念和应用。

技能目标

- 能够科学合理地运用电子商务物流中的货物包装方法。
- 能够结合自身实际，正确选择电子商务物流配送模式。
- 能够运用电子商务物流知识，对物流活动进行基本的分析。

项目概述

电子商务物流又称网上物流，是基于互联网技术，旨在创造性地推动物流行业发展的新商业模式。通过互联网，物流公司能够被更大范围内的货主客户主动找到，能够在全国乃至世界范围内拓展业务，并且贸易公司和工厂能够更加快捷地找到性价比最适合的物流公司。不但如此，网上物流致力把世界范围内最大数量的有物流需求的货主企业和提供物流服务的物流公司都吸引到一起，提供中立、诚信、自由的网上物流交易市场，帮助物流供需双方高效达成交易。

在电子商务时代，由于企业销售范围的扩大，企业和商业销售方式及最终消费者购买方式的转变，使得送货上门等业务成为一项极为重要的服务业务，这就要求电子商务物流应具备信息化、自动化、网络化、智能化和柔性化几个特点。为此，一体化的配送中心不单单提供仓储和运输服务，还必须开展配货、配送和各种提高附加值的流通加工服务项目，也可按客户的需要提供其他服务。其次，电子商务作为一个新兴的商务活动，它为物流创造了一个虚拟性的运动空间。在电子商务的状态下，人们在进行物流活动时，物流的各种职能及功能可以通过虚拟化的方式表现出来，在这种虚拟化的过程中，人们可以通过各种的组合方式，寻求物流的合理化，使商品实体在实际的运动过程中，达到效率最高、费用最省、距离最短、时间最少的功能。并且，电子商务还改变了物流的运作方式以及物流企业的经营形态 。不但如此，电子商务还将促进物流基础设施的改善和物流技术与物流管理水平的提高，也将会对物流人才提出更高的要求。

任务一 电子商务物流基础知识

基于 Internet 的电子商务可以说是 21 世纪经济的新亮点。从原始买卖到如今的电子商务，其中最大的改变就是电子商务不受时间、地点的限制，可以把所有的商品买卖虚拟成一个大的商场，在任何时间、地点都可以买到世界上任何一种商品。电子商务的出现，在最大程度上方便了最终消费者。他们不必再跑到拥挤的商业街，一家又一家地挑选自己所需的商品，而只要坐在家里，在 Internet 上搜索、查看、挑选，就可以完成他们的购物过程。不管是哪种电子商务模式，只要以消费者的身份进行了网上购物，就会考虑这样一个问题：商品是否能安全迅速地送到自己的手中。而这当中就需要解决货物包装、物流配送等问题。本任务阐释了电子商务环境下的物流概念，以及第三方物流和电子商务物流技术等基本概念。

一、电子商务与物流的关系

（一）物流业务操作流程

一般情况下，物流公司的业务流程是：起运地收货—提货—装车—运输—到达集散地—进行货物的分配—派送—客户收货—反馈。流程图 6-1 如下所示：

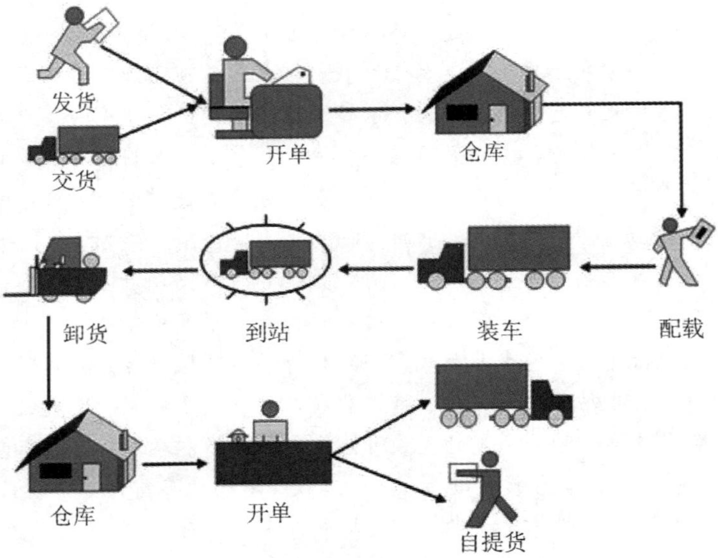

图 6–1　物流操作流程

1. 收货

主要是按客户要求进行收货或者是公司的业务员联系的业务，一般一个大型的物流公司都是有自己长期合作并且货量较大的客户的。一些零散的客户一般是自己找到后送货上门的。

2. 提货

按客户要求，大宗货物一般都会要求物流公司上门提货。

3. 装车

主要由操作部进行操作，物流公司会按照客户要求的时效进行相应的安排。装车的原则就是车辆空间利用的最大化。

4. 运输

各种运输方式和运输工具都有各自的特点，不同类物品对运输的要求也不尽相同，合理选择运输方式，是合理组织运输、保证运输质量、提高运输效益的一项重要内容。所以针对自身的需求，对运输人员说明运输要求同样重要。

5. 到达集散地

在货物到达集散地后，下一步就要卸货了。卸货的速度一定要快。最好有自己的搬运工，随到随卸，如果没有的话，也要有长期合作的搬运工。卸载的时候可以按照不同地方的货物放在一起，有些货物也可以直接装车（过车，直接由达到车辆装载到派送车辆上）。

6. 进行货物的分配

按照到达地以及时效进行具体的安排然后装车，先送的货物后装，以免拿不出来。

7. 派送

这个过程很重要，其实物流里面时效和诚信是最重要的。到达地的操作人员要根据具体的到货情况进行具体的分析，有些需要中转的货物要及时中转。自己派送的货物要及时的按时效派送（时效），如果不能及时派送的话要及时与收货方和发货方进行沟通（诚信）。

8. 客户收货

送货之前客服或者送货司机要及时和客户联系，沟通送货时间和到达后是否有人卸货或者有无卸货的工具等等，甚至是路线方面的事情。这个很重要，有时候司机送货过去太晚了，收货方拒绝收货，那么就浪费了。送过去的货物都是卡板的，到了却没有卸货的车，那就非常麻烦了。还有客户的签收也很重要，要看清客户在签收单上面有没有写其他的什么情况，以免发生不必要的纠纷。

（二）认识电子商务与物流的关系

与传统商务过程一样，电子商务中的任何一笔交易，都包含着四种基本“流”：即信息流、商流、资金流和物流。

以京东购买流程为例去理解前三种“流”在电子商务中的表现。

首先，信息流顾名思义是信息流动与传播，即指信息在计算机系统和通信网络中的流动。京东商城的信息流表现主要体现在其成熟的网购环境，大范围的营销推广，高质量的网站呈现以及运营能力等方面。

其次是商流，商流是物流、资金流和信息流的起点，而京东商城的商流分别体现在两个方面：与供应商的交易流通和与消费者的交易流通。其中，在与消费者的交易流通过程中，商品的所有权将从供应商手中转移到消费者手中，作为这个商品流通过程的“渠道”——京东商城，大大缩短了供应商和消费者之间的流通环节，使得消费者在获得底价产品的同时，自身也赢得了客观的利润。

再者是资金流，资金流在电子商务中扮演着重要的角色，是实现电子商务交易活动的不可或缺的手段。在电子商务中，顾客通过浏览网页的方式选购商品或服务，在选购完成后在线支付。顾客支付的款项能否安全、及时、方便地到达商家，关系到交易的最后成败。因此，在线支付不论是对于顾客，还是对于商家，都具有非常重要的意义。而在线支付的关键就是资金流平台的建设。随着支付宝等一系列的第三方支付平台的建设成功，资金流在国内的电子商务体系中已经初步搭建成功。在这一点上，京东商城资金流表现在其目前可提供货到现金支付、货到银行卡支付、在线支付、银行电汇、邮局汇款和公司转账等多种支付方式，此外京东商城还提供广州地区的工行国际信用卡、牡丹贷记卡有息分期付款服务。

最后，物流作为四“流”中最为特殊的一种，是指物质实体（商品或服务）的流动过程，包含运输、储存、配送、装卸、保管、物流信息管理等各种活动，而实体流的过程必然涉及渠道的物流管理。

过去，人们对电子商务过程的认识往往只局限于信息流、商流和资金流的电子化、网络化，而忽视了物流的电子化过程，物流仍然可以由传统的经销渠道完成。但随着电子商务的进一步推广与应用，物流的重要性对电子商务活动的影响日益明显。试想，消费者在网上购物，但所购货物迟迟不能送到，其结果可想而知，消费者势必会放弃电子商务，选择更为安全可靠的传统购物方式。

由于电子商务的服务对象是不受地域限制的，那么对企业来说，如何以最快的速度、最低的成本把商品送到顾客手中，是能否吸引顾客的一个十分重要的条件。所以电子商务时代，建设一个高效率、低成本的物流管理体系，既是网络经济电子商务发展的迫切需要，又是各个企业面临的现实问题。随着物流管理在电子商务活动中的地位越来越重要，物流管理是电子商务活动中不可缺少的部分。

以淘宝为例，淘宝主要业务在于网上零售商品，目前也是国内比较大的拍卖网站，也是全亚洲最大的购物网站。由于消费者的折扣及方便心理，业务量大的都是体积小的商品，决定了淘宝物流配送是小规模、多频次的格局。

在淘宝网购物产业链中，主要由淘宝交易网站平台、物流公司、卖家和买家共同构成。这条产业链中，信息流、商流、资金流、物流实现了完整的电子信息化，只有将货物的实体流动实现好，才能使整个产业链得以实现价值。所以淘宝网在为客户提供更安全和高效的网络交易平台时，是离不开物流支持的。

通过参考“网货物流推荐指数”，淘宝网与圆通速递、中通速递、韵达快递、EMS 等公司进行合作，而这些物流公司在服务质量、服务价格等方面参差不齐。由于观念的差异或配送设施的差距，消费者往往会因为第三方物流公司的过错而责怪那些本身信誉很好的购物网站，尽管淘宝也致力于让客户享受更好的物流服务，但它却很难改变这个现状。所以电子商务需要物流作为商家与客户面对面的沟通平台，而物流需要借助电子商务来扩展更大的市场提升业务量，两者就具有着相互促进共同发展的关系，即一荣俱荣，一损俱损。

综上所述，物流是电子商务的重要组成部分和根本保证。

二、第三方物流

（一）第三方物流概念

第三方物流是在社会上谈论得比较多的物流话题，第三方物流被认为是社会物流的发展方向。国家标准《物流术语》关于“第三方”物流的定义：“第三方物流是由供方与需方以外的物流企业提供物流服务的业务模式”。广义的讲，第三方物流是自营物流相对而言的，即第三方物流是专业物流企业面向全社会提供物流服务，按照客户要求进行货物的运输、包装、保管、装卸、配送、流通加工等项目的有偿服务。

（二）第三方物流的优势

第一，专业优势。第三方物流企业是专门从事物流服务的企业，专业水平是第一位的。

第二，服务质量优势。第三方物流企业必须有较高的服务水准和质量保证。

第三，信息优势。信息优势是第三方物流企业的必备条件。

第四，管理和人才优势。第三方物流企业为委托方服务的项目本身，也包括帮助委托方提高对物流的管理能力，使委托方的物流管理合理化、科学化。

第五，规模优势。第三方物流具有规模优势，可以组织客户群体，开展共同运输、联合配送；也可以减少交叉运输、空车返程，节约费用；同时还能够通过规模运作，降低物流成本；有了规模优势，又能实施供应链管理，使物流综合化、系统化。

（三）第三方物流的作用

现在，不少企业不愿意将自己的物流业务交给第三方物流企业来完成。一方面是因为这些企业的观念老化，还没有充分认识到第三方物流的重要作用；另一方面，我国第三方物流的发展还不能令人满意，能力、技术和服务还不足以使客户企业信任。第三方物流对企业的作用主要表现在以下几个方面：

第一，集中主业提高核心竞争力。

第二，节省费用，减少资本积压。专业的第三方物流提供者利用规模生产的专业优势和成本优势，通过提高各环节能力的利用率节省付费用，使企业能从分离费用结构中获益。

第三，减少库存。企业不能承担原料和库存的无限拉长，尤其是高价值的部件要及时送往装配点以保证库存的最小量。

第四，提升企业形象。

第五，提高经营柔性。将物流业务交给第三方物流，企业避免了投资风险，没有固定资产做“累赘”，企业经营的时间、地点、范围等，都具有更强的柔韧性。

三、电子商务物流技术及其作用

电子商务物流技术是指电子商务物流要素活动有关的所有专业技术的总称，可以包括各种操作方法、管理技能等，如流通加工技术、物品包装技术、物品标识技术、物品实时跟踪技术等；物流技术还包括物流规划、物流评价、物流设计、物流策略等。当计算机网络技术的应用普及后，物流技术综合了许多现代技术，如条码、电子数据交换、射频技术、地理信息、全球定位系统等。

电子商务物流技术存在于电子商务物流活动的各个方面和各个环节，电子商务物流技术是否先进、合理，直接影响着电子商务物流活动的运行状况，因而可以说，电子商务物流技术是保证电子商务物流活动顺利进行的一个基本条件。电子商务物流技术的作用主要表现在以下几个方面：

1. 电子商务物流技术是提高电子商务物流效率的重要条件

电子商务物流的优势之一就是能大大简化物流的业务流程，提高物流的作业效率。在电子商务物流情况下，一方面，人们可以通过电子商务方面的有关技术，对电子商务物流活动进行模拟、决策和控制，从而使物流作业活动选择最佳方式、方法和作业程序，降低货物的库存，提高物流的作业效率；另一方面，物流作业技术的应用可以提高物流作业的水平、质量和效率。

2. 电子商务物流技术是降低电子商务物流费用的重要因素

先进、合理的电子商务物流技术不仅可以有效地提高电子商务物流的效率，而且也可以有效地降低电子商务物流的费用，这主要是由于先进、合理的电子商务物流技术的应用不仅可以有效地使物流资源得到合理的运用，而且也可以有效地减少物流作业过程中的货物损失。

3. 电子商务物流技术提高电子商务物流的运作质量，提高客户的满意度

电子商务物流技术的应用不仅提高了电子商务物流效率，降低了物流费用，而且也提高了客户的满意度，密切了与客户的关系。电子商务物流技术的应用，快速反应的建立，可使企业能及时地根据客户的需要，将货物保质保量迅速准确地送到客户所指定的地点。此外，先进、合理的电子商务技术的应用，还有利于实现物流的系统化和标准化，有利于企业开拓市场，扩大经营规模，增加收益。

以“京东商城”这一被熟知的电子商务平台为例，京东商城是中国B2C市场最大的3C网购专业平台，是中国电子商务领域最受消费者欢迎和最具影响力的电子商务网站之一。京东商城之所以能成功，很大一部分归因于它良好的经营模式以及灵活多样的商品展示空间，消费者查询等功能，使消费者的购物不受时间和地域的限制，并且在物流方面更是突出。目前，其分布在华北、华东、西南的四大物流中心覆盖了全中国各大城市。

京东商城并没有像其他B2C企业那样完全将物流外包出去，而是创办了自己的物流体系。目前京东有两套物流配送系统，一套是自建的，另外一套是和第三方合作的。2009年至今，京东商城陆续在天津、苏州、南京、深圳、宁波、无锡、济南、武汉、重庆、厦门等40余座重点城市建立城市配送站，为用户提供物流配送、货到付款、移动POS刷卡、上门取换件等服务。2010年4月初，京东商城在北京等城市率先推出“211限时达”服务，在全国实现“售后100分”服务承诺。现在，只要客户购买的是现货产品，从下完订单到准备发货一共只需要1小时34分钟，客户还可以在线查询订单的处理状态，上面显示了订单被确认、产品出库、扫描、以及出货的每一个确切时间。以例子来细化说明，现假设一位名叫乐书鹏的顾客，他在京东购买了一台索尼a350W单反双头相机，那么他所购买的货物将会经历如图6-2所示的物流程序：

图6-2　京东商城物流流程

根据图例，可以总结出京东的物流流程：

1. 下单

客户在京东网上决定购买某货物且提交订单的过程。

2. 系统确认订单

在顾客点击“提交订单”后新订单生成并将订单编号传递到系统。系统确认后有货，自动进入订单打印程序。

3. 订单打印

客户在网上下订单后，经过京东的网络系统可以在网上或现有的ERP系统中看到客户下的订购单。订单可分为单个打印和批量打印。待订单打印完后ERP系统中的打印栏由未打印变成已打印。再由信息员将已打印的订单进行确认，由订单变成为货物分拣界面。

4. 取货

京东的仓库中，商品按照字母A-P的顺序依次摆放着。而出库员小李手上的汇总订单也是按照A-P的顺序排列下来。这样就可以从A区到P区依次取货，正好绕着仓库走一圈，而不用走回头路。一次要为20份左右订单同时取货。

5. 分拣

在货物分拣完成后，交发货包装组进行扫描出库和包装，同时分拣人员在ERP系统中将分拣过的货品资料前面打勾后，点击确定。同时页面变成待发货页面，状态栏为待发货状态。再点击确定转为我们现有的ERP发货系统。

6. 扫描确认订单

库存组依据账物组交给的销售订单进行配货，配货结束在配货单上签字，确认后交给发货组。发货组接到配货组交给的物品后依据销售定单号在ERP系统上进行扫描，扫描时核对销售单的数量、尺码大小。确认货品无误后送往发票开具区。

7. 打包

扫描和开具发票完成后，货品被送到打包区。打包员用塑料袋、泡沫和纸箱将货品包裹好封严。每一个打包员身边也有台电脑，打包员完成一次打包，就要往系统输入自己的编号和货品订单号。

8. 上车扫描

包裹在由仓库发往配送点时会进行上车扫描。如果选用第三方配送，快递公司把货物拿走的同时，会进行电脑扫描，此时，用户在页面上看到订单信息会变为已经配送。

9. 下车扫描

在包裹到达配送点后，操作员会对包裹进行“下车扫描”，这表示货物将分配给该区域的某一位配送员进行配送。

通过京东物流配送流程，我们可以了解到，物流就是为了满足客户的需要，以最低的成本，通过运输、保管、配送等方式，实现原材料、半成品、成品及相关信息由商品的产地到商品的消费地所进行的计划、实施和管理的全过程。电子商务的发展需要以物流做基础，因为物流是实现“以顾客为中心”理念的根本保证。

任务二　电子商务物流基本环节

物流随着商品生产的出现而出现，随商品生产的发展而发展，所以物流是一种古老的传统的经济活动。现代物流，是指利用现代信息技术和设备，将物品从供应地向接收地准确的、及时的、安全的、保质保量的、门到门的合理化服务模式和先进的服务流程。这些流程中就包括了物体的运输、配送、仓储、包装、搬运装卸、流通加工，以及相关的物流信息等环节，而在这些环节中，仓储管理、货物包装和物流配送则是物流环节的核心，这三者在物流流程中显得尤其重要。下面就以淘宝网店中的农享网为例子进行分析。

一、仓储管理

仓储是企业物料配送的一个重要环节，如何充分利用仓储资源，提高服务质量，增强客户满意度，是农享网官网淘宝店所面临的一个问题，尤其现在的客户需求周期短、生产计划多变，供应商供货周期长、仓储条件有限等，在提高服务水平，降低库存，节约时间，成本最小化的压力下，农享网的仓储管理在供应链战略成本中有着重要意义。

农享网将仓储管理分为三个部分即入仓管理、仓内管理和出仓管理。

（一）入仓管理

由于农享网淘宝店铺销售的产品主要以农产品为主，所以产品有散货和成品两种，在入库时也有不同的入库管理，首先来说散装产品的入库。

1. 散货入库

首先供应商将散货（如黄豆、香菇、木耳等）送到公司指定地点，物流管理部根据《到货信息表》进行货物接收，并通知送货车辆到指定位置卸货以及采购人员需要到达现场确认。

货物接收前，库管人员先要检查送货人员提供的送货单据是否与《到货信息表》提供的信息（含质检报告、供应商名称、计量单位、规格型号、数量、批次等信息）相吻合，如果在检查过程中出现不符或没有送货单据的交由责任部门（采购部、营销部、生产安技部）确认处理。

库管员检查完送货单据无误后，他将会安排卸货和数量清点，如果存在数量上的差异，包装袋破损变形的需及时通知相关部门人员协调解决；对外包装破损变形的需拍照取证并通知质管人员，由质管人员判定是否拒收；任何货物必须有清晰的名称标识；如单据检查无误库管员与送货方进行单据签收。

货物卸入库房后，库管员及时填写报验单通知质检人员进行质量检测（包括外观检查），对检测不合格的货物，质量管理部需要及时通知相关部门人员及生产物控人员；物控人员需要根据生产需求决定是否接收或者挑选使用。

库管员跟据质量管理部的判定结果进行收货，退货或者让步接收；对非质量管理部检验范畴的货物，由货物的使用部门进行质量确认；对检验不合格并经联合评审不同意让步接收的物料需通知相关部门（包括采购部、生产安技部、营销部）做退货处理；对让步接收的物料在储存时仓库需做好标识以便与其他物料进行区别（这部分物资按合格品入库）。合格货物，库管员办理到货的正式入库，填写入库单如下图 6-3 所示，物资存放在仓库合格品存放区。

不合格物料，库管员不办理入库手续，货物将被存放在仓库的不合格区并通知责任部门（采购部、生产安技部、营销部）处理；责任部门需要在最短时间内完成退货手续的审批和实物退货，如不能按时处理应书面反馈理由，严禁造成不合格货物长期存放在库内，对于农作物来说储存时间不能太久，容易造成不必要的损失，如下图 6-4 中的产品。

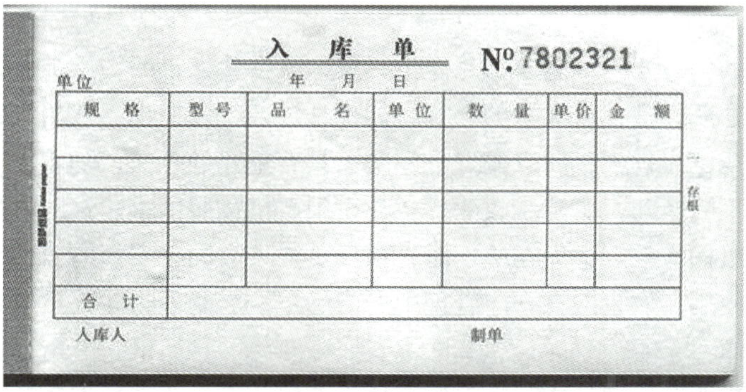

入库单 №7802321

单位　　　　年　月　日

规格	型号	品名	单位	数量	单价	金额
合计						

入库人　　　　制单

一 存根

图 6–3　入库单

图 6–4　农作物

库管员填写完入库单转交相关单位负责人（包括采购部、生产安技部、营销部）签字，签字后递交仓库账务员做系统数据录入。

仓库账务员在系统数据录入完成后及时将单据递交相关部门（采购部、财务部等），仓库留存联做好整理归档，仓库入账人员入账必须在货物通过检验后完成。仓库账务员录入完成后及时将录入的系统数据告知库管员做最终的收货确认。

2. 成品入库

加工人员将送来的散货按规定的分量装好印上公司标签如图 6–5 所示。

图 6–5　包装好的成品

会再次进行入库，在入库前，物料员需要填写“成品入库单”并完成相关审批手续，物料员将完整的入库单据递交仓库成品管理员，在货物送到仓库时，成品管理员需要检查货物包装以及标识，没有问题就可以签字交接入库，如果有异常，成品管理员应不予办理入库。

仓库成品管理员办理完成品实物入库后，要将单据递交给仓库账务做数据录入和单据处理。

（二）仓内管理

仓库是一个高度密集的地方，作为仓库管理员要定期检查货物，维护仓内清洁和安全，在各项运作中要做到细致、标准，在仓库进出货物中定期做统计汇总。

1. 仓内安全

仓库最大的问题就是安全，仓库一旦发生火灾，就会使大量的物质被烧毁，造成重大的经济损失。农享网的仓库经常存放大量的干货，如木耳、茶叶、桂皮、八角等，这些货物一旦遇火会立刻燃起，造成巨大损失，所以搞好仓库防火具有重要的意义。随着农享网业务的不断扩大，它的仓库也在不断新建、扩建和改建，在建设中严格按照国家建筑防火规范的有关规定，并经公安消防监督机构审核。仓库在竣工时，项目负责人会同公安消防监督部门进行验收，验收不合格，就不能使用。农享网在仓库管理中专门确定一名领导为防火负责人，全面负责仓库的消防安全管理工作。

农享网要求物流仓库管理员应当熟悉储存物品性质、保管业务知识和防火安全制度，掌握消防器材的操作使用和维护保养方法，做好本岗位的防火工作。在夜间也要严格执行巡逻制度。值班人员应当认真检查、督促落实。

进入库区的所有机动车辆，必须做好防火工作。各种机动车辆装卸物品后，不准在库区、库房、货场内停放和修理。装卸作业结束后，应当对库房、库区进行检查，确认安全后，方可离人。

2. 存储方式

货物的存储方式有三种：第一种，季节性储存，由生产季节与消费时间不一致引起，这种不一致包括全年生产季节性消费、季节性生产全年消费和季节性生产季节性消费三种情形；第二种，周转性储存指流通企业为维持正常经营而进行的储存，其储存量取决于企业的经营能力、资金实力和管理水平等；第三种，储备性储存又叫国家储备，指防备灾荒、战争或其他应急情况而进行的物资储备，一般是涉及国计民生的物资，如粮食、棉花、石油、药品、战备物资等。

对于农享网来说前两种储存方式都有用到，农享网销售的农作物都是有季节性的，所以在储存时按照上述季节性储存的三种情形分别储存，在储存过程中储存的货物由于自身各方面（如成分、结构、性质等）原因，以及储存环境因素（如空气、温度、湿度、阳光、微生物、虫鼠、外力、卫生状况等）的影响，往往导致货物发生质量的损失和数量的损耗，因此，储存货物时需按照种类存放在不同区域，为节省空间对于同种类有包装（如箱、桶、袋、箩筐、捆、扎等包装）的货物都按照堆垛的方式存储，必要时使用苫垫遮盖货物，防止货物受潮受损。

（三）出仓管理

当货物出仓时必须办理出仓手续，例如农享网淘宝店销售部在接到一个单子出货时，需要向仓库管理员传送销售订单，仓管通过订单开始备货，并送达质检部，质检部检查货物是否受损、货物的数量是否正确、标签是否掉落等，核对正确后发放到销售部，在由销售部发出，如货物出现问题则会返回仓库。

在整个过程中各部门人员需要核对流程单或相关凭证等，货物发出必须由各销售部开具销售发货单据，仓库管理人员凭盖有财务发货印章和销售部门负责人签字的发货单仓库联发货，并登记。所有货物出库单据都要作保存归档。

仓管员在月末结账前要与车间及相关部门做好物料进出的衔接工作，各相关部门的计算口径应保持一致，以保障成本核算的正确性。库存物资清查盘点中发现问题和差错，应及时查明原因，并进行相应处理。如属短缺及需报废处理的，必须按审批程序经领导审核批准后才可进行处理，否则一律不准自行调整。发现物料失少或质量上的问题（如超期、受潮、生锈、损坏等），应及时用书面的形式向有关部门汇报仓库主管。

二、货物包装

货物打包是物流当中一个重要环节，将不同的货物分类打包，不仅显示了物流工作的合理性，在一定程度上还能增加物流的安全性，包装因材料和重量的不同，物流成本也会有所影响，通常在保障货物安全的情况下企业会采用最合适的包装节省成本，打包常见的包装有纸箱、快递袋、木箱等，如图 6–6 所示。

图 6–6　包装材料

（一）选择打包材料

纸箱通常情况下是最常见包装，根据货物本身选择不同大小的纸箱，堆放方便节省空间，但纸箱最大的缺点是成本较高；快递袋是由快递公司提供的货物包装袋，是对于那些不怕挤压的产品来说的，例如衣服、毛绒玩具等；木箱和快递袋刚好相反，是例如跑步机、洗衣机等这样体积大、容易损坏、对防震要求很高的产品的包装。

农享网因为它的产品特点在打包时主要使用纸箱，像瓶装的蜂蜜、生姜粉等，图 6–7 所示的是易碎品， 所以在包装时需要在产品周围加上填充物，防止在运输过程中产生严重震荡造成产品受损，填充物主要选择废旧报纸，也可以购买专门防震的填充物，如图 6–8 所示。填充物体积大重量轻为最佳，在货物装箱时产品要和纸箱之间空出一定的距离，方便放置填充物。

图 6–7　农享网产品

图 6–8　防震填充物

（二）打包流程

1. 产品确认

农享网要求打包人员在打包前检查打包台面是否整洁，除在打包过程中需要用到的工具外，其它物品不得放置。打包员从储物框内取出商品与销售单据，先检查销售单据与商品是否一致，如果不同返回给销售部负责人，对商品破损、条形码不清楚的必须退回质检部处理，使用扫描器正常扫描销售单和商品标签，等到系统确认完成再进行正式打包。

2. 选择包装

打包员要根据产品的大小、种类等特性选用合适的包装物进行初步放置。农享网采用的是纸箱包装，采用气泡膜包装，单个产品（含外包装）体积小于 5×5×5 cm 时采用 16 号纸箱或者废旧的小纸箱包装。像花生豆、黑豆、腐竹等这些表面不规则的散装产品，客户在订货时可能会订购多包，就需要较大的纸箱。封箱前检查桌面商品有无遗漏，订单有无放入包装物内。

图 6–9　散装产品

3. 胶带缠绕货物

用塑料袋包装的物品，胶带在塑料袋外缠绕呈“十”字形，防止商品从中流失，用拼袋（或拼箱）的商品，除用胶带呈“十”字形包装外，还要用胶带弥合接口，防止物品从中遗失，液体类如蜂蜜加贴“易泄易漏”标识、“此面向上”标识，易碎品加贴“易碎”标识。标识加贴与包裹单同面，纸箱包装的物品，箱体上下对缝必须密合，胶带缠绕不少于 2 周，左右侧缝用胶布缠绕密合。

包装完成后加贴标签打印机打印的面贴，地址面贴应保持与商品的外包装平整，以便于下个流程进行扫描，将包装完好的商品放置于绿色流水线上，打包完成。

在完成对仓储和打包流程的示例分析后，接着还需要明确的即为物流的配送环节。物流配送是指在经济合理区域范围内，根据客户要求，对物品进行拣选、加工、包装、分割、组配等作业，并按时送达指定地点的物流活动。

但从总体上看，配送是由备货、理货和送货三个基本环节组成的。其中每个环节又包含着若干项具体的活动。

（1）备货。备货是指准备货物的系列活动，包括筹集货物和存储货物，它是配送的基础环节。配送的优势之一，就是可以集中若干用户的需求进行一定规模的备货。备货是决定配送成败的初期工作，如果备货不及时或不合理，会导致备货成本太高，大大降低配送的效益。

严格来说，备货应当包括两项具体活动：筹集货物和存储货物。

筹集货物是指在不同的经济体制下，筹集货物（或者说组织货源）是由不同的行为主体来完成的。若生产企业直接进行配送，则筹集货物的工作由生产企业自己去完成。但是在专业化流通体制下，组织货源和筹集货物的工作会出现两种情况：

其一，由提供配送服务的配送企业直接承担。一般是通过向生产企业订货或购货完成此项工作。

其二，选择商流、物流分开的模式进行配送、订货、购货等筹集货物的工作由生产企业自己去做，配送企业只负责进货和集货等工作，货物所有权属于生产企业。然而，无论具体做法怎样不同，总的来说，筹集货物由订货、进货、集货和相关的验货、结算等一系列活动组成。

存储货物则是购货、进货活动的延续。在配送活动中，货物存储有两种表现形态：一种是暂存形态；另一种是储备形态，包括保险储备和周转储备。

暂存形态的存储是指按照分拣、配货工序的要求，在理货场地储存少量货物。

这种形态的货物存储是为了适应“日配”“即时配送”需要而设置的。其数量多少对下一个环节的工作方便与否会产生很大影响。但一般来说，不会影响储存活动的总体效益。

储备形态是按照一定时期配送活动要求和根据货源的到货情况，比如到货周期，有计划地确定的。它是使配送持续运作的资源保证。用于支持配送的货物储备有两种具体形态：周转储备和保险储备。无论是哪种形态的储备，相对来说，数量都比较多。因此，货物储备合理与否，会直接影响配送的整体效益。

出口贸易备货工作的主要内容是：在签订合同或收到信用证后向生产部门、供货部门或仓储部门安排或催交货物，核实应交货物的品质、规格、数量，进行必要的加工整理、包装、刷唛头以及申请报验和领证工作。凡列入《种类表》的出口商品和买卖合同中规定由商检机构出证的商品，均应在货物备齐后向商品检验局申报检验。只有取得商检局发给的检验合格证书，海关才予放行。凡未列入《种类表》的出口商品，而且买卖合同中亦未规定由商检机构出证的出口商品，也应向商检局申报，经商检局在报关单上加盖放行印章后，海关才凭以放行。

（2）理货。理货是配送的一项重要内容，也是配送区别于一般送货的重要标志。一般包括货物分拣、配货、包装等活动。理货是完善送货、支持送货的准备性工作，也是决定整个配送系统服务水平的关键环节。

（3）送货。送货就是货物的运输或运送，是备货和理货工序的延伸，也是配送活动的核心。

三、物流配送

（一）物流配送的主要流程

在完成了货物包装的一系列流程后，紧接着就应该进行物流配送环节了，而物流配送的主要流程可以根据客户的需求分为以下几种：

1. 配送服务的一般流程

一般配送服务以中、小件杂货配送为主，由于货物较多，为保证配送，需要有一定储存量，属于有储存功能的配送服务。理货、分类、配货、配装功能要求较强，很少有流通加工的功能，这种流程也可以说是配送服务的典型流程，其主要特点是有较大的储存、分货拣选、配送场所，作业装备也较大。流程如图 6–10 所示：

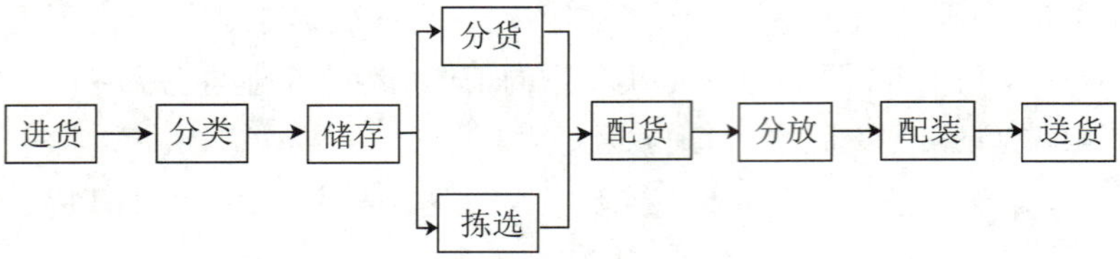

图 6–10　配送服务一般流程

2. 不带存储库的配送服务流程

不带存储库的配送是一种专以配送为职能，只有为一时配送备货的暂存，而无大量储存的配送服务。暂存区设在配货场地中，配送作业场所中不单设储存区。这种配送服务的主要场所都用于理货、配货。其流程如图 6–11 所示：

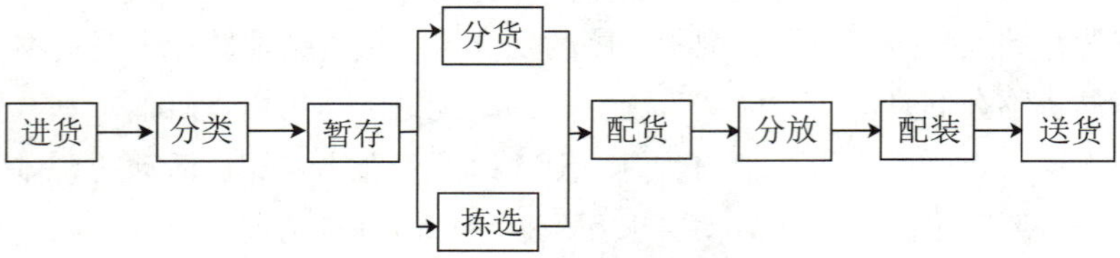

图 6–11　不带存储库配送流程

3. 加工配送型配送服务流程

加工配送型配送服务的特点是进货商品批量大、品种少、分类工作不重或基本上无需分类；储存后进行的加工，一般按用户要求进行，加工后产品直接按用户需求分放、配货。所以，这种配送服务有时不单设分货、配货或拣选环节，而加工部分及加工后分放部分是主要作业环节，占较多空间。

加工配送型配送服务一般有多个模式，随加工方式不同，流程也有所区别。典型流程如图 6–12 所示：

图 6–12　加工配送型配送流程

4. 批量转换型配送服务流程

在批量转换型配送服务中，产品以单一品种、大批量方式进货，在配送服务下转换成小批量。流程如图 6–13 所示：

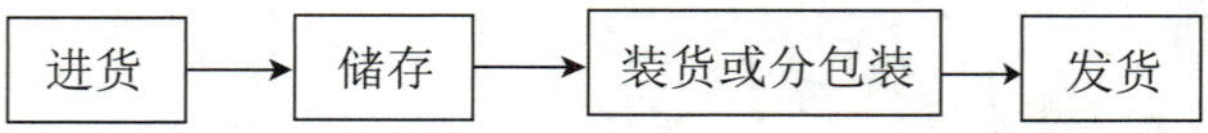

图 6–13　批量转换型配送流程

这种配送服务流程十分简单，基本不存在分类、拣选、分货、配货、配装等工序。但是，由于是大量进货，储存能力较强，所以储存及装货作业最重要。

（二）物流配送的基本方法

由于配送服务的对象、品种、数量等较为复杂，为了做到有条不紊地组织配送活动，应当遵照一定的作业流程进行。一般情况下，配送服务的基本作业流程主要包括以下几个方法：

1. 拟订配送计划

根据用户的订货合同，确定用户的送达地、接货人、接货方式、货种、规格、数量、送货时间及送接货的其他要求；了解所需配送的各种货物的性能、运输要求，以决定车辆种类及搬运方式；每天每小时的运力配置情况；交通条件的道路水平；配送中心所存货物品种、规格、数量情况等。

2. 确定配送计划

掌握了以上原始数据，依据一定的算法，确定配送计划。由于变量多、计算量大，可用计算机进行。

3. 执行配送计划

配送计划确定后，将到货时间、品种、规格、数量通知用户和配送中心，中心配发，用户准备接货。

仓内管理

配送中心依据配送检查库存货物，对数量种类不足的货物，马上进货，并向物流中心的运输部门、仓储部门、分货包装及财务部门下达配送任务。各部门分别完成配送准备，理货部门按计划将各用户所需要的各种货物进行分货及配发包装，标明收货人的名称、地址、配送时间、货物明细，按计划将各用户货物组合、装车，车辆按计划路线送货上门，用户在运单回执上签字，配送完成后，通知财务部门结算。

综合所有，可以得出，配送是物流中一种特殊的、综合的活动形式，是商流与物流紧密结合，包含了商流活动和物流活动，也包含了物流中若干功能要素的一种形式。从物流来讲，配送几乎包括了所有的物流功能要素，是物流的一个缩影或在某小范围中物流全部活动的体现。一般的配送集装卸、包装、保管、运输于一身，通过这一系列活动达到将货物送达的目的。特殊的配送则还要以加工活动为支撑，所以包括的方面更广。但是，配送的主体活动与一般物流却有不同，一般物流是运输及保管，而配送则是运输及分拣配货，分拣配货是配送的独特要求，也是配送中有特点的活动，以送货为目的的运输则是最后实现配送的主要手段，从这一主要手段出发，常常将配送简化地看成运输。

从商流来讲，配送和物流不同之处在于，物流是商物分离的产物，而配送则是商物合一的产物，配送本身就是一种商业形式。虽然配送具体实施时，也有以商物分离形式实现的，但从配送的发展趋势看，商流与物流越来越紧密的结合，是配送成功的重要保障。

通过本任务的实施了解不同商品的包装要点，学会选择快递公司。

不同商品的包装：

（1）避重就轻：商品和纸箱内壁的四周应该预留3厘米左右的缓冲空间，并用填充物将商品固定好，以达到隔离和防震的目的。

（2）严丝合缝：用填充物塞满商品和纸箱之间的空隙，使纸箱的任何一个角度都能经得起外力的冲撞。

（3）原封不动：纸箱的所有边缝都要用封箱胶带密封好，既可以防止商品泄漏和液体浸入，还可以起到一定的防盗作用。

（4）表里如一：安全工作可以从纸箱内部延伸到外部，在纸箱封口处贴上1~2张防盗封条，可以起到一定的警示和震慑作用，有效地防止内件丢失，防盗封条可以自己制作，也可以在淘宝上购买。

打包提示：

如果是到邮局柜台去寄平邮的话，纸箱千万不要提前封口，要等邮局的工作人员做过安全检查以后才能封口并邮寄。因为根据《中华人民共和国邮政法》第四章第二十一条规定：用户交寄除信件以外的其他邮件，应当交邮政企业或者其分支机构当面验视内件，拒绝验视的，不予收寄。

快递公司的选择：

1. 先了解开网店主要用哪些快递公司

· 申通快递

· 顺丰速运

· EMS- 中国邮政

· 宅急送

· 圆通快递

· 天天快递

· 韵达快递

· 中通速递

· 优速

· 极兔

以上是几家主流快递。

2. 快递价格

做网店的，发快递都是快递行情价格，这个基本上都是透明的，可以多打电话问问各快递公司，在网上查询在本地区的快递价格，咨询下本地开店的效果最好。

在淘宝查询快递价格方法：

（1）阿里旺旺主界面－左侧最下面有个小汽车点击进去。

（2）我的淘宝－我是卖家－交易管理－物流工具－运费／时效查看器。

（3）有的快递公司的在线下单的客服，提供全国区域的报价单／时效表；有的没有，就要靠卖家自己去收集整理了。

3. 熟悉快递公司的网点

熟悉快递公司的网点，这个很重要。因为我们的客户全国各地哪里都有，有的地方，如果那些快递公司没有网点的，是送不到的。所以，发货之前，我们就要先确认一下，哪些快递公司可以到。

快递公司的网点查询方法：

（1）到快递公司的网站查看目的地那里是否有网点，有的话，是可以到的。比较偏僻的地方最好电话确认下，避免页面出现无法送达的情况。

（2）在线下单，那里有哪家快递公司，就证明，那些快递公司是可以到的。（前提条件是网络无误差；买家留的地址是正确的发货地址）。

4. 设置快递价格

快递价格一定要充分针对自己宝贝的情况，利润高的运费可以设置低一点，但也不要太低，产品利润不高的运费就得保持行业水准，不然很难保持利润，当然你的利润够高的话免邮也是可以的，买家也是很喜欢的。

5. 联系快递的方法

在线下单：刚开始做淘宝，最好先使用淘宝在线下单，这个方便很多。淘宝系统会根据订单的收件地址，列出可以到达目的地的快递公司（并注明了淘宝价格）。您就可以挑一个价钱可以接受、服务不错的快递了。也要咨询买家对快递的喜好。下过单业务员就会上门收件，借这个就会熟悉下，最少要个联系方式吧，熟悉了可以谈谈价格什么的。

6. 快递的选择

对比自己的产品情况，多选几家，结果一段时间合作，确定长期合作的快递。

选快递一般有以下几点要注意的：

（1）发货速度：要搞清楚本地快递发件的速度，看哪家公司最快，选择最快的。当然是顺丰最快，但淘宝发件一般买家不要求的情况都不发顺丰，因为顺丰运费较贵。

（2）快递价格：选择价格适中的，也不要选最低的，除非谈得好，一般最低的一定要考虑服务因素，不然以后合作了服务不好够你受的。合作时间久了，单多了要谈个合适的价格。

（3）快递服务：如果价格都差不多，那肯定是要对比谁的服务好，就可以达成长期合作关系。所谓的日久见人心，一段时间我们可以感受到快递公司的服务情况，自己就可以选择了。因为每个地区不同快递公司服务业不一样，有的跟业务员也有很大关系。

任务三　电子商务物流技术

随着电子商务的进一步推广与应用，物流的重要性对电子商务活动的影响日益明显。现代物流企业在运作过程中具有信息量大、时空跨度大、处理过程复杂等特点，所以建立功能完善、操作方便、安全、及时的物流管理信息系统，就需要大量的技术及知识的支撑，而条形码技术与自动化仓库，则是最常见的电子商务物流技术。本任务将对这两种物流技术进行详尽的介绍和说明。

一、条形码技术

条形码技术是在计算机的应用实践中产生和发展起来的自动识别技术，是为实现对信息的自动扫描识别而设计的数据采集的有效手段。条码技术的应用真正解决了数据录入和数据采集的“瓶颈”问题，为供应链的管理和电子商务最基础对象数字化提供了有利的技术保证。

由于条码技术具有输入速度快、信息量大、准确率高、成本低、可靠性强等特点，因而发展十分迅速。在 40 多年的时间里广泛应用于商业流通、邮电通讯、物流仓储、交通运输和工业生产控制等各个领域。条码技术的出现不仅在国际范围内为商品提供了一整套完整可靠的代码标识体系，为产、供、销等生产及贸易活动提供了通用的数字化“语言”，而且为电子商务供应链及物流各环节提供了具有基础价值的语言符号，为商业流通数据的自动采集和电子数据交换奠定了基础，也为电子订购系统提供一种可选的技术手段。

以物流为例，由于信息流、商流、资金流都可以在网上快速进行，决定电子商务系统成功与否的关键是要建立一个覆盖面较大、反应快速、成本有效的物流网络和系统。应用包括条码技术在内的信息技术，完成物流各作业流程的信息化、网络化、自动化才能使这个目标的实现成为可能。下面介绍的是条码技术在物流领域的应用。

（一）生产线上的产品跟踪

首先在生产任务单上粘贴条码标签，任务单跟随相应的产品进行流动。然后每一生产环节开始时，用生产线条码终端扫描任务单上的条码，更改数据库中的产品状态。最后产品下线包装时，打印并粘贴产品的客户信息条码，从而实现了对各工序产品数据的采集和整个生产过程的跟踪，如图 6–14 所示。

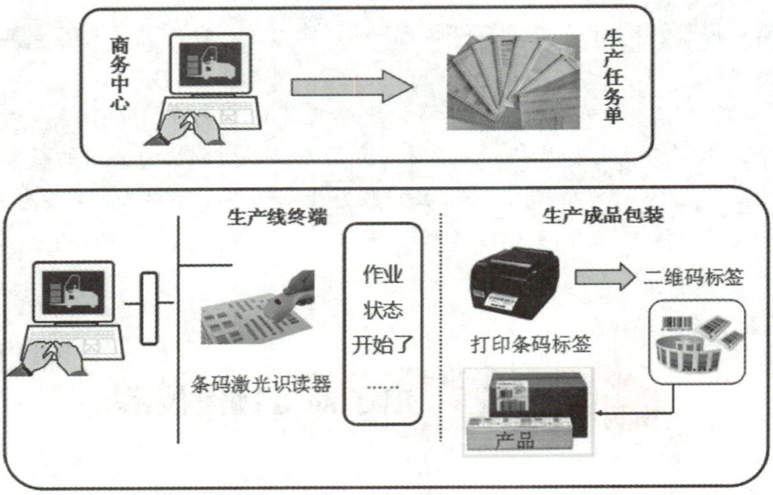

图 6–14　产品跟踪

（二）产品标签管理

在产品下线时，产品标签由制造商打印并粘贴在产品包装的明显位置。产品标签将成为跟踪产品流转的重要标志。

（三）产品入库管理

识读商品上的条码标签，同时录入商品的存放信息，将商品的特性信息及存放信息一同存入数据库。通过条码传递信息，有效地避免了人工录入的失误，实现了数据的无损传递和快速录入，将商品的管理推进到更深的层次——个体管理，如图 6–15 所示。

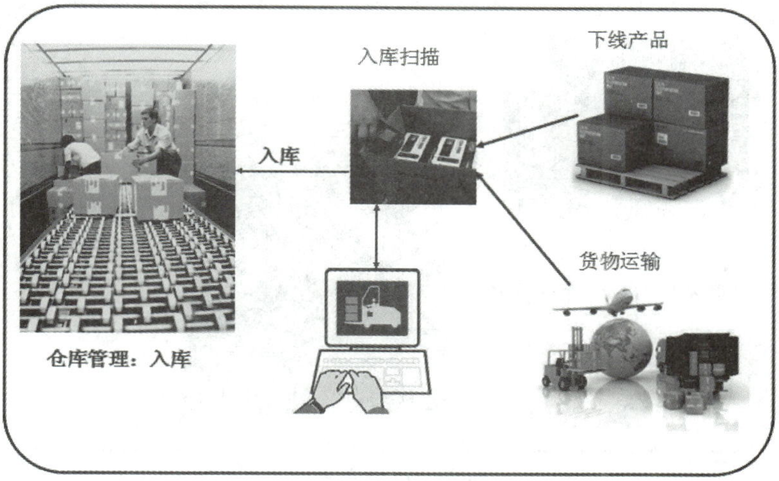

图 6–15 产品入库管理

（四）产品出库管理

产品出库时，要扫描商品上的条码，对出库商品的信息进行确认，同时更改其库存状态，如图 6–16 所示。

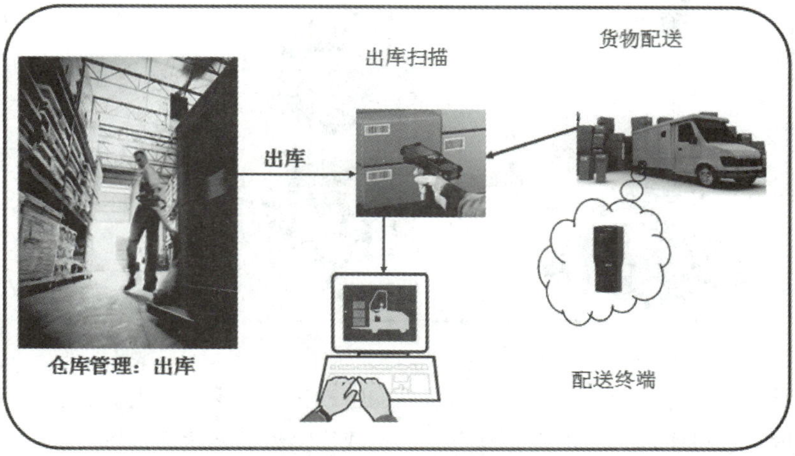

图 6–16 产品出库管理

（五）库存管理

一方面条码可用于存货盘点。通过手持无线终端扫描物品条码，收集盘点商品信息，然后将收集到的信息由计算机进行集中处理，从而形成盘点报告；另一方面条码可用于出库备货。具体如图 6–17 所示。

（六）货物配送

配送前将配送商品资料和客户订单资料下载到移动条码终端中，到达配送客户后，打开移动终端，调出客户相应的订单，然后根据订单情况挑选货物并验证其条码标签，确认配送完一个客户的货物后，移动条码终端会自动校验配送情况，并做出相应的提示。具体如图 6–18 所示。

图 6–17　库存管理

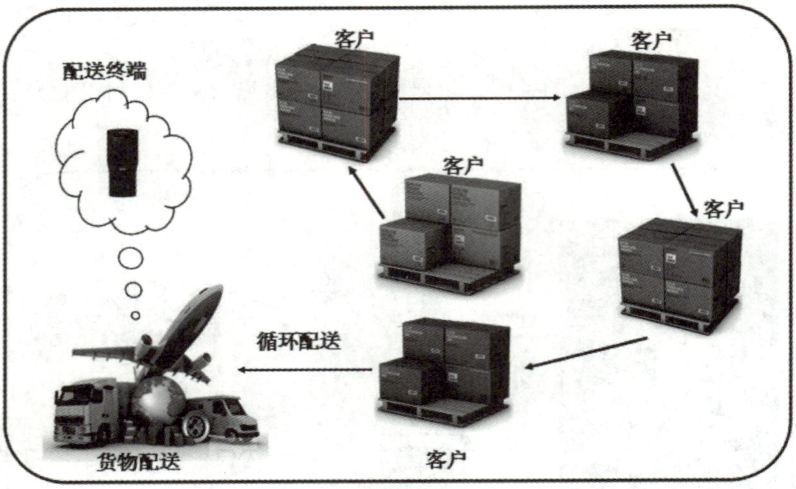

图 6–18　货物配送

可见，以条码这种标准标识“语言”为基础的自动识别技术，大大提高了数据采集和识别的准确性和速度，并可实现过程中的计算意义，实现了物流的高效率运作。

二、自动化立体仓库

（一）自动化立体仓库流程

自动化立体仓库，也叫自动化立体仓储，物流仓储中出现的新概念，主要利用立体仓库设备实现仓库高层合理化，存取自动化，操作简便化，是当前技术水平较高的形式，它主要通过仓库管理计算机对存储物资进行编码、入库、出库、分拣管理，并自动完成物资的存取及输送，流程图如图 6–19 所示。

主要由以下几部分构成：

1. 货架

货架是钢结构或钢筋混凝土结构的建筑物或结构体，货架内是标准尺寸的货位空间，目前主要有焊接式货架和组合式货架两种基本形式。

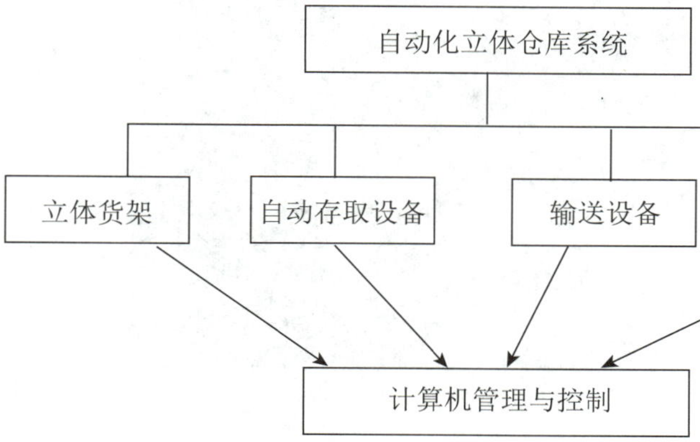

图 6-19　自动化立体仓储流程

2. 托盘

托盘用于承载货物的器具，亦称工位器具。

3. 巷道堆垛机

巷道堆垛机用于自动存取货物，按结构形式分为单立柱和双立柱两种基本形式，按服务方式分为直道、弯道和转移车三种基本形式。而巷道堆垛机主要运用于货架之间的巷道中，完成存、取货的工作。

4. 输送机系统

输送机系统是立体库的主要外围设备，负责将货物运送到堆垛机或从堆垛机将货物移走。输送机种类非常多，常见的有辊道输送机、链条输送机、升降台、分配车、提升机机、皮带机等。

5.GV 系统

GV 系统即自动导向小车，根据其导向方式可分为感应式导向小车和激光导向小车。

6. 自动控制系统

自动控制系统即驱动自动化立体库系统及设备的自动控制系统，目前采用现场总线方式以控制模式为主。

7. 储存信息管理系统

储存信息管理系统也称中央计算机管理系统，是全自动化立体库系统的核心。目前典型的自动化立体库系统均采用大型的数据库系统（如 ORACLE，SYBASE 等）构筑典型的客户机/服务器体系，可以与其他系统（如 ERP 系统等）联网或集成。

（二）自动化立体仓库的类型

在电子商务物流技术中，自动化立体仓库被运用得非常广泛，根据不同的运用范围，自动化立体仓库有不同的应用领域，常见的几种自动化立体仓库如下所示：

1. 长件型自动立体仓库

长件型自动立体仓库主要是实现大件物品的顺利搬运、保管。适用于板材、铝材、玻璃等大型托盘承装，如图 6-20 所示。

其长度方向为 6 米，宽度方向为 2.6 米，最大重量为 5000 千克。在计算机综合管理系统方面，主要通过联机自动方式，对仓库设备进行控制，达到货物调配、生产衔接等系统管理功能。

图 6-20　长件型自动立体仓库

2. 高层托盘型自动化双立柱立体仓库

高层托盘型自动化双立柱立体仓库主要用于更高的场合，专为 20 米以上的立体仓库设计的双立柱堆垛机，在大规模自动化立体仓库中发挥着快速、高效的作用。在这样的场合，仓库建筑和立体仓库货架联成一体、库架一体式立体仓库得到应用。其最大承重可达 5 吨，特别适合单元货物较重的立体仓库系统。如图 6-21 所示。

图 6-21　高层托盘型自动化双立柱立体仓库

3. 低温型自动立体仓库

适用食品、药品等行业需要对保管货物进行严格温度控制的领域，可实现仓库不同区域不同温度的控制要求。出入库搬运自动化，保管物品的出入库、保管、搬运全部实现自动化，可避免人工作业对操作工人的伤害。保证实现货物的先进先出，因为用计算机进行仓库管理，先进先出变得容易，保证了保管货物的品质。如图 6-22 所示。

4. 高速货盒型自动化立体仓库

适用于保管品种多、数量少，单件体积小的物品。载荷量范围最大荷载 50 千克。尺寸范围为仓库高度可灵活设置。货箱尺寸灵活，最大尺寸宽 420 毫米、长 700 毫米、高 100~500 毫米。如图 6-23 所示。

图 6–22　低温型自动立体仓库

图 6–23　高速货盒型自动化立体仓库

因此，将自动化立体仓库与传统仓库相比较，传统仓库只是货物储存的场所，保存货物是其唯一的功能，是一种“静态储存”。自动化立体仓库采用先进的自动化物料搬运设备，不仅能使货物在仓库内按需要自动存取，而且可以与仓库以外的生产环节进行有机的连接，并通过计算机管理系统和自动化物料搬运设备使仓库成为企业生产物流中的一个重要环节。企业外购件和自制生产件进入自动化仓库储存是整个生产的一个环节，短时储存是为了在指定的时间自动输出到下一道工序进行生产，从而形成一个自动化的物流系统，这是一种“动态储存”，也是当今自动化仓库发展的一个明显的技术趋势。

任务实施

通过本任务的实施，全面认识亚马逊十大物流技术。

亚马逊是最早玩转物流大数据的电商企业：亚马逊在业内率先使用了大数据、人工智能和云技术进行仓储物流的管理。亚马逊创新地推出预测性调拨、跨区域配送、跨国境配送等服务，不断给全球电商和物流行业带来惊喜。

1. 亚马逊的智能机器人 Kiva 技术

2012 年亚马逊以 7.75 亿美金收购 KIVASYSTEMS，大大提升了亚马逊的物流系统。据悉时至 2020 年，亚马逊承认全球部署约有 20 万台，与 30 万员工并肩工作。Kiva 系统作业效率要比传统的物流作业提升 2~4 倍，机器人每小时可跑 30 英里，准确率达到 99.99%。

机器人作业颠覆传统电商物流中心作业“人找货、人找货位”模式，通过作业计划调动机器人，实现“货找人、货位找人”的模式，整个物流中心库区无人化，各个库位在 Kiva 机器人驱动下自动排序到作业岗位。

2. 无人机送货

早在 2013 年 12 月，亚马逊就发布 Prime Air 无人快递，顾客在网上下单，如果重量在 5 磅以下，可以选择无人机配送，在 30 分钟内把快递送到家。整个过程无人化，无人机在物流中心流水线末端自动取件，直接飞向顾客。

3. 订单与客户服务中的大数据应用

亚马逊是第一个将大数据推广到电商物流平台运作的企业。电商完整端到端的服务可分为五大类，即浏览、购物、仓配、送货和客户服务等。

（1）用户浏览。亚马逊有一套基于大数据分析的技术来帮助精准分析客户的需求。具体方法是，后台系统会记录客户的浏览历史，并随之把顾客感兴趣的库存放在离他们最近的运营中心，这样方便客户下单。

（2）购物便捷下单。在这方面可以帮助客户不管在哪个角落，都可以快速下单，也可以很快知道他们喜欢的选品。

（3）仓储运营。大数据驱动的仓储订单运营非常高效，在中国亚马逊运营中心最快可以在 30 分钟之内完成整个订单处理，也就是下单之后 30 分钟内可以把订单处理完出库，从订单处理、快速拣选、快速包装、分拣等一切都由大数据驱动，且全程可视化。由于亚马逊后台的系统分析能力非常强大，因此能够实现快速分解和处理订单。

（4）配送。精准送达对于当前电商物流来说，绝对是一个技术活，电商物流的快物流不是本事，真正高技术的电商物流服务是精准的物流配送，亚马逊的物流体系会根据客户的具体需求时间进行科学配载，调整配送计划，实现用户定义的时间范围的精准送达，美国亚马逊还可以根据大数据的预测，提前发货，实现与线下零售 PK 赢得绝对的竞争力。

（5）CRM 客服。大数据驱动的亚马逊客户服务，据悉亚马逊中国提供的是 7 × 24 小时不间断的客户服务，首次创建了技术系统识别和预测客户需求，根据用户的浏览记录、订单信息、来电问题，定制化地向用户推送不同的自助服务工具，大数据保证客户可以随时随地电话联系对应的客户服务团队。

4. 智能入库管理技术

在亚马逊全球的运营中心，可以说是把大数据技术应用得淋漓尽致，从入库这一时刻就开始了。

（1）在入库方面。采用独特的采购入库监控策略，亚马逊基于自己过去的经验和所有历史数据的收集，了解什么样的品类容易坏，坏在哪里，然后给它进行预包装。这都是在收货环节提供的增值服务。

（2）商品测量。亚马逊的 Cubi Scan 仪器会对新入库的中小体积商品测量长宽高和体积，根据这些商品信息优化入库。例如鞋服类、百货，新的爆款等，都可以直接送过来通过 Cubi Scan 测量直接入库。

这给供应商提供了很大方便。客户不需要自己测量新品，这样能够大大提升他的新品上升速度；同时有了这个尺寸之后，亚马逊数据库可以存储下这些数据，在全国范围内共享，这样其他库房就可以直接利用这些后台数据，再把这些数据放到合适的货物里就可以收集信息，有利于后续的优化、设计和区域规划。

5. 大数据驱动的智能拣货和智能算法

（1）智能算法驱动物流作业，保障最优路径。在亚马逊的运营中心，不管是什么时间点，基本上在任何一个区域、任何一个通道里面，你不太会看到很多人围在一起，为什么？因为亚马逊的后台有一套数据算法，它会给每个人随机地优化他的拣货路径。拣货的员工直接朝前走，无需走回头路。系统会推荐下一个要拣的货在哪儿，永远不走回头路。而且确保全部拣选完了之后，路径最少，通过这种智能的计算和智能的推荐，可以把传统作业模式的拣货行走路径减少至少 60%。

实现方式：拣货的时候，系统会告诉员工，拿着扫描枪，下一个应该去到哪个货位去检，走的路是最少的，效率最高。

（2）图书仓的复杂的作业方法。图书仓采用的是加强版监控，会限制那些相似品尽量不要放在同一个货位。图书穿插摆放，批量的图书，它的进货量很大，因为它的需求很大。所以这样一来，亚马逊通过数据的分析发现，这样穿插摆放，就可以保证每个员工出去拣货的任务比较平均。

（3）畅销品的运营策略。比如奶粉，有些是放在货架上的，有些是放在托盘位上的。像这些离发货区会比较近，亚马逊根据后台的大数据，知道它的需求量也比较高，所以它进来的时候都是整批整批的进，然后就会把它放在离发货区比较近的地方，这样可以减少员工的负重行走路程。

6. 随机存储

（1）随机存储的运营原则。随机存储是亚马逊运营的重要技术，但要说明的是，亚马逊的随机存储不是随便存储，是有一定的原则性的，特别是畅销商品与非畅销商品，要考虑先进先出的原则，同时随机存储还与最佳路径也有重要关系。

（2）随机存储与系统管理。亚马逊的随机存储核心是系统 Bin，将货品、货位、数量绑定关系发挥极致。收货：把订单看成一个货位，运货车是另一个货位，收货即货位移动；上架：Bin 绑定货位与货品后随意存放；盘点：与 Bin 同步，不影响作业；拣货：Bin 生成批次，指定库位，给出作业路径；出货：订单生成包裹。

（3）随机存储运营特色。亚马逊的运营中心有两大特色，第一个特色就是随机上架，实现的是见缝插针的最佳存储方式。看似杂乱，实则乱中有序。实际上这个乱不是真正的乱，乱就是说可以打破品类和品类之间的界线，可以把它放在一起。有序是说，库位的标签就是它的 GPS，然后这个货位里面所有的商品其实在系统里面都是各就其位，非常精准地被记录在它所在的区域。

7. 智能分仓和智能调拨

亚马逊作为全球大云仓平台，智能分仓和智能调拨拥有独特的技术含量。在亚马逊中国，全国 10 多个平行仓的调拨完全是在精准的供应链计划的驱动下进行的。

（1）通过亚马逊独特的供应链智能大数据管理体系，亚马逊实现了智能分仓、就近备货和预测式调拨。这不仅仅是用在自营电商平台，在开放的“亚马逊物流 +”平台中应用得更有效。

（2）智能化调拨库存：全国各个省市包括各大运营中心之间有干线的运输调配，以确保库存已经提前调拨到离客户最近的运营中心。以整个智能化全国调拨运输网络很好地支持了平行仓的概念，全国范围内只要有货就可以下单购买，这是大数据体系支持全国运输调拨网络的充分表现。

8. 精准预测、二维码精准定位技术

（1）精准的库存信息。亚马逊的智能仓储管理技术能够实现连续动态盘点，库存精准率达到 99.99%。

（2）精准预测库存，分配库存。在业务高峰期，亚马逊通过大数据分析可以做到对库存需求精准预测，从配货规划、运力调配，以及末端配送等方面做好准备，平衡了订单运营能力，大大降低爆仓的风险。

（3）亚马逊全球运营中心中，每一个库位都有一个独特的编码。二维码是每一个货位的身份证，就是一个 GPS，可以在系统里查出商品定位，亚马逊的精准的库位管理可以实现全球库存精准定位。

9. 可视化订单作业、包裹追踪

（1）跨境电商方面。2014 年 8 月 13 日亚马逊发布了海外购，这是依托保税区 / 自贸区发货的创新模式。亚马逊海外购的商品非常有价格优势，同质同价。

（2）全球云仓库存共享。在中国就能看到来自大洋彼岸的库存，亚马逊实现全球百货，直供中国，这是全球电商供应链可视化中，亚马逊独特的运营能力。在中国独一无二地实现了全球可视化的供应链管理。

（3）国内运作方面。亚马逊平台可以让消费者、合作商和亚马逊的工作人员全程监控货物、包裹位置和订单状态。比如：昆山运营中心品类包罗万象，任何客户的订单执行，从前端的预约到收货；内部存储管理、库存调拨、拣货、包装；以及配送发货，送到客户手中，整个过程环环相扣，每个流程都有数据的支持，并通过系统实现全订单的可视化管理。

10. 亚马逊独特发货拣货技术

2020年“双11”期间的亚马逊运营中心，大量采用“八爪鱼技术”。很形象，作业人员像八爪鱼，像千手观音一样，会根据客户的送货地址，然后设计出来不同的送货路线。不同时间点经过不同的线路，分配到不同的流水线方向。在八爪鱼这边的作业台操作的员工，主要是负责把在前面已经运作完的货品，分配到专门的路由上去。

这种运营模式使得一个员工站在分拣线的末端就可以非常高效地将所有包裹通过八爪鱼工作台分配到各个路由上面，八爪鱼是非常高效的，据说这是亚马逊员工自己设计的。站在中间那个位置，一个人可以眼观六路，这个作业可以通达八方，非常高效，没有人员的冗余。而且，八爪鱼上全部是滚珠式的琉璃架，没有任何的板台，员工的作业很轻松。

其他重要的技术应用：

（1）物联网技术。在亚马逊的运营中心，安全标准设定很高，人和车物要分开，所以会有镜子帮助工作人员了解周围路况，有人就停下来。

另外，司机有安全带，员工有安全帽，安全帽里有芯片，如果探测到一定范围内有人，也会停下来，镜子的用途即是同理。

自动化立体仓库的类型

（2）双库联动模式。亚马逊昆山运营中心有一个类似于天桥的传送带，全封闭式，其作用是完成不同品类的合单，可以通过传送带将一个库的货物转到另一个库中，这个又叫双库联动。而这里又是超大库，在两个超大库之间进行双库联动对效率有非常高的要求，对时间点的把控也很严格。

正是借助于上述技术，亚马逊在2020年的“双11”中的数据尤为可观。根据来自亚马逊中国的最新消息显示，亚马逊“双11”当日全国订单100%按计划完成出库和发货，正点送达率超过98.4%，实现了与平时同样的时效和质量承诺。其中在24个城市，顾客当天上午下单，99%已在当日完成上门配送。

项目拓展

选择一家自己熟悉的电子商务企业，了解和分析该企业的电子商务物流活动，并撰写一份分析报告。

知识目标

- 掌握客户关系和客户关系管理的基本内涵。
- 了解呼叫中心的概念和应用。
- 掌握网上客户投诉产生的原因以及客户服务与支持的流程。

技能目标

- 能够根据学到的知识实施有效的客户关系管理。
- 能够按照步骤处理网上客户的反馈信息，解决客户的投诉。
- 能够进行完善的网上售后服务。

项目概述

现如今，随着信息科技的不断发展，企业的经营管理进一步打破了地域的限制，竞争也日趋激烈。如何才能在全球贸易体系中占有一席之地、如何赢得更大的市场份额和更广阔的市场前景、如何开发客户资源和保持相对稳定的客户队伍已成为影响企业生存和发展的关键问题。本项目通过详细讲述客户关系管理、呼叫中心应用、网上客户服务等方面的理论和实践，论述了现阶段经济环境下，客户关系管理在企业中的应用实例与建立方法。

任务一　客户关系

客户是在商品交换中产生的，是指承接价值的主体，而其承接价值是因为要获得其使用价值，也即是有相应需求要满足。所以那些为满足需求而购买商品的人才是客户，例如去餐馆吃饭的人、去商场买东西的人等。客户是需求的载体或代表，满足客户是经营的表面现象，满足需求才是本质。本任务将带领大家认识客户关系的深刻内涵，掌握客户关系管理的概念和内容，学会以客户价值的实现为依托进行客户关系管理。

一、认识客户关系

（一）客户关系的概念与特点

客户关系是指企业为达到其经营目标，主动与客户建立起的某种联系。这种联系可能是单纯的交易关系，也可能是通讯联系，也可能是为客户提供一种特殊的接触机会，还可能是为双方利益而形成某种买卖合同或联盟关系。

客户关系具有多样性、差异性、持续性、竞争性、双赢性的特征。它不仅仅可以为交易提供方便，节约交易成本，也可以为企业深入理解客户的需求和交流双方信息提供机会。

（二）客户关系的类型

客户关系的类型如表 7–1 所示，需要指出的是这 5 种程度的客户关系类型并不是一个简单的从优到劣的顺序，企业所能采用的客户关系的类型一般是由它的产品以及客户决定的，比如互联网公司软件、硬件产品的客户之间是一种被动性的关系：互联网公司设立客户抱怨处理机构，处理客户投诉，改进产品。

菲利普·科特勒（Philip Kotler）根据企业的客户数量以及企业产品的边际利润水平提供了一个表格，帮助企业选择自己合适的客户关系类型，如图 7–1 所示。

表 7–1　客户关系的类型

基本型	销售人员把产品销售出去就不再与客户接触。
被动型	销售人员把产品销售出去并鼓动客户在遇到问题或者用意见的时候和公司联系。

负责型	销售人员在产品售出以后联系客户，询问产品是否符合顾客的要求；销售人员同时需要有关产品改进的各种建议，以及任何特殊的缺陷和不足，以帮助公司不断地改进产品使之更加符合客户需要。
能动型	销售人员不断联系客户，提供有关改进产品用途的建议以及新产品的信息。
伙伴型	公司不断地和客户共同努力，帮助客户解决问题，支持客户的成功，实现共同发展。

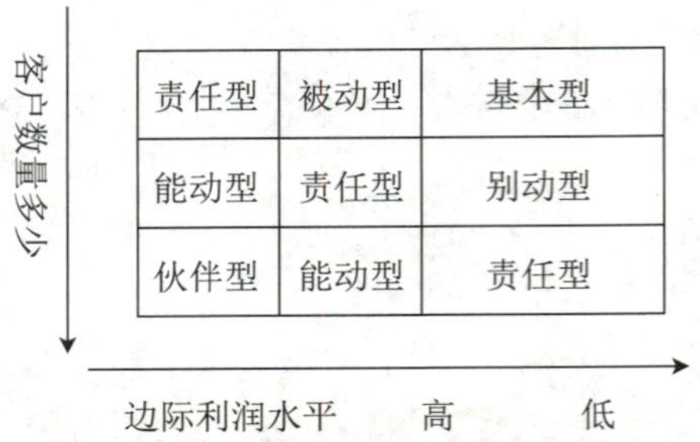

图 7–1　客户数量与之对应的客户关系类型

企业的客户关系类型或者说企业客户关系管理的水平并不是固定不变的，企业客户关系管理应该积极地在横方向上向左推动。现在已经有越来越多的公司正在这样做，效果很明显。比如生产塑胶的道化学公司 20 世纪 80 年代末在竞争中并不占优势，道公司所做的调查表明，在客户偏好方面道落后于杜邦和通用橡胶处在第三位；不过，调查还表明客户对于三家的服务均不满意。这个发现促使道公司改变其经营策略，不再局限于提供优质产品和按时交货以及服务，道公司开始寻求和客户建立更加密切的伙伴型关系，道公司不仅出售产品和服务，还出售客户“成功”，道公司的一位高级经理说：“不论它们使用道公司的塑胶去做安全套还是复杂的飞机设备，我们都要去帮助他们在市场上取得成功。”这种基于“双赢”的伙伴型关系策略很快使道橡胶成为行业的领先者。

（三）客户识别

通常一些大型公司都拥有大量的客户信息资源，如对于客户信息，通用公司一直是很重视的。在通用公司的内部，IT 技术的应用同样是非常普遍的，在管理与生产的许多方面都应用了不同的 IT 系统。而且放在不同地方的客户数据能够共享，例如，销售人员的信息就能让维修服务人员来共享，不同品牌的客户信息资源也能够共享，通用拥有的几千个 IT 系统之间的沟通通过 CRM（客户关系管理）沟通比较流畅。

1. 客户数据管理

（1）集中管理客户信息。上海通用在过去也积累了很多的客户数据，例如客户购买汽车时的数据，包括客户是谁，地址、电话、邮政编码是什么，购买了什么型号的汽车，车辆的发动机号码以及机架号码，以及从客户购车算起，至今这辆车的状况如何，汽车有没有进行过修理，如果进行过修理的话，修了汽车的什么地方，更换了什么零部件，修理过程是在哪个维修站进行的，又是由谁来完成的等汽车处于动态过程的数据。从而对车辆进行完整的了解，向客户提供更有针对性的服务。

（2）潜在客户的开发。通用公司对潜在客户的定义：从来没有买过车的人或者单位，现在打算买汽车，他们有可能购买通用的汽车；没有买过通用公司汽车的人或者单位，通过做工作可以争取在他们购买新车时选择通用的产品。经过对以往数据统计分析，通用公司发现汽车展览会是吸引潜在客户的重要手段，有 30% 以上的客户是通过这种途径了解了通用汽车，并且成为购买通用汽车的客户，于是通用公司就在汽车展示过程中进行汽车的预定。在 2020 年 10 月份举办的上海汽车展上，短短的 3 天时间里，订购宝骏汽车的人数就超过 1600 人，订购新版别克 GL 汽车的有数百人。对潜在客户的研究发现，喜欢听歌剧的人对通用的汽车有兴趣，上海通用就在上海大剧院做促销活动，效果很好。

（3）潜在客户的管理。将潜在客户成功转化成客户，管理十分关键。上海通用将客户的购车时间分为：立刻购买、3 个月内购买、6 个月之内购买、1 年之内购买这样几种类型，如图 7-2 所示。

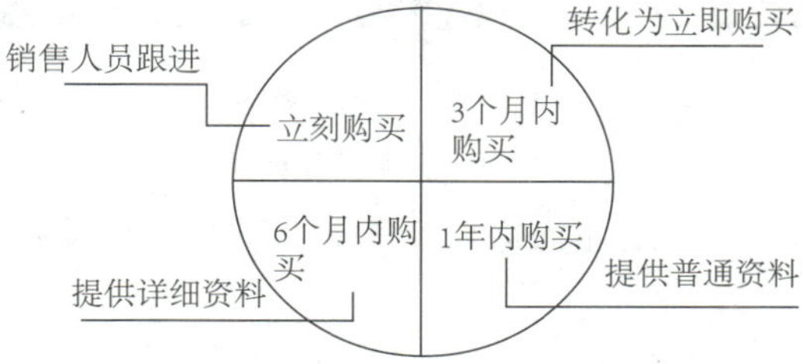

图 7-2　通用公司客户管理

根据客户选择购买时间的不同，分门别类地采取不同的对应方法。对于一个立即购买的客户，系统就将这个信息送给销售人员，由销售人员进行及时的跟踪服务，对于 3 个月内购买的客户，系统会给销售人员提示，是不是可以将这个客户转化成立刻购买，提前客户的购买时间，对于 6 个月购买的客户提供比较详细的资料，对于 1 年之内购买的客户只提供普通的资料。通用的经验数据表明，选择考虑在 3 个月购买的潜在客户中，只有 10%的客户会买车子，选择考虑在 1 年之内购买的潜在客户中，只有 4%的客户会买车。

（四）客户区分

企业必须重视客户数据库的建立、管理工作，注意利用数据库来开展客户关系管理，对客户信息进行细分，分析现有客户情况，分析客户对产品以及服务的反应，分析客户满意度、忠诚度和利润贡献度，找出客户数据与购买模式之间的联系，以便更为有效地赢得客户和保留客户，并通过各种现代通讯手段与客户保持自然密切的联系，从而建立持久的合作伙伴关系。

如上海通用根据不同的消费阶层，推出了不同档次的汽车，如图 7-3 所示。

图 7-3　通用汽车的不同品牌

目前已拥有凯迪拉克、别克、雪佛兰以及萨博四大品牌，在这四大品牌下又划分十几个甚至几十个系列车型，对每个车型的购买人群进行信息细分，随时与消费者保持密切联系。

（五）客户互动

（1）网站。上海通用推出了国内购车网站，如图 7–4 所示。

图 7–4　通用公司网站

（2）新的客户接触渠道。例如上海通用开通了 8008202020 免费咨询电话呼叫中心，如图 7–5 所示。

图 7–5　上海通用免费咨询电话

开通了全新的中文网站 www.shanghaigm.com 在线导购栏目，为客户提供新的个性化的接触渠道。上海通用的呼叫中心是由 3 个部分构成：

①客户支持中心。这个中心对所有的人开放，通过 8008202020 电话来实现这种功能，这个中心设在上海，每天提供从早上 8 时至晚上 8 时的 12 小时服务。坐席服务人员都有着丰富的从业经验，经常接受相关的培训，他们的任务主要是解答客户的咨询、处理客户的投诉问题。

② 技术支持中心。这个中心只对上海通用的维修站开放，中心专门配备了有丰富汽车维修经验的工程师，在这里解答来自全国各地通用维修站的各类问题，以帮助维修站的工程师能够及时有效地解决客户的汽车维修问题。这个用于内部技术支持的中心，同样是通过 CRM 软件平台来完成工作的。上海通用将很多年积累起来的各种型号汽车维修问题解决方案放置在数据库之中，中心的工程师在接到维修站的问题时，就可以将数据库里的解决方案调出来，这些解决方案都会在 CRM 系统的界面上反映出来，工程师就根据界面上的提示来处理提问。

③ 操作平台。这个平台只对上海通用的零售商开放，是为零售商下汽车订单而设置的，按照区域来进行管理。通过这个平台可以掌握零售商所订购汽车的动态情况，零售商只要在系统中输入所订购汽车的号码，就清楚地知道这部汽车子目前在哪里，在流水线的哪一部分，是在喷漆，还是在组装，或者是在途中运输。

（六）客户忠诚度的管理

企业需要建立客户忠诚度衡量指标体系，以便全方位评价客户对公司的忠诚程度，从而分析引发客户不忠诚、导致客户流失的原因，并及时采取改进措施。具体如表 7–2 所示。

表 7–2 客户忠诚度衡量标准

客户忠诚度衡量指标标准	步骤	执行标准
购买重复性	1	购买重复性即客户重复购买的次数。在一段时间内，客户对公司的某种产品重复购买的次数越多，在说明客户对这一产品的忠诚度越高；反之，则越低。对于经营多种产品的公司而言，重复购买公司的某品牌的不同产品，也是一种高忠诚度的表现。
产品购买率	2	产品购买率即客户购买产品的数量占消费群体对产品总需求的比例。这个比例越高，客户忠诚度越高；反之，客户忠诚度越低。
品牌关心度	3	品牌关心度即客户对公司产品品牌的关心程度。一般来讲，关心程度越高，忠诚度越高。关心程度和购买次数并不完全相同，例如，某种品牌的专卖店，客户经常光顾，但是并不一定每次都购买。
购买挑选时间	4	购买挑选时间即客户购买产品时的挑选时间。客户挑选产品时用时越短，客户忠诚度越高；反之，客户忠诚度越低。
价格敏感度	5	价格敏感度即客户对产品价格的敏感程度。价格敏感程度越低，受产品价格的影响程度越小，忠诚度越高；反之，受产品价格的影响程度越大，忠诚度越低。运用这一标准时，需要注意产品对客户的必需程度、产品的供求状况以及产品的竞争力三个因素的影响。
竞品偏好程度	6	竞品偏好程度即客户对市场上的同类竞争产品的态度。客户对客户某一品牌态度的变化，大多是通过与竞争产品的比较而产生的。客户对竞争者表现出越来越好的偏好，表明对公司的忠诚度在逐渐下降。
产品质量事故承受程度	7	产品质量事故承受程度即客户对产品质量事故的承受能力。客户对产品或品牌的忠诚度越高，对出现的质量事故也就越宽容，承受能力就越强。

对于上海通用汽车来说，汽车的生命周期决定了汽车消费的周期性，买了新汽车的客户过几年就会回到汽车市场中来重新买汽车。统计数据显示，已经买过通用汽车的客户其再次购买通用汽车的比例可以达到 65%，而从竞争对手那里转化过来的客户只占 35%。客户购买新车一个月之内，销售人员必须对客户进行拜访，与客户沟通，倾听客户的意见，拜访与沟通的情况都详细地纪录在 CRM 系统之中。系统在客户购车以后的 4~5 年当中，会不断地提示销售人员以及服务人员，要求他们不断地与客户进行联系和沟通，为客户提供各种服务和关怀，从而使得客户在下一次购车中继续选择上海通用的产品。

二、客户关系管理

（一）客户关系管理的概念

客户关系管理简称 CRM，是企业利用相应的信息技术以及互联网技术来协调企业与顾客间在销售、营销和服务上的交互，从而提升其管理方式，向客户提供创新式的个性化的客户交互和服务的过程。其最终目标是吸引新客户、保留老客户以及将已有客户转为忠实客户。

CRM 有三层含义：体现为现代经营管理理念；是创新的企业管理模式和运营机制；是企业管理中信息技术、软硬件系统集成的管理方法和应用解决方案的总和。CRM 是指建立一种使企业在客户服务、市场竞争、销售及服务支持方面彼此协调的关系系统，帮助企业确立长久的竞争优势。

（二）客户关系管理的三种能力

归纳起来，有三种能提高企业经营水平的客户关系管理能力：

（1）客户价值能力。客户价值能力注重了解客户能为企业带来的价值和怎样使这种价值最大化。包括终身价值管理、客户风险、产品管理与检查、渠道转变、共同品牌计划、客户服务。

（2）客户交往能力。客户交往能力强调和客户建立一对一的关系，使客户在与企业交往的过程中感受到个性化和高质量的服务，使企业能够吸引新客户和留住老客户。包括一对一关系、电话交互、Web 互动、电子邮件等。

（3）客户洞察能力。客户洞察能力使企业能识别其目前和将来最有价值的客户，并且决定在与客户的对话中以什么样的方式与客户交流，从而使双方的价值都实现最大化。客户洞察能力是三种能力中最重要的一种能力，也是前两种能力的基础。

一般来说，客户洞察的价值在产品和服务多样化、客户与企业持续交往的行业体现得更为突出，如金融、保险、电信、网上零售等行业。

（三）客户关系管理的内容

1. 客户关系管理的核心

客户关系管理的核心是客户价值管理。对企业来讲，客户的价值是不同的。客户关系管理通过对客户价值的量化评估，能够帮助企业找到价值客户，将更多的关注投向价值客户。

企业经营者提供了一个指导原则，即增加整体客户价值的同时，提高客户忠诚度和保有率，实现缩短销售周期、降低销售成本、增加收入、扩展市场，从而全面提升企业的盈利能力和竞争力；同时降低整体客户成本。只有这样，在提供从市场营销到客户服务与关怀的全程业务管理的同时，对客户购买行为和价值取向进行深入分析，为企业挖掘新的销售机会，并对未来产品发展方向提供科学、量化的指导依据，使企业在快速变化的市场环境中保持永续发展能力。

2. 客户关系管理系统

CRM 作为管理企业与客户关系的主要管理系统平台，不仅要处理企业与客户之间的业务，还要处理企业内部相关部门的业务。CRM 中不仅包含客户的信息资料，而且涉及市场竞争对手的情报资料，还包括了企业进行营销、销售及支持服务所需的各种数据。信息数据的来源是多种多样的，可以是本地数据库，也可以是异地数据库，甚至可以是 E-mail、文本文件等。客户与企业、部门与部门、业务与业务、销售与市场及服务间的复杂关系，导致 CRM 中的数据不论是结构、类型还是彼此间的关联都是复杂多变的，对这种数据进行的处理也是多种多样的。

例如，携程网将客户关系管理系统分为三个方面：呼叫系统、网站及后台数据管理。携程网呼叫系统即电话、短信等服务，提供旅游票务信息咨询、手机客户信息等。网站中包含个人旅游业务营销，企业商旅管理解决方案以及携程社区、论坛。后台数据管理是每个网站强大数据管理必备平台。携程网后台数据管理则包含客户管理、组团资源整合模块以及针对客人消费、市场以及旅游线路分析的决策分析，如图 7–6 所示。

从图 7–6 可以看到，携程网 CRM 分为三个模块，第一个板块是呼叫中心。呼叫中心实现了以下功能：信息咨询、总机查号、投诉处理、电话录音、传真应用、外拨应用。坐席代表分类受理，并将信息派发到相应的责任部门，保证了订单处理的准确性和高质量的服务。外拨应用功能通过电话和短信形式及时对客户进行满意度回访，实现了呼叫中心的 CRM 的闭环流程处理，提高了客户满意度，减少了运营成本同时还便于管理。携程网客服中心如图 7–7 所示。

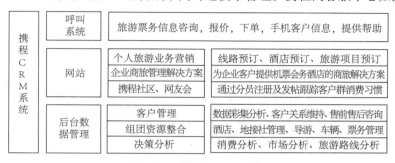

携程CRM系统	呼叫系统	旅游票务信息咨询，报价，下单，手机客户信息，提供帮助	
	网站	个人旅游业务营销	线路预订、酒店预订、旅游项目预订
		企业商旅管理解决方案	为企业客户提供机票会务酒店的商旅解决方案
		携程社区、网友会	通过分员注册及发帖跟踪客户群消费习惯
	后台数据管理	客户管理	数据彩集分析、客户关系维持、售前售后咨询
		组团资源整合	酒店、地接社管理、导游、车辆、票务管理
		决策分析	消费分析、市场分析、旅游路线分析

图 7–6 携程 CRM 系统

图 7–7 携程网客服中心

第二个板块为携程网站（www.ctrip.com）。在网站中，为客户提供了大量实用信息，特别是景点、酒店、旅游路线方面的信息，同时还有各种优惠和折扣。携程通过在门户网站上刊登广告提高各大搜索引擎上的排名。携程为注册用户提供个性化服务，提供网上网下的消费优惠。

第三个板块为后台数据处理系统，携程通过强大的呼叫中心系统与网站和后台数据处理相结合，将自己的业务提供和顾客价值很好地结合了起来，做到细分客户群体，了解客户的需求。

通过对携程网客户关系管理系统的分析可以得出客户管理系统从功能上可以归纳为三个方面：对销售和客户服务两部分业务流程的信息化；与客户进行沟通所需要的手段的集成和自动化处理，如电话、网络及 Q&A 等；对信息化后所积累的信息的分析、加工、处理，为企业战略目标决策提供数据依据。

健全的客户管理系统可以分为四大模块：客户信息管理、销售机会管理、客户增值服务以及投诉管理。

客户信息管理系统在旅行社等旅游机构日常的业务处理中，可以很方便地收集与挖掘客户信息和企业单位信息。针对“潜在客户”与“成交客户”提供具有针对性的宣传资料、服务与关怀，巩固客户，增加消费。

销售机会管理，销售机会是客户管理系统的重要部分，掌握客户的信息，促成交易的诞生。

客户增值服务，增值服务就是对客户的一种关注服务，这会使得客户感觉为“个性化”服务，可以增加客户对旅游机构的友好性。将客户的相关活动记录等信息收录进系统，对重要信息采取提醒功能。除此之外，积分等奖励机制也是用户增值服务表现的一种，如携程网中购买机票及酒店等消费即可获得积分，用户通过积分兑换对应商品或服务，如图 7–8 所示。

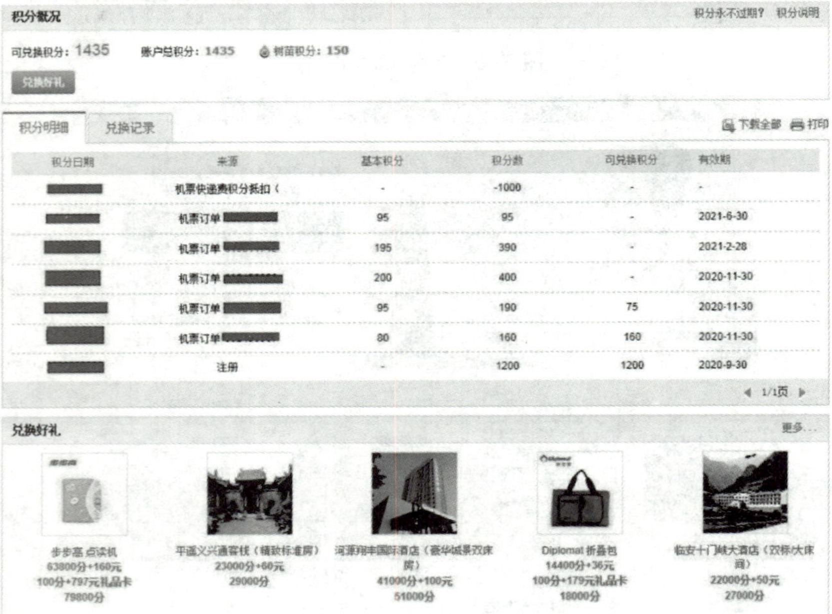

图 7–8 携程网积分页面

投诉管理，能处理好“客户投诉”的旅游机构肯定会收到好评，从而得到更多客户，并针对客户投诉问题进行备份进行统计，简单问题形成 Q&A，减少投诉，从而节省人工时间。

（四）客户关系管理的实施

1. 建立客户档案

首先需要收集客户的相关信息，建立客户档案，然后根据档案中反映出的客户特点，对不同特点的客户进行分门别类，根据不同的客户分类，分别对其采取不同的营销策略。最后，客户档案要建立成客户数据库，并根据客户特点的变化时时更新，力求准确把握客户需求特点。

如表 7–3 所示，在建立客户档案时根据不同细节进行统计，详细了解客户的各部分信息。

国外的大型企业对于客户档案的完善要求非常严格，一般建立的客户档案最少含 60 项指标，而我国一般企业客户档案平均在 20 到 30 项之间，所以在客户档案层面上，我国企业的管理水平已经和国外的同行有了差距。

表 7-3 客户档案基本信息

基本细节	如姓名、地址、传真号码、银行账户号码等
商业细节	如公司的发展计划、财务年度的起止时间等
个人细节	如生日、兴趣、爱好、个人偏好
后勤细节	如优先送货等
商业记录	过去曾经与公司达成交易金额及其他情况等

2. 确立业务目标

企业在考虑部署其客户关系管理方案之前，首先确定利用这一新系统实现的具体的生意目标，如提高销售收入 20%，提高利润 1%，减少销售周期 13 天，加快产品的升级换代速度一倍等。

3. 分析销售、服务流程

研究现有的营销、销售和服务流程，顾客在何种情况下会购买产品，目前存在的问题等，并找出改进方法。在业务需求分析阶段，要同销售、营销和客户服务经理举行一系列的会议，就 CRM 系统的要求和策略进行讨论，最终达成对理想中的 CRM 系统的一致看法。

4. 选择供应商

在对某供应商软件解决方案进行评价时，有三个重要的要素：软件功能齐全、技术先进开放、供应商有经验有实力，这三个要素紧密结合在一起，才能取得 CRM 的成功，单个要素的优势并不能弥补其他要素的弱势。

5. 系统的开发、实施

CRM 方案的设计，需要企业与供应商两个方面的共同努力，应优先考虑使用这一系统的雇员的需求。CRM 的成功依赖于有步骤、有规划的实施，主要包括需求分析、项目管理、系统实施和客户化、系统测试、系统的运营维护和系统支持等内容。

6.CRM 系统的维护

很多 CRM 系统提供了性能指标功能，系统应该能向相关人员提供合适的数据，并使得他们能方便地获得这些数据，为了确保系统能产生预期的好处，应该在系统向全部用户开放前就对其进行测试。

综上所述，客户关系管理是一种旨在改善企业与客户之间关系的新型管理机制，它实施于企业的市场营销、销售、服务与技术支持等与客户相关的领域。总之,CRM 项目是一项系统工程，因此企业要从系统的角度对 CRM 有一个全面深刻的认识，它不仅仅是包含客户档案的软件系统，也不仅仅是包括呼叫中心的硬件系统，更不仅仅是一种先进的营销管理思想，它是综合性的企业应用系统。企业通过 CRM 的实施，不仅改善了企业的销售业绩，提高了企业的经济效益，更重要的是改善了企业的管理理念和管理流程，带来了管理历史上又一次新的变革。

三、客户价值

目前对客户价值的研究正沿着三个方面展开：一是企业为客户提供的价值，即从客户的角度来感知企业提供产品或服务的价值；二是客户为企业提供的价值，即从企业角度出发，根据客户消费行为和消费特征等变量测度出客户能够为企业创造的价值，该客户价值衡量了客户对于企业的相对重要性，是企业进行差异化决策的重要标志；三是企业和客户互为价值感受主体和价值感受客体的客户价值研究，称为客户价值交换研究。

从最本质的角度来看，客户对于企业的价值就在于他给企业带来的收益，因此在客户关系管理中将客户定义为和企业建立长期稳定的关系并愿意为企业提供的产品和服务承担合适价格的客户。在这个定义中可以看出，客户的价值首先取决于两个因素：时间和价格。

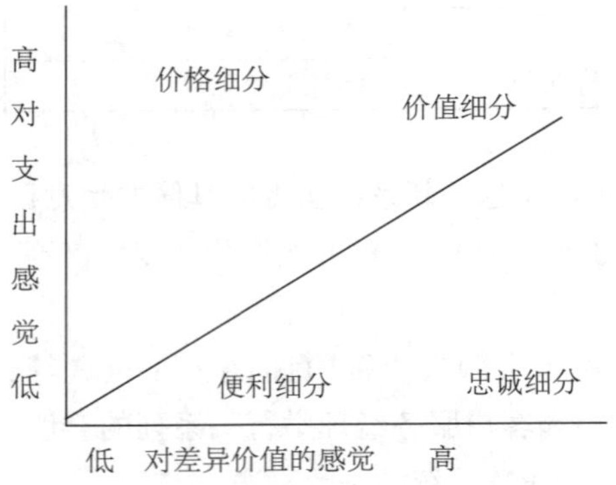

图 7–9　价格细分模型

“长期稳定的关系”表现为客户的时间性，一个偶尔与企业接触的客户和一个经常与企业保持接触的客户是不同的。“承担合适的价格”决定了客户为企业提供的价值收入，一个讨价还价的客户是不可能与企业建立长期关系的，更不可能成为忠实客户。

从图 7–9 中可以看出，基于“长期稳定的关系”的考虑，对于企业提供的产品和服务的差异价值感觉高的“价值细分”顾客和“忠诚细分”顾客才真正是企业的顾客，这些顾客愿意为企业提供的差异价值承担合适的价格，也才愿意为追求企业提供的差异价格与企业建立起长期的关系。

就客户价值的性质而言，其具有以下特点：

（1）客户价值具有潜在性。人的需要是与生俱来的，在不同环境因素作用下，客户追求不同层次需要的满足，其性质与程度均随着时间与环境的变动而发展，企业必须通过营销策划来争取将客户潜在的市场价值转化为企业的现实收益。

（2）顾客让渡价值是独立于企业的。客户价值实质上是客户为满足其需求而进行消费所体现出的市场价值，而满足客户需求的方式与具体的产品形态是多种多样的。也就是说，客户价值的市场存在尽管对企业具有重要意义，但与具体的企业却没有必然联系。

（3）顾客让渡价值受多方因素的影响。客户价值受到客户收入水平、客户对自身需求的认知程度和客户的个人素质等因素影响，这些都是在企业进行营销策划所需要考虑的。

（4）顾客让渡价值与时间长短成正比关系。注意这里的时间是指客户可能具有的客户关系生命周期。举例来说，拿企业的两位客户比较，一位是年近花甲的富翁，另一位是年轻的职业白领，前者可能购买力更强但客户关系生命周期可能比后者少很多，因此其客户价值也远远不及后者。

目前，由于市场竞争越来越激烈，很多产品的品质区别越来越小，产品的同质化倾向越来越强，某些产品从外观到质量，已很难找出差异，更难分出高低。这种商品的同质化结果使得品质不再是顾客消费选择的主要标准，越来越多的顾客更加看重的是商家能为他们提供何种服务以及服务的质量和及时程度。

假设，目前有两种不同品牌的 42 英寸全高清 LED 液晶电视，在性能上几乎相同，价格方面也没有太大差距，但在后期服务上有所区别。一家建立了自己的客户关系管理系统，而另一家一直使用传统的客户服务体系，前者在卖出商品后会对用户进行系统收录，定期做回访，有新产品信息或活动时系统会自动给系统内的所有用户发送相关信息，使客户及时了解企业及行业动态，而相对与另一家传统客户服务来说，只依附与一个电话系统和客服人员，客户打电话咨询时需要一个电话，如果买电视又需要打另一个电话找销售代表，如果是修电视的话，还必须打维修服务中心的号码，客户会感到非常麻烦。由于客户信息放置在不同的地方，这些地方互不相连，实际上形成了几个相互隔离的客户信息孤岛，信息不能够共享，严重浪费客户资源。

两家公司的客户关系管理相比，总结起来共有三方面的不同：

1. 主动性不同

传统的客户服务是被动的，客户没有问题，就不产生客户服务动作；客户关系管理则是主动的，不但要时刻询问跟踪客户对于企业产品的使用情况，积极解决客户关于产品的种种问题，还要主动与客户联络，促使客户再度上门，欢迎客户来问东问西，问得越多，说明客户对企业产品越感兴趣，就代表有后续的购买行为。客户关系管理认为，主动与被动的差别，就是客户忠诚与游离的差别，也就是生死存亡的差别。

2. 对待客户的态度不同

在传统的客户服务中，无论是客户打电话来问事情，还是给客户打电话，都被看作是一件麻烦事，引起成本的增加。但在客户关系管理观念下，客户不联络、不响应，是疏离的表现。客户关系管理强调的是，不但要在客户抱怨阶段就尽力化解客户的不满与失望，更要在不断接触联络的过程中，同时提升客户对新产品的兴趣，创造对新产品的期望，最终构成客户对新产品的购买行为。

3. 营销的关系不同

传统客户服务与营销是分开的，营销有赖于具有说服技巧的业务人员，客户服务依赖维修工程师或总机。客户关系管理则是将行销与客户服务合为一体，将客户服务视为另一种行销通路，自身也变成了一种行销工具。把新产品推销给老客户、或依照老客户的分门别类需求创造新产品，都可以透过客户服务中心处理，因此称为“后端行销”。以客户关系管理观念建立的客户服务中心，透过网络、电话等低成本操作，本身就成为企业的协调中心、新产品的开发中心、试卖点，与前端行销和客户，形成合作无间的三角回路。

任务二　呼叫中心

一个好的呼叫服务中心可以带给公司最低成本的运营效果，不但以最有效的方式向客户推送通知及商品信息，还可以有效统一的管理体制维系客户关系，定制客户服务。客户呼叫中心系统可以帮助企业树立良好的企业形象，提供完善的服务，降低客户流失率和扩大客户群体。呼叫中心应当成为公司和客户之间的开关，它提供给市场经营者一个独一无二的机会与客户直接交流，每一个呼叫意味着一个重要的机会。本任务将从呼叫中心的起源、现代呼叫中心的概念以及呼叫中心的应用和体系建设等方面进行讲解。

一、了解呼叫中心

呼叫中心起源于美国的民航业，其最初目的是为了能更方便地向乘客提供咨询服务和有效地处理乘客投诉。美国银行业在 20 世纪 70 年代初开始建设自己的呼叫中心。那时的呼叫中心还没有形成产业，企业都是各自为战，采用的技术、设备和服务标准都依据自身的情况而定。一直到 20 世纪 90 年代初，都只有很少的企业能够有财力在技术、设备上大规模投资，建设可以处理大话务量的呼叫中心。从 20 世纪 90 年代初期开始，随着 CTI 技术的引入，其服务质量和工作效率有了很大的提高，反过来也使客户中心系统获得了更广泛的应用，而客户关系管理越来越受到企业关注，从而促进呼叫中心真正进入了规模性发展，尤其是 800 号码的被广泛认同和采用，更加剧了这一产业的繁荣。

《中国呼叫中心产业市场前瞻与投资战略规划分析报告》数据显示，由于电信运营商重组、坐席利用率的提高、集中式趋势等各种因素，到 2015 年，电信业呼叫中心的坐席总数将上升到 36.4 万，累计投资额将接近 2432 亿元。报告认为"十三五"期间，金融业的发展重心应在银行业和保险业，相对应地，这两个行业的呼叫中心业务规模也是金融业呼叫中心行业发展的主要拉动力。

预计，"十四五"初期，金融业呼叫中心无论坐席数还是累计投资规模上都会有较大幅度的增长。从技术发展阶段来说，呼叫中心发展到今天，主要经历了以下几个阶段：

第一代呼叫中心系统——早期的呼叫中心。实际上就是今天的热线电话企业通过几个培训的代表专门处理各种各样的咨询和投诉，顾客只需拨打指定的电话就可以与业务代表直接交谈。

第二代呼叫中心，在原来的基础上服务更快更好，7×24 小时在线服务，以满足顾客需求。它的最大优点是采用了 CTI 技术，因此可以同时提供人工服务与自动服务，缺点是用户只能得到声讯服务。

第三代呼叫中心采用先进的操作系统及大型数据库，支持多种信息源的接入。

第四代呼叫中心以因特网为主导，充分融合网络，不仅能支持语音电话，还能提供包括音频视频在内的多媒体通信；不仅能支持传统的电话终端，还能支持来自 Internet 的文字、语音、短消息等交互方式；不仅提供了完整的坐席功能，还具有实用的呼叫中心管理体系。

现代的呼叫中心，应用了计算机电话集成（CTI）技术使呼叫中心的服务功能大大加强。CTI 技术是以电话语音为媒介，用户可以通过电话机上的按键来操作呼叫中心的计算机。接入呼叫中心的方式可以是用户电话拨号接入、传真接入、计算机及调制解调器（MODEM）拨号连接以及因特网网址（IP 地址）访问等，用户接入呼叫中心后，就能收到呼叫中心任务提示音，按照呼叫中心的语音提示，就能接入数据库，获得所需的信息服务，并进行存储、转发、查询、交换等处理。还可以通过呼叫中心完成交易。所以未来的发展趋势是多媒体接入。

随着各类企业的客服电销需求的快速发展和企业信息化建设的不断深入，中国呼叫中心产业高歌猛进，在各行业得到广泛应用。呼叫中心进入了包括金融、保险、电信、政府、教育、医疗、能源、制造等行业在内的几乎所有类型企业。它已不再是只有大型企业才能拥有的"奢侈品"，越来越多的中小企业开始部署专属自己的呼叫中心系统。经过多年发展积累，呼叫中心技术趋于成熟，功能日益完善，系统性能越来越高，与其它 IT 系统间的协作越来越密切，在企业日常运营中所发挥的作用也越来越大。随着，传统应用模式的发展与演变，呼叫中心已不再是“成本中心”，越来越多的“营销型”利润中心式的呼叫中心开始进入中国企业。

二、呼叫中心的应用

下面通过分析平安 95511 呼叫中心，来具体了解呼叫中心在企业中的应用。

中国平安成立于 1989 年，业务范围覆盖保险、证券、银行信托等金融领域。经历 20 多年的发展壮大现已成为国内首屈一指的综合性金融企业集团。依托现代通迅技术，2008 年中国平安首开国内 e 服务先河在全国六大重点区域增设 95511 电话呼叫中心，旨在为平安超过 7000 万的用户提供专业、准确、规范的金融服务。

95511 人工呼入服务项目有：保单资料 / 客户资料查询、险种咨询、保全规则咨询、投保规则咨询、理赔规则咨询、业务员认证、公司概况咨询、直接受理地址、邮编、电话变更（95511 直接受理变更）、理赔报案（95511 受理后转机构理赔处理）、业务投诉（95511 受理后转机构处理）等。

（一）业务自助服务

客户致电保险公司呼叫中心首先进入语音查询系统，在语音导航的指引下输入不同按键，选择自己想要的信息。在自助服务中，客户可以得到如下服务：

（1）自助保险险种查询。

（2）投保优惠信息。

（3）投保客户自助查询所投保险的详细信息。

（4）险种缴费查询。

（5）预约保险顾问。

（6）保险代理验证与查询。

（7）保险知识自助查询。

（8）企业最新动态。

（9）重要信息公布。

（10）最新政策法规。

（11）自助传真，如索取详细的保险书面材料。

（12）客户投诉、建议等语音留言等。

（二）保险业务咨询

客户或潜在客户的业务咨询范围包括：保险项目咨询、具体险种咨询、投保流程咨询、付款方式咨询等。系统具有电话主叫号码识别功能，能够记录第一次接入呼叫中心电话的客户的电话号码，这就为保险企业销售人员进行客户挖掘与跟踪提供了信息资料。来电弹跳功能可以使客服人员对来电客户“未接先知”，从“你好，哪位”到“张先生，你好”的变化拉近了与客户的距离，有助于建立起亲情服务。

保险行业呼叫中心系统可将客户来电转接给最符合要求的客服人员，对于老客户还可以建立一对一的关系，将老客户的来电直接转接到其业务经手人或以前曾与之通过话的客服人员处，有助于客户的维系和服务的延续性。

（三）业务受理

呼叫中心系统通过人工坐席、自助语音服务、电子邮件、传真、即时聊天工具等方式，受理客户所申办的各类业务，生成派单并转发给相应部门进行处理。待处理结果通过网络返回到客户服务呼叫中心后，客服人员以电话、传真、短信息、电子邮件等方式回复客户。客户也可随时通过呼叫中心系统了解所申办业务现处于哪一环节及哪一部门所处理。主要受理业务内容有：

（1）电话投保业务申办。

（2）预约保险顾问。

（3）缴费、续费业务办理。

（4）客户建议与投诉反馈等。

（四）外呼项目管理

电话销售不仅仅是电话外呼，外呼只是寻找商机的开始，只有对外呼的持续跟进，才有可能产生更多的订单，为企业带来更多的利润。将电话销售外呼任务设立为独立的项目，采用项目管理模式，针对不同类别的客户群体进行不同的销售策略。在执行每一个外呼任过程中，对项目进度监管，及时调整战略战术。

（五）主动服务 / 客户关怀

客服人员通过呼叫中心系统的外拨功能，可以实现对客户的主动服务。外拨方式分为四种：外拨语音架构、外拨语音文件、群发短信和传真。客户关怀的具体内容有：

（1）对意向客户的关怀与跟踪。

（2）对潜在客户的信息告知。

（3）最近优惠活动通告。

（4）保户的缴费、续费提醒。

（5）老客户回访调查。

（6）客户投保纪念日的提醒与祝福等。

（六）客户投诉与建议

通过人工服务、语音信箱、传真、电子邮件等方式，客户可将投诉或建议反馈给客服人员。客服人员接到反馈信息后，可将电话转接给相关部门处理，有助于投诉或纠纷的圆满解决。

（七）保险业务市场调查

保险业需要建立一个能够直接了解保险业市场和客户的需求变化的窗口。系统通过外拨方式可进行市场调查、客户需求调查、客户满意度调查等活动，制定针对性的改善方案，调整保险企业的经营管理策略，提高管理决策的科学性，提高企业品牌形象，从而提高工作效率和企业效益，降低管理和经营成本。

（八）统计报表

呼叫中心系统可根据来去电的详细情况进行有效统计，包括客户在线等待时间、来电记录、自助查询记录、收发短信息记录等，并且生成各种统计图形。客服人员可以灵活地自定义统计内容，为企业决策提供权威有效的数据。统计报表主要包括以下数据：

（1）客户在语音查询中各项险种的查询统计。

（2）每一位客服人员的接入、拨出电话的数量、时间统计。

（3）销售人员的拨出电话记录。

（4）每一通来电的客户在线等待时间的记录与统计。

（5）坐席的状态记录：示闲、示忙、话务处理。

（6）收发短信的记录与统计等。

客户价值

（九）扩展服务

呼叫中心系统具有开放性，可与保险公司自有的会员管理、办公系统等实现无缝结合，还可根据企业的具体要求定制开发某些功能。

三、呼叫中心各项指标

目前呼叫中心越来越趋向精细化、数字化管理，关键绩效指标管理成为一种有效的管理手段。通常，呼叫中心的运营管理者们通过分解运营目标制订各种关键绩效指标，通过关键绩效指标来引导坐席代表行为，从而达到完成项目运营目标。每个呼叫中心都有自己的关键绩效指标，指标的数量各不相同，有的多到 100 多个，有的少到只有三五个，这里介绍常用的 16 个关键绩效指标。

（一）接通率

定义：对于具有 IVR（交互式语音 800 呼叫中心流程应答系统）和 ACD（自动呼吸分配系统）的呼入式呼叫中心，接通率是指 IVR 终级服务单元的接通量与人工坐席的接通量之和与进入呼叫中心的呼叫总量之比。

对于呼出式业务来说，接通率是指坐席呼出电话后接通量与呼出电话总量之比。数据来源：这些数据可以从呼叫中心的 CTI 中全部提取出来，进行分析统计。行业标准：呼入式业务的接通率为≥ 80%，呼出式业务的接通率≥ 60%。建议标准：呼入式业务的接通率≥ 85%，呼出式业务的接通率≥ 65%。

改进措施：呼入式业务是影响顾客满意度的一个重要的指标，与接通率相对应的是呼叫中心的顾客丢失率，如果接通率过低，说明有很多顾客无法接入呼叫中心，这会造成顾客的抱怨。此时，管理者和质量管理者应该立即寻找接通率过低的原因，并采取改进措施。接通率过低一般由两种原因造成：一是呼叫中心的通信系统出现问题，导致系统丢失顾客数据而使顾客无法接入到 IVR 或是人工坐席。另一个是相对呼入量来说呼叫中心的坐席资源过少造成的。

（二）呼入项目占有率

定义：占有率是一个衡量呼入式业务坐席工作负荷的指标，一般是指某段统计时间内，坐席员处理多通电话的总时长与实际登录系统时长的比率。对于没有坐席操作系统的来说，占有率统计就比较困难，但是也可以通过对通话时长、在线等待时长、后处理时长、等待来话时长来进行粗略统计。

数据来源：这些数据可以从 CTI 或是 ACD 中提取出来，进行分析统计得到。行业标准：≥ 90%，建议标准：≥ 80%。

改进措施：占有率不仅衡量坐席员工作负荷率的重要指标，也是呼叫中心成本控制的重要指标。如果占有率过低，说明员工在空闲状态的时间过长，坐席数量相对于话务量来说配置过多。当占有率过低时，管理者应该分析原因，如果是人为因素，即坐席恶意将电话置忙或是做过多与工作无关的事务时，应该加强坐席培训和监管。如果不是人为因素，管理者需要及时减少坐席资源，以使坐席工作饱和。如果占有率过高，管理就需要考虑增加坐席数量了。

（三）呼出项目工作效率

呼出项目的工作效率是衡量呼出项目坐席工作负荷率的主要关键绩效指标，一般指某段统计时间内，总处理时长与登录系统时长的比率。对于没有坐席操作系统的呼叫中心可以将分母换成计划工作时长。

数据来源：这些数据可以从 CTI 或是 ACD 中提取出来，进行分析统计得到，行业标准：≥ 70%，建议标准：≥ 80%。

改进措施：呼出项目工作效率不仅衡量坐席员工作负荷率的重要指标，也是呼叫中心成本控制的重要指标。如果工作效率过低，说明员工的工作不饱和。当工作效率过低时，管理者应该分析原因，如果是人为因素，应该加强坐席培训和监管。如果不是人为因素，管理者需要及时调整呼出的其他关键绩效指标，通过提高日呼出量或是成功量的关键绩效指标值来提高工作效率，以最大化的利用坐席资源，以使坐席工作饱和。如果占有率过高，管理就需要考虑减少其它关键绩效指标，以使坐席免于过度疲劳。

（四）服务水平

定义：是指对于呼入项目来说，某个统计时间段内 × 秒内应答电话数量与呼叫中心接入电话的百分比。

数据来源：可以从 CTI 或是 ACD 中直接提取。行业标准：80% 的电话在 20 秒以内做出应答。建议标准：95% 的电话在 20 秒以内做出应答。

改进措施：服务水平是衡量呼叫中心服务能力的重要指标，也是既影响客户满意度又影响呼叫中心成本的关键指标。呼叫中心在制定这个指标时，需要衡量满意度和成本之间的关系。如果指标定得过高会耗费呼叫中心大量的资源，过低会造成顾客等待时间过长，影响顾客的满意度。坐席数量的配置与服务水平直接相关，质量管理者要随时关注服务水平状况，及时进行坐席数据调配，以使呼叫中心在保持适当顾客满意度的基础上尽可能的降低成本。

（五）客户满意度

定义：客户对于呼叫中心来说是那些委托呼叫中心代表本企业为最终消费进行服务的那些族群。客户满意度是指客户对呼叫中心提供的服务满意程度，一般客户关注的合同的完成质量和最终顾客的满意程度。

数据来源：定期对客户进行满意调查获得。行业标准：无。建议标准：需要使客户 100% 对服务结果满意，并再次签单。

改进措施：如果出现客户对于服务结果不满意，质量管理者需要与客户进行深度的访谈，对客户的服务需求进行再分析和设计，制定严格的项目执行计划和控制方案，确保项目保质保量保时的完成。客户的满意度对于呼叫中心来说尤其重要，是呼叫中心的主要收益来源，呼叫中心的管理者和质量管理需要努力使服务超越客户的期望，深度开发客户的业务需求，提高客户的忠诚度。

（六）平均处理时间

定义：是指某一统计时段内，坐席与顾客谈话时间、持线时间及事后处理与电话相关工作内容的时间的总和除以总的通话量。

数据来源：可以从 CTI 或是 ACD 中直接提取。行业标准：210~330 秒。建议标准：60~180 秒，但是不同业务需要制定不同的处理时间。

改进措施：平均处理时间是衡量呼叫中心单通电话处理速度的重要指标，它的高低直接与呼叫中心员工的工作能力相关，影响呼叫中心的成本。呼叫中心在关注平均处理时间时，要分开分析谈话时长、持线时长和后处理时长。谈话时长过短可能不能有效解决顾客的问题，产生坐席应付顾客的现象；谈话时长过长可能是坐席的工作能力有问题，这个时间，质量管理者要加强监控，调出录音仔细分析问题发生的原因。坐席在后处理时间里主要处理与通话有关的事务，呼叫中心应该致力于减少后处理时长，以控制呼叫成本。减少后处理时长的主要措施有：加快坐席的录入速度、优化坐席操作系统使界面具有亲和力、操作简单，减少不必要工作流程等。

（七）监听合格率

定义：是指在某段统计时间内，质量人数通过监控、电话录音等手段抽查坐席的服务质量的合格率。

数据来源：质检员统计。行业标准：无。建议标准：99%。

改进措施：在呼叫中心监控、监听是服务质量管理的重要手段。质量管理人员必须对所监听的电话进行问题分析，找出服务不合格的原因，通过录音共享、坐席自我监听、培训等手段提高坐席的服务意识和服务质量。

（八）一次性解决问题率

定义：一次性解决问题率是在某段统计时间内，不需要顾客再次拨入呼叫中心也不需要坐席员将电话回拨或转接就可以解决的电话量占坐席员接起电话总量的百分比。数据来源：可以从 CTI 和 ACD 中提取所需要的数据。行业标准：85%。建议标准：≥ 85%

改进措施：一次性解决问题率是影响顾客满意度的重要指标，如果顾客需要多次致电呼叫中心或是电话被多次转接后才能解决问题，顾客就会对呼叫中心的工作能力和工作效率产生疑问，影响顾客对呼叫中心信任度，如果呼叫中心受企业委托为顾客服务，顾客也会对企业的服务能力和服务态度产生怀疑。另外大量的回呼和转接会使呼叫中心成本大幅度增加。如果该指标过低的话，管理者需要对问题进行分析，并采取相应措施。一般有几个方面：一是坐席业务知识或工作经验不足导致不能一次解决顾客问题，此时管理者需要加强对坐席的培训；二是呼叫中心问题解决流程不能支持坐席一次性解决问题，此时，管理者需要对流程进行分析并进行改造。

（九）CSR 占有率

定义：即一线员工的占有率，是指一线员工数量与项目总人数之比。数据来源：人力资源部可以提供。行业标准：没有。

建议标准：建议每个人配备一个主管，每 20 个人配备一个项目经理，一个主管。改进措施：

呼叫中心的主要生产力是一线员工，过多的管理人员会造成成本的急剧增加。对于CSR占有率过低的项目，应该及时进行工作内容分析和工作饱和度分析，与人力资源部一起商量项目岗位的重新设计问题，尽可能降低管理层次和管理人员数量。

（十）日呼出量

定义：一般是针对呼出项目制定的关键绩效指标，指坐席每天需要呼出的电话量。

数据来源：项目经理根据业务特点，对通话时长、后处理时长的分析，确定每个员工每天的呼出量，是实行坐席目标管理的一种有力的措施。行业标准：无。建议标准：根据业务不同，范围在150~350个之间。

改进措施：对于呼出项目，呼出量是实行目标管理的有效方法，但是呼出量必须与呼出成功量、数据质量配合使用。管理者需要定期检查坐席的呼出量完成情况，对于经常不能完成的员工进行问题分析，帮助员工提高业务知识、呼出技巧、控制非工作事务的浪费等。如果项目里有大部分员工不能达到要求，项目经理就需要考虑关键绩效指标值制定的合理性了，需要调整关键绩效指标值。

（十一）日成功量

定义：针对呼出项目制定的关键绩效指标，是指员工每天需要成功完成的电话量。

数据来源：项目经理根据业务特点，对通话时长、后处理时长、数据质量的分析，确定每个员工每天的呼出成功量。行业标准：无。建议标准：由于项目业务特点的不同，不同的项目往往具有不同的成功量关键绩效指标。

改进措施：成功量的管理是实行坐席目标管理的常用且有效的措施。改进措施与对呼出量的改进措施类似。

（十二）出勤率

定义：是指在某个统计时段内，某个班组实际出勤的人数与计划出勤的人数的百分率。数据来源：可以从人力资源部或是项目管理者处获得。行业标准：≥95%。建议标准：根据项目数量的不同，制定不同的出勤率。但是基本要控制在90%以上。

改进措施：出勤率对于保证呼叫中心项目正常运营具有非常重大的意义。如果某个项目的出勤率一直较低，要进行详细的问题调查，分析是员工个体行为还是整个项目的普遍存在的问题，如果某个员工的原因，需要与员工进行充分沟通。如果是普遍存在的问题，需要检查公司激励机制和管理制度。

（十三）平均单呼成本

定义：是指某段统计时间内，呼叫中心的全部费用除以电话处理量。数据来源：财务部门获得。行业标准：行业不同，标准不同。建议标准：在实行项目管理制的呼叫中心，单呼成本也实行项目管理制，不同项目的单呼成本的标准不同。

改进措施：单呼成本是体现呼叫中心成本管理的重要指标，但是由于该指标受呼叫中心自身营建成本的影响过大，所以与行业的横向可比性不大。呼叫中心在进行单呼成本控制时，应该注重进行纵向比较，项目应该努力在保证客户满意度的情况使单呼成本越来越小。控制单呼成本可以通过提高坐席服务能力、减少平均处理时长、允许稍微等待时长、减少坐席不必要浪费、简化工作流程、优化操作界面、控制坐席投入等方法实现。

（十四）业务考核成绩

定义：指呼叫中心坐席对业务知识的掌握程度。数据来源：可以进行抽查和每月例行考核。行业标准：无。建议标准：坐席对业务知识的掌握程度直接影响到顾客的满意程度和工作效率，是呼叫中心进行质量管理的重要指标。要求坐席的业务知识的考核成绩在 80 分以上。

改进措施：呼叫中心需要明确规定对坐席业务知识熟练程度的要求。呼叫中心管理者需要制定抽查或是考核的方法、内容、周期。对于不合格的坐席要对其业务掌握程度进行分析，并寻求培训部的帮助，及时对员工进行指导和培训。如果大部分员工对某一业务知识掌握普遍较差，管理者需要将问题提交到培训部进行统一培训指导。质量管理者需要加强对业务知识的监听和指导。

（十五）服务态度投诉率

定义：指某段统计时间内，顾客对坐席服务态度的投诉量与呼叫量的比率。

数据来源：可以从运营报表进行统计后得到。行业标准：无。建议标准：≤ 3%。

改进措施：服务态度投诉率是影响客户满意度的关键指标。呼叫中心应该通过服务素质培训、服务理念灌输、通话过程监听、录音保存、负强化等手段努力预防服务态度的投诉率。由于服务的一致性，当顾客产生投诉时，呼叫中心已经造成无可挽救的损失，所以呼叫中心应该致力于对投诉率的预防。

（十六）其他指标

呼叫中心质量管理的关键绩效指标远远不止这些，不同的呼叫中心制定不同数量的关键绩效指标数量，但是在进行关键绩效指标选择时，务必结合呼叫中心的质量管理目标进行。除了关注以上 15 个关键绩效指标，还需要对平均通话时长、平均后处理时长、呼叫转接率、呼叫放弃率等指标做出明确的要求。

通过互联网浏览苏宁易购（http://www.suning.com/），并结合本教材了解该平台的呼叫中心的建立，并设计售前售后客户服务中心话术流程，最后完成学习报告。

1. 了解该平台的呼叫中心

学生在浏览器中打开苏宁易购网站，仔细研究和分析网站在不同页面建立的客户呼叫中心，总结该网站呼叫中心特点。

2. 设计售前呼叫中心话术

学生以小组为单位，根据苏宁易购网站的特点以及服务理念设计售前话术。掌握售前常见问题，如账号开通并激活、获取积分等，设计完后在小组内部实施对话。

3. 设计售后呼叫中心话术

学生以小组为单位，针对苏宁易购的销售主体如电器、日常用品等设计售后话术，掌握售后的常见问题，如电器的维修、安装、退货等。完成后在组内实施对话。

4. 完成并提交报告

根据要求，完成实训报告，提交至教师。

任务三　网上客户服务

网上客户服务过程实质上是满足客户除产品以外的其他派生需求的过程。客户上网购物所产生的服务需求主要有：了解公司产品和服务的详细信息，从中寻找能满足他们个性需求的特定信息；需要企业帮助解决产品使用过程中发生的问题；与企业有关人员进行网上互动接触；了解或参与企业营销全过程等方面的需求。

一、处理网上客户的反馈信息

（一）处理网上客户反馈信息的步骤

网上客户的反馈信息主要有两类，一类是对所购产品或服务提出的产品支持和技术服务，另一类是对网上产品或服务的意见、建议或投诉。处理这两类反馈信息的一般方法是善于倾听、及时沟通，尽快解决，主要步骤是：认真阅读、准确记录、及时反馈、定期回访。

认真阅读——通常客户反馈信息都是从 E-mail 方式发来，这信息都夹杂在垃圾邮件中，因此必须慎重阅读每一封邮件，特别是对没有标题的邮件也不能忽视，因此除标题很明显为推销邮件之外每封都应认真阅读。

准备记录——根据客户来信记录客户联系方式，对客户反馈的信息进行分类，提出解决办法或与相关部门协调，寻找尽快解决方案。

及时反馈——对每封邮件先使用电子邮件进行联系，信件回复的时间越短越好，同时留下联系电话，对于留下电话的客户及时电话答复，让客户觉得该企业服务很及时进而提升对企业好感，一般反应时间不能超过 24 小时，另外在反馈邮件中注意语气和称呼语，尽可能的礼貌、客气。

定期回访——根据客户留下的联系方式做定期回访，了解客户对产品或服务的新需求以及客户最新信息，以便改进产品和服务。

（二）取得客户反馈信息的主要方法

从顾客那里得到有价值的反馈信息，你可以学到许多有利于业务发展的东西，比如顾客购买你的主要产品只是为了得到免费赠送的礼品，顾客可能觉得你的网站导航不太方便等。了解到诸如此类的重要信息，你可以做出相应的调整，例如改进网站设计、产品或服务、广告以及营销策略等。

下面是取得顾客反馈信息的 9 种方法：

（1）定期采用调查表及问卷。可以用多种方式公布调查表，如发布在您的网站、电子刊物、新闻通讯、直邮资料、放置在产品包装箱内等，也可以张贴在网上信息公告板、电子邮件讨论列表或新闻组中。

（2）为顾客创建在线社区。包括聊天室、公告板、讨论组等，你可以作为主持人定期了解顾客对你的业务的谈论和看法。

（3）向一组顾客分发产品。通过这种方式请顾客使用并评论你的产品，请顾客将评论表寄回给你，有的顾客会填写你的调查表，也有的顾客将不会给你反馈信息，但只要能得到的反馈信息大都很有价值。

（4）为你的网站访问者提供免费的在线产品。这些产品可以是电子书籍、搜索引擎登记、E-mail 咨询、网站设计等，作为回报，请他们填写一个关于你的网站、产品或服务、顾客服务等的简短的调查表。

（5）创建顾客服务中心小组。邀请 10~12 位最忠诚的顾客定期会面，他们会给你提供改进顾客服务的意见，你可以付给他们酬劳、请他们出去吃饭或者提供给他们免费产品。

（6）定期与顾客保持联系。为顾客订阅免费的电子刊物，询问顾客你的网站更新时是否用 E-mail 通知他们，每次购买之后，继续了解顾客对产品是否满意。

（7）使顾客便于和你联系。提供尽可能多的联系方式，允许顾客通过 E-mail 与你联系，把你的 E-mail 地址做超级链接设置，免得顾客重新输入地址，提供免费电话号码和传真号码，这样方便顾客表达他们的意见。

（8）在顾客的生日或假日定期保持联系。为终生顾客发送礼物以示感谢，通过 E-mail 发送问候卡，打电话亲自祝贺顾客节日愉快，你可以询问他们对我们的服务是否满意。

（9）邀请顾客出席公司会议、午宴，参观车间或参加讨论会。为顾客创造特别的参与机会，如晚会、野餐、舞会等，在这些活动中公司员工与顾客可以相互交流，可以得到对公司业务有价值的反馈信息。你可以使用上述几种或全部方法以获得顾客有价值的反馈信息，当然并非只有这些方法，你也可以提出你自己的方法来。

二、处理网上客户的投诉

（一）有效地处理客户投诉的意义

对客户服务工作来讲，投诉的处理是一项非常具有挑战性的工作，而对服务代表来讲，如何能够有效地处理客户投诉也是一个急待需要解决的问题。投诉对一家企业、对服务代表来讲，它的意义在哪里呢？

1. 投诉能体现客户的忠诚度

作为客户去投诉，很重要的一点是需要得到问题的解决，此外客户还希望得到企业的关注和重视。有时客户不投诉，是因为他不相信问题可以得到解决或者说他觉得他的投入和产出会不成比例；而投诉的客户往往是忠诚度很高的客户。总之，有效地处理客户投诉，能有效地为企业赢得客户的高度忠诚。

2. 满意度的检测指标

客户满意度的检测指标是客户的期望值和服务感知之间的差距。客户满意度的另外一个检测指标是服务质量的五大要素：有形度、同理度、专业度、反映度、信赖度。而客户投诉在很多时候是基于服务质量的五大要素进行的，因此，对客户投诉进行分类，很多投诉都可以归入这“五度”中，即对有形度、同理度、专业度、反映度、信赖度等“五度”的投诉。

3. 投诉对企业的好处

（1）有效地维护企业自身的形象。例如，顾客通过购买网上产品后对产品不满意，直接退回产品，什么原因也不说，以后也没光顾过该店，而有些客人则会提出产品质量太差或快递太慢等问题，客服人员在回访过程中态度诚恳、解决方法得当的话，该用户会感到自己受到重视，在以后的消费过程中很可能再次光顾该店。客户投诉的意义就在于企业有效地处理客户的投诉，把投诉所带来的不良影响降到最低点，从而维护企业自身的高大形象。

（2）挽回客户对企业的信任。例如，海尔集团推出一款“小小神童”洗衣机，在产品提出之后返修率是最高的，对此，海尔调用大量的员工做针对性处理，给用户承诺在接到投诉电话 24 小时以内上门维修，在这期间有些维修人员在同一家往要返四五次，对于如此高的返修率客户表现出的是完全接受并对海尔的服务非常满意，因为通过这一事件使顾客看到了一家企业对客户的尊重与重视。正是海尔重视客户的投诉，才使得消费者继续保持了对海尔品牌的信任，这也是海尔在今天能成为一家国际性大企业的重要原因。

（3）及时发现问题并留住客户。在投诉的队伍中有一部分投诉并不是抱怨产品或者服务的不好，而是想阐述对产品或服务的一种期望和他们真正需要的产品，像这样的投诉会给企业提供一个发展的机遇。像在笔记本电脑市场竞争这么激烈的情况下，依然能做得那么出色，美国的“戴尔”正是因为它提供给客户一个更好的营销手段——客户定制。

（二）客户投诉的原因分析

1. 客户离开的原因

离开的原因是因为他们得不到想要的，这往往同价格没有太大关系，经过统计，客户离开的原因主要分为以下几种：

（1）45% 的顾客离开是因为服务很差。

（2）20% 因为没有人去关心他们。

（3）15% 因为他们发现了更便宜的价格。

（4）15% 因为发现了更好的产品。

（5）5% 是其他原因。

目前，我国某些企业存在的最大问题依然是服务态度的问题，而且很多客户投诉也都源于这些态度。因此，企业需要重点解决的依然是服务技巧问题。

2. 客户投诉产生的过程

上门投诉只是最终结果，实际上投诉之前就已经产生了潜在的抱怨，即产品或者服务存在某种缺陷。潜在的抱怨随着时间推移转化为投诉。比如客户购买了一部手机总是没网络，这时还没有想到去投诉，但随着手机问题所带来的麻烦越来越多，就变成显在化抱怨，显在化抱怨最终看到的是投诉。具体如图 7-10 所示。

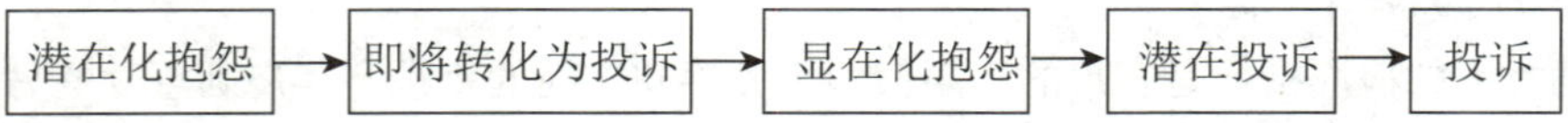

图 7-10　客户投诉产生的过程

3. 客户投诉产生的原因

（1）商品质量问题。

（2）售后服务维修质量。

（3）寻呼网络缺陷。

（4）客户服务人员工作的失误。

（5）店员及其他工作人员的服务质量问题。

（6）顾客对企业经营方式及策略的不认同，如：交费时间。

（7）顾客对企业的要求或许超出企业对自身的要求。

（8）顾客对企业服务的衡量尺度与企业自身的衡量尺度不同。

（9）顾客由于自身素质修养或个性原因，提出对企业的过高要求而无法得到满足。

（三）正确地处理客户投诉的原则

1. 先处理情感，后处理事件

一个人，如果处理事情的态度正确，便没有什么能够阻拦他实现自己的目标，如果态度错误，就没有什么能够帮助他。办事能否成功，取决于你采用什么角度看待它们。成功最大的敌人是自己缺乏对情绪的控制力。掌控情绪，无处不在；改变心情，才能改变现状。

2. 耐心地倾听顾客的抱怨

只有认真听取顾客的抱怨，才能发现实质性的原因。一般的客户投诉多数是发泄性的，情绪都不稳定，一旦发生争论，只会更加火上加油，适得其反。真正处理客户投诉的原则是：开始时必须耐心地倾听客户的抱怨，避免与其发生争辩，先听他讲。

3. 想方设法地平息顾客的抱怨

由于顾客的投诉多数属于发泄性质，只要得到店方的同情和理解，消除了怨气，心理平衡后事情就容易解决了。因此，作为一名服务代表，在面对顾客投诉时，一定要设法搞清楚客户的怨气从何而来，以便对症下药，有效地平息顾客的抱怨。

4. 要站在顾客的立场上来将心比心

漠视客户的痛苦是处理客户投诉的大忌。非常忌讳客户服务人员不能站在客户的立场上去思考问题。服务人员必须站在顾客的立场上将心比心，诚心诚意地去表示理解和同情，承认过失。因此，对所有的客户投诉的处理，无论已经被证实还是没有被证实的，都不是先分清责任，而是先表示道歉，这才是最重要的。

5. 迅速采取行动

体谅客户的痛苦而不采取行动是一个空礼盒。比如：“对不起，这是我们的过失”，不如说“我能理解给您带来的麻烦与不便，您看我们能为您做些什么呢”客户投诉的处理必须付诸行动，不能单纯地同情和理解，要迅速地给出解决的方案。

（四）客户投诉的处理技巧

如果一个投诉没有得到很好的处理，客户会转而购买竞争对手的产品。客户也会将他的不愉快经历转告亲朋与同事。没有客户投诉是高兴的事，但当有投诉时，企业有责任认真对待，并让客户感到他是受欢迎的并且他对企业来讲是非常重要的客户。

1. 从倾听开始，倾听是解决问题的前提

在倾听投诉客户的时候，不但要听他表达的内容还要注意他的语调与音量，这有助于企业了解客户语言背后的内在情绪。同时，要通过解释与澄清确保你真正了解了客户的问题。例如，服务人员听了客户反应的情况后，根据你的理解向客户解释一遍：“王先生，来看一下我理解的是否对。您是说您一周前买了我们的传真机，但发现有时会无法接收传真。我们的工程师已上门看过，但测试结果没有任何问题。今天，此现象再次发生，您很不满意，要求我们给你更换产品。”向客户澄清：“我理解了您的意思吗”认真倾听客户，向客户解释他所表达的意思并请教客户我们的理解是否正确，都向客户显示你对他的尊重以及你真诚地想了解问题。这也给客户一个机会去重申他没有表达清晰的地方。

2. 认同客户的感受

客户在投诉时会表现出烦恼、失望、泄气、发怒等各种情绪。客服不应当把这些表现当做是对个人的不满。特别是当客户发怒时，要知道愤怒的情感通常都会潜意识中通过一个载体来发泄。因此对于愤怒，客户仅是把你当成了倾听对象。客户的情绪是完全有理由的，是理应得到极大的重视和最迅速、合理的解决的。所以让客户知道你非常理解他的心情，关心他的问题，无论客户是否永远是对的，至少在客户的世界里，他的情绪与要求是真实的，我们只有与客户的世界同步，才有可能真正了解他的问题，找到最合适的方式与他交流，从而为成功的投诉处理奠定基础。有时候会在说道歉时很不舒服，因为这似乎老是在承认自己有错。说声“对不起”“很抱歉”并不一定表明你或公司犯了错误，这主要表明你对客户不愉快经历的遗憾与同情。

3. 表示愿意提供帮助

正如前面所说，当客户正在关注问题的解决时，体贴地表示乐于提供帮助，自然会让客户感到安全、有保障，从而进一步消除对立情绪，取而代之的是依赖感。问题澄清了，客户的对立情绪减低了，我们接下来要做的就是为客户提供解决方案。针对客户投诉，每个公司都应有各种预案或称解决方案。我们在提供解决方案时要注意以下几点：

（1）为客户提供选择，通常一个问题的解决方案不是唯一的，给客户提供选择会让客户感到受尊重，同时，客户选择的解决方案在实施的时候也会得到来自客户的更多认可和配合。

（2）诚实地向客户承诺能够及时解决客户的问题当然最好，但有些问题可能比较复杂或特殊，我们不确信该如何为客户解决。如果你不确信，不要向客户作任何承诺。而是诚实地告诉客户情况有点特别，你会尽力帮客户寻找解决的方法但需要一点时间。然后约定给客户回话的时间，你一定要确保准时给客户回话。即使到时你仍不能帮客户解决，也要准时打电话向你的客户解释问题进展，表明自己所做的努力，并再次约定给客户答复的时间。同向客户承诺你做不到的事相比，你的诚实会更容易得到客户的尊重。

（3）适当的给客户一些补偿。为了弥补公司操作中的一些失误，可以在解决客户问题之外给一些额外补偿。但要注意的是：一是先将问题解决，二是改进工作，要避免今后发生类似的问题。现在有些处理投诉部门，一有投诉首先想到用小恩小惠去息事宁人，或是一定要撤销投诉才给客户正常途径下应该得到的利益，这样不能从根本上减少问题的发生，反而造成了错误的期望。

在以上内容中，主要了解到投诉的意义、原因以及正确处理客户投诉的原则和客户投诉处理的技巧。不要对投诉抱有敌意，投诉对一家企业来讲可以说是一笔宝贵的财富，至少能有效地最终为企业带来财富，关键就看你如何处理了。从这个意义上讲，投诉是挑战与机遇并存的。要正确地处理好客户的投诉，首先必须清楚投诉的真正原因，然后掌握处理投诉的总原则——“先处理感情，后处理事件”。使公司同客户之间通过不断地改善双方的关系最后架起更为信任的友谊的桥梁，让问题更易于解决。

三、客户服务与支持流程

客户服务和支持，是客户关系管理的应用范围之一。该部门负责主要客户购买产品或服务后保持和发展客户关系，是与客户联系最频繁的部门而且对保持客户满意度至关重要。由于与消费者的互动关系变得日益复杂，所以客户服务部门需要一个柔性好的、可扩展的、伸缩性好的并且集成度高的高技术基础设施来及时准确地满足客户需求。

该部门将整个工作过程分为四个部分，如图 7–11 所示，客户、客服代表、知识库管理员以及报表与统计图。

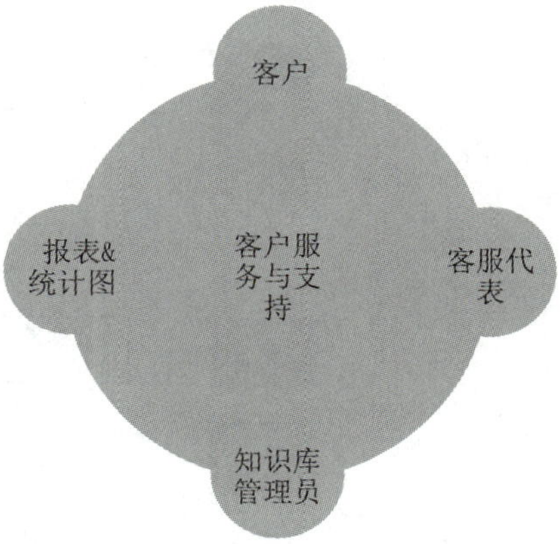

图 7–11 客户服务与支持

（一）客户

客户可以通过两方面反馈信息以得到回复，一方面，客户可以将问题输入到知识库搜索框内搜索相关问题的答案；另一方面，客户通过独立账号登录自助入口网站，在网站平台中客户将新的反馈信息通过多个渠道进行信息反馈，如联系在线客服、拨打呼叫中心电话、发送电子邮件、拨打销售电话等。

（二）客服代表

客服代表在收到客户反馈回来的新信息后，将信息进行分类（根据客户反馈常见问题的类型和地理位置自动做出反应，然后分配给个人或者形成队列），尽量解决客户反馈问题并及时根据服务工作流条件的变化更新解决状态，然后通过打电话、发邮件或自助入口网站将解决方案传递给客户，提升客户满意度。

（三）知识库管理员

知识库管理员的主要职责是提交解决方案并建立知识库。管理员可以将代理商草拟的解决方案进行整理后提交到知识库中去，对所有的解决方案进行总结整理归类以便客户和代理商进行查看，解决方案可以选择对外公开或者仅限于内部使用。

（四）报表与统计图

制作报表与统计图是针对客户购买产品或服务后对客户相关信息进行综合整理分析，如图 7–12 所示，将所有信息使用 Excel 表格整理归档，最后录入 CRM 系统中。

将客户服务与支持所有内容进行综合，如图 7–13 所示。

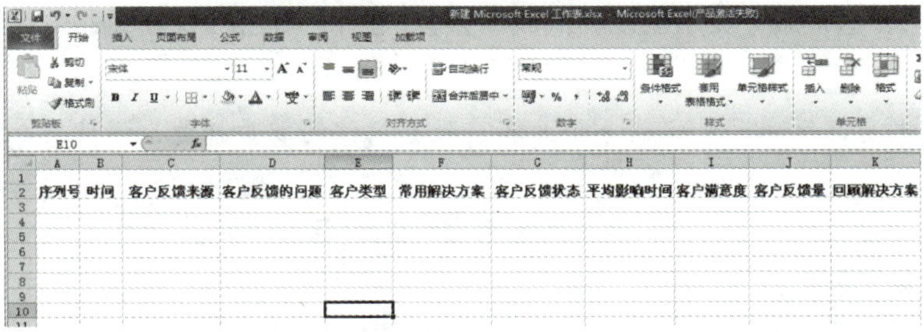

图 7–12 报表

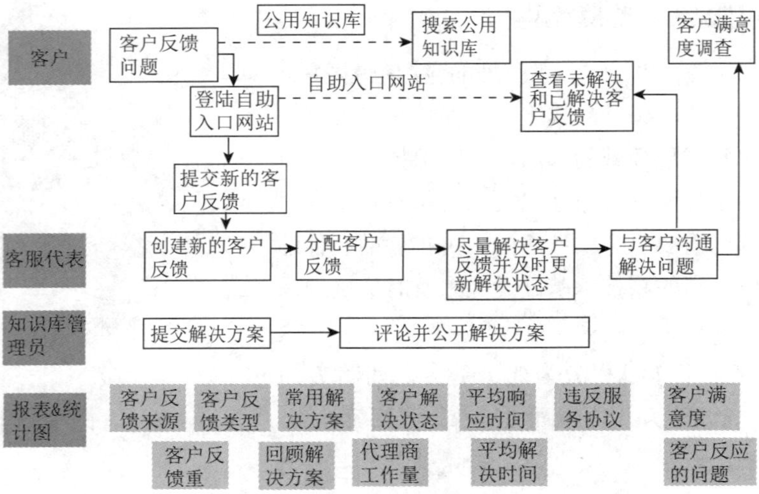

图 7–13　客户服务与支持流程

四、网上售后服务

售后服务可分为传统售后服务和网上售后服务两种。传统售后服务主要是通过人工进行的一种售后服务，是由企业员工与顾客面对面地接触完成其服务过程，它是传统市场营销中提高顾客满意度的一种行之有效的策略选择；而网上售后服务主要是借助互联网进行网上互动式的售后服务，以便捷方式满足客户对产品技术支持以及使用维护的需求，它是网络营销中增加顾客满意度的一种理想选择。随着上网企业的日益增多，网上销售业务的日益扩大，网上售后服务的作用越来越明显地表现出来。

网上售后服务的特点如下：

（1）便捷性。网上的服务是 24 小时开放的，用户可以随时随地地上网寻找需求服务。

（2）灵活性。由于网上的服务是综合了许多技术人员知识、经验和以往客户出现问题的解决办法，因此用户可以根据自己需要从网上获得相应帮助，同时可以学习其他人的解决办法。

（3）成本低。网上售后服务的自动化和开放性，使得企业可以减少售后服务和技术支持人员，大大减少不必要的管理费用和服务费用。

（4）直接性。客户通过上网可以直接寻求服务，避免通过传统方式经过多个中间环节才能得以处理。

（5）“一对一”的个性化服务。网上售后服务的最大优势就在于能与顾客建立持久的“一对一”服务关系，这种服务关系能以其低成本为客户提供个性化的售后服务。

以下分别是五篇对于电子商务企业客户服务岗位的职责描述，请认真加以分析，指出其优缺点。

电子商务客服岗位职责（一）

1. 接听客户来电；
2. 处理未接来电；

3. 处理客户投诉，做好与相关部门的衔接；
4. 做好跟踪售后记录；
5. 完成领导交给的其他任务。

电子商务客服岗位职责（二）

解决客人的疑问（如关于商品、快递、售后、价格、网站活动、支付方式等方面的疑问），处理交易中的纠纷，完成售后服务以及订单出现异常或者无货等情况时，与客户进行沟通协调。

了解客户的实际需求：
1. 哪些是明示需求；
2. 哪些是暗示需求；
3. 了解客户是否满意；
4. 了解客户的期望值（我们的服务是否超过客户的期望？）；
5. 跟进回访，服务升级（如何提升个性服务，下一步的服务可做哪些改进？）。

电子商务客服岗位职责（三）

1. 网店日常销售工作，为顾客导购，问题解答；负责解答客户咨询，促使买卖的成交；
2. 接单、打单、查单等处理订单及顾客的售后服务；
3. 网店销售数据和资料整理。
4. 与客户在线交流，了解客户需求，妥善处理客户投诉，保证客户满意；
5. 日常促销活动维护、平台网站（淘宝等）页面维护。

电子商务客服岗位职责（四）

1. 负责电子商务渠道客户网络信息维护和更新；
2. 负责电子商务渠道客户订单的处理、分配和跟踪；
3. 负责电子商务各渠道网站消费者沟通咨询；
4. 负责电子商务网络营销推广。

电子商务客服岗位职责（五）

1. 负责淘宝等店铺在线网络交易平台的在线客服，引导客户达成商品交易，熟悉淘宝等店铺的运作和管理，确保客服工作的有序有效进行；
2. 负责售前、售中、售后客服团队日常运营工作，完善客服工作规范及制度；
3. 负责在线客服，针对客户服务中出现的问题，及时解决并落实培训；
4. 根据客户需求，妥善处理客户投诉及建议，不断提升客户满意度；
5. 负责售前、售后数据汇总、分析，努力提升各项网络指标；
6. 负责与其他营运团队之间的沟通与协调。

项目拓展

通过网上搜索和查阅相关文献，了解国外电子商务中的客户关系管理，并总结出可学习和借鉴之处。

参考文献

[1] 蒋景葵 , 张冠凤 , 李国辉 . 电子商务案例分析 [M]. 上海：上海交通大学出版社 ,2020.

[2] 贾晓丹 . 电子商务项目管理实训 [M]. 北京：中国人民大学出版社 ,2020.

[3] 席波 , 麦海强 . 电子商务实务 [M]. 沈阳：东北财经大学出版社 ,2020.

[4] 刘迎欣 , 齐岩 . 电子商务实务 [M]. 北京：电子工业出版社 ,2020.

[5] 贺湘辉 , 刘香玉 . 电子商务基础 [M]. 北京：中国人民大学出版社 ,2020.

[6] 嵇美华 . 电子商务基础与应用 [M]. 北京：中国人民大学出版社 ,2020.

[7] 黄源 . 电子商务基础与实训教程 [M]. 北京：清华大学出版社 ,2020.

[8] 龚丽 . 网络营销实务 [M]. 长沙：中南大学出版社 ,2020.

[9] 徐小红 , 单锦怡 . 网络营销实务 [M]. 北京：中国石化出版社 ,2021.

[10] 胡桃 , 陈德人 . 电子商务案例及分析 [M]. 北京：北京邮电大学出版社 ,2020.

[11] 王忠诚 , 潘维琴 . 电子商务概论 [M]. 北京：机械工业出版社 ,2020.

[12] 陈德人 . 电子商务概论与案例分析 [M]. 北京：人民邮电出版社 ,2020.

[13] 张惠莹 , 张蕾 . 电子商务物流配送实务 [M]. 北京：北京理工大学出版社 ,2020.

[14] 覃忠健 . 电子商务物流配送 [M]. 北京：电子工业出版社 ,2021.

[15] 苏艳玲 . 电子商务基础与实务（第 3 版）[M]. 北京：北京邮电大学出版社 ,2021.

[16] 孟彧 , 曹春花 , 蒋博 . 电子商务运营数据实务 [M]. 武汉：华中科学技术大学出版社 ,2021.